KB214865

복 있는 사람

오직 여호와의 율법을 즐거워하여 그 율법을 주야로 묵상하는 자로다.
저는 시냇가에 심은 나무가 시절을 좇아 과실을 맺으며 그 잎사귀가 마르지 아니함 같으니
그 행사가 다 형통하리로다. (시편 1:2-3)

바울신학이 주류를 이루고 있는 한국 교회에서 야고보서는 변두리 서신 정도로 여겨진다. 야고보서가 믿음보다 행위를 우선할 것을 강조하고, 기독교적이기보다는 유대교처럼 보인다고 생각하기 때문이다. 정말 그러한가? 저자는 "아니요!"라고 말하며 야고보서를 세밀하게 들여다본다. 그는 "야고보서는 일관된 주제를 갖는가?"라고 질문하고, "그렇다!"라고 대답한다. 그 일관성은 무엇인가? 그것은 바로 '철저한 온전함'에 관한 것이다. 저자에 따르면 야고보서는 수신자들인 디아스포라 유대인 신자들이 세상 안에 살면서도 세상에 속하지 말 것을 단순하고 직설적으로 권하는 편지다. 세속적 삶의 방식과 사고가 교회 안으로 유입되는 시류에 강하게 경고하며 가르치는 서신이다. 야고보서가 대상으로 삼는 교회는 누구 말대로 "지붕이 없는 교회"이다. 저자의 표현으로는 갈라진 마음, 두 마음을 품는 교회다. 이에 저자는 이 책 전반에 흐르는 강력한 주제가 '철저한 온전함'임을 반복해서 강조한다. 언어사용, 사랑의 실천, 보고 듣는 일, 실천적 경건과 지혜, 부와 고난 등의 문제에서 일관되고 순전하며 온전한 마음을 품고 실행에 옮길 것을 강력하게 권한다. 저자는 야고보서 해설을 통해 독자들에게 현대적 상황에 대한 지혜로운 조언과 격려를 한다. 저자의 통찰력이 빛나고, 의사소통 기술에 탁월하며, 실제적 적용이 뛰어날 뿐 아니라, 책의 가독성이 좋아 누구든지 야고보서의 전체 맥락을 쉽게 파악할수 있다. 각 장 끝에 배치된 깊이 있는 질문들은 경건 생활에 유익하다. 이 책은 설교자, 목회자, 신학생뿐 아니라 평신도 야고보서 성경 공부를 위한 최고의 길잡이다.

류호준 백석대학교 신학대학원 구약학 은퇴교수

야고보의 편지는 삶의 지혜를 제공하는 신약의 잠언으로 이해된다. 그러나 저자는 갈라진 마음을 온전히 치유하는 책이라고 소개한다. 어떻게 살 것인가의 문제 이전에 존재의 심연에서 발생한 치명적인 문제를 먼저 진단하고 삶의 전 영역을 통합하는 '온전함'의 지성소로 이끄는 심오한 편지라는 저자의 주장에 나는 동의한다. 저자는 그 온전함에 이르는 길을 마치 "영안실로 가는 편도 여행"처럼 죄의 정수와 필히 마주하고 그 불편한 만남이 주는 지독한 고통의 터널을 지나는 과정으로 묘사한다. 그러나 터널의 끝에 희망이 기다리고 있기 때문에 당장 응급실로 가야 하는 심정지 상태의 교회도 회복될 수 있다고 확신하는 저자는 야고보를 그 안내자로 지목한다. 저자는 또한 주님과 함께 영광을 받으려면 그와 함께 고난도 받아야 한다는 바울의 논조가 야고보의 편지에 스며들어 있음을 감지하고 있다. 하나님 앞에서의 온전함이 무엇이고 어떻게 이를 수 있는지를 알고자 하는 모든 이들에게 추천한다.

한병수 전주대학교 선교신학대학원 교의학 교수

우리가 야고보 진료실에서 상담을 받는 목적은 온전한 영적 건강을 향해 발돋움하기 위해서다. 우리는 먼저 의사인 야고보의 지도 아래 여러 해 동안 수련을 받은 또 다른 의사 깁슨을 만날 것이다. 그는 젊은 편임에도 의사 야고보의 깊은 통찰에 정통한 실력이 인상적이다. 또한 야고보의 가르침의 정신과 그 분위기를 정확하게 표현해 낼 줄 알며, 예수 그리스도께서 우리를 온전하게 만드신다는 핵심 진리를 정확하게 진술한다. 의사 깁슨이 전체적으로 진단을 내리는 과정에서 부드럽지만 단호하게 여러분을 인도하면서 온전함이라는 개념은 다양한 방식으로 반복 등장할 것이다. 그리고 그 과정은 이 책 첫 페이지부터 시작된다. 데이비드 깁슨은 깊은 상담을 거쳐 예수 그리스도 안에서 온전해지려고 하는 우리 모두에게 필요한 진단과 처방을 내리고, 예후에 관해서 자세히 설명해 준다.

싱클레어 퍼거슨 리폼드 신학교 조직신학 교수

마르틴 루터가 데이비드 깁슨의 이 책을 통해 야고보서의 전반적 주제와 그 균형을 살펴볼 기회를 가졌더라면 그는 야고보서를 '지푸라기 서신'이라고 평가하지 않았을 것이고, 야고보서가 은혜의 복음과 공명하는 대단히 실제적인 편지임을 인정했을 것이다. 깁슨의 날카로운 해설은 야고보서의 큰 주제와 목적이 하나님의 백성의 완벽함—온전함—으로 집약되어 있음을 보여준다. 이 책의 아홉 개 장은 성경적 온전함으로 인도하는 매력적인 신학적 통찰과 살아 있는 적용으로 가득하다. 깁슨은 헌신적이고 실천적인 목사이기 때문에, 이 책은 독자들이 야고보서의 진리를 이해하고 실천하도록 돕는 인상적인 비유와 아포리즘으로 빛난다. 그러면서 하나님의 말씀을 정확하게 이해하고 행하신 역사상 유일한 분 예수님께 초점을 맞춘다. 그렇기에 항상 유익한 이 책은 읽고 또 읽고, 밑줄을 긋고, 마음에 담을 만큼 훌륭하다.

R. 켄트 휴즈 휘튼 칼리지 교회 은퇴목사

데이비드 깁슨은 야고보서에서 다루는 여러 문제에 대해 성경적이면서도 목양적이고, 가독성이 높으면서도 신뢰할 만하며, 현명하고도 일관성 있는 지침을 교회에 선사했다. 깁슨은 야고보서에 초점을 맞추면서도 성경 전체 맥락을 고려하여 현명하게 본문을 읽고 자신의 목회 경험까지 더하여 야고보서의 주요 주제들을 깊이 있게 다룬다. 깁슨의 이러한 야고보서 읽기는 주님이 자기 백성들 안에 빚고자 하시는 복음에 기초한 온전함으로 독자들을 인도한다.

다니엘 도리아니 커버넌트 신학교 성경신학 및 조직신학 교수

이 탁월한 책은 야고보의 메시지와 방법론의 핵심으로 곧바로 다가간다. 깁슨의 아름다운 글솜씨와 주석적 역량, 목양적 지혜가 결집된 이 책은, 야고보서에 관한 설득력 있는 해설일 뿐만 아니라 마음에 관한 면밀한 연구서이기도 하다. 야고보서를 더 잘 이해하고 그 과정에서 영적 유익을 얻기 원하는 모든 사람에게 강력히 추천한다.

앤디 겜밀 콘힐 스코틀랜드 목회자 훈련 과정 책임자

"나는 커서 위선자가 될거야"라고 말하는 사람은 아무도 없다. 하지만 우리는 대부분 우리가 믿는다고 자처하는 말과 일치하지 않는 영역이 우리의 삶에 있다는 것을 인정해야 할 것이다. 데이비드 깁슨은 이 책에서 우리가 믿는 복음과 우리가 사랑하는 주님께 부합해야 할 삶의 영역에 야고보서의 직설적인 지혜를 솜씨 좋게 적용한다.

낸시 거스리 성경 교사 및 작가

인생, 야고보서를 읽다

Radically Whole

by David Gibson

이철민 옮김   데이비드 깁슨 지음

인생, 야고보서를 읽다

복 있는 사람

인생, 야고보서를 읽다

2023년 4월 17일 초판 1쇄 인쇄
2023년 4월 24일 초판 1쇄 발행

지은이 데이비드 깁슨
옮긴이 이철민
펴낸이 박종현

(주) 복 있는 사람
주소 서울특별시 마포구 연남동 246-21(성미산로23길 26-6)
전화 02-723-7183, 7734(영업·마케팅) 팩스 02-723-7184
이메일 hismessage@naver.com
등록 1998년 1월 19일 제1-2280호

ISBN 979-11-92675-83-1 03230

이 책을 애버딘 트리니티 교회에게 헌정합니다.

"사실대로 말하자면,
내가 이 세상에서 무엇보다 원하는 한 가지는
엄청나게 큰 지렛대다.
그 지렛대로 나 자신을 비틀어 열고
그 속에 들어앉은 생명체를 꺼내
양탄자 털듯 깨끗이 털어낸 다음
차갑고 깨끗한 호수에서 씻어내고 싶다.……
그런 다음 그것을 햇볕 잘 드는 곳에 놓아 두어
치유되고 마르고 자라나고 제자리를 찾아서
다시금 맑고 고요한 정신을 되찾게 하면 좋겠다."

더글러스 코플랜드, 『X 세대』Generation X

차례

서문

완전하다. 무결하다. 부서지지 않았다. 나뉘지 않았다. 온전하다.

확신하건대, 여러분도 이런 단어들에 무언가 매력적인 요소가 있다는 데 동의할 것이다. 이 단어들은 어떠한 전후 문맥과 관계없이 그저 지면에 자리 잡고 있다는 사실만으로도 활력과 충만함을 전달한다. 이 단어들은 어떤 사물의 본연의 모습을 묘사한다.

나와 마찬가지로 여러분도 이 단어들이 자신에게 해당되기를 바랄 것이다.

성경은 우리 안에서 일어나는 일을 우리 존재의 가장 깊은 차원에서 다양한 방법으로 묘사한다. 예를 들어 '양심'이라는 단어는 우리 존재의 일부분으로서 내면이 깨끗하거나 더럽다는 것이 무엇인지 알게 해준다. 더 깊은 내면세계는 '마음'이라는 단어로 나타낼 수 있다. 이 단어는 우리의 인격이 자리 잡은 곳, 그리고 우리 내면의 힘을 발휘하도록 하는 모든 엔진을 가리킨다.

나는 우리 모두가 안고 살아가는 또 다른 내적 상태에 관하여 어느 성경 책이 내놓은 예리한 분석으로 향하는 가이드 여행에 여러분을 데려가려고 한다. 바로 야고보서가 진단하는 '두 마음'double-mindedness이다.

우리는 무언가에 대해 두 마음을 품는다는 것이 무엇인지 알고 있다. 우리는 상점에서 신발이나 외투, 휴대폰을 고르느라 고심한 적이 있다. 우리는 학교나 집, 직업 등에 관해 여러 대안 중에 하나를 선택해야 하는 중요한 결정을 앞두고 언제나 심사숙고한다. 당연하다. 살면서 항상 느끼는 바지만, 우리는 제약을 받는 피조물로서 무엇이 최선의 선택인지 완전하게 알 수 없기 때문이다.

하지만 우리 성품에 관한 문제라면, 우리가 여러 갈래로 나아갈 수 있다는 사실은 다소 어두운 전망을 드리운다. 이 글을 읽는 사람이라면 누구나 자신이 겉으로 표방하는 말이나 행동과 반대로 도대체 어떻게 그런 말이나 행동을 하게 됐는지 어리둥절하게 되어 본 적이 있을 것이다. 어떻게 그토록 어리석고 이기적으로 행동했을까? 대체 무엇이 그런 말을 하도록 만들었을까? 우리는 하나님의 형상대로 만들어진 피조물이지만, 죄는 우리 스스로에게조차 부조리해지도록 만든다.

더 깊이 파고들어 보면, 우리는 우리 머릿속에서 무슨 일이 진행되는지 누구도 알 수 없다는 사실을 알고 있고, 그래서 우리에 관하여 자신만이 간파할 수 있는 진리를 마음에 담고 살아간다. 우리는 우리 내면에 있는 CCTV의 유일한 관찰자다. 이는 때때로 우리가 감추려고 노심초사하는 일들이 있다는 뜻이다. 이는 종종 진정한 우리에 관해 다른 사람들이 표면적으로 알아챌 수 있는 것보다 더 많은 것을 말해 준다는 이유로 우리가 사랑하는 것이 존재한다는 뜻이다. 이는 언제나 우리의 중심부에 인격을 관통하는 일종의 단층선, 곧 균열이 존재한다는 뜻이고, 이는 곧 우리가 겉으로 드러내는 모습이 전부가 아니라는 뜻이다. 우리는 십중팔구 우리가 바라는 자기 자신에 미치지 못한다.

성경에 의하면, 우리는 두 마음을 가지고 살아간다.

그래서 나는 나누어진 마음을 치유하기 위해 고통스럽지만 심오한 야고보의 치료법을 소개하고 싶다. 그것은 바로 사랑으로 처방된 온전함의 훈련이다. 이는 단지 '영적' 온전함을 가리키는 것은 아니다. 우리 존재의 육체적, 혹은 정서적, 관계적 영역에서 영적인 부분이 따로 분리되어 있지는 않기 때문이다. 야고보가 제시하는 그림은 하나님 앞에서 또한 다른 사람들과의 관계에서 우리의 삶의 전 영역을 통합하는 그림이다. 야고보는 주위 사람들에게 하나님의 영광과 선하심을 나타내는 그리스도인의 삶의 아름다움과 도덕적 건강, 우리의 성품에 부합하는 정직함을 그려 낸다. 야고보가 제시하는 그리스도인의 삶은 대단히 매력적이며, 나는 여러분을 사로잡아 그 매력 가운데로 안내하고 싶다.

오해는 금물이다. 야고보의 말은 비수처럼 날카로울 수 있다. 그런데 그는 오직 치유하기 위해 상처를 입히기도 한다. 성경의 이 아름다운 책은 우리를 다시 하나로 결합시킬 것이고, 우리가 언제나 마땅히 되었어야 할 존재가 되는 길목으로 우리를 인도할 것이다.

우리를 온전하게 만들기 위해 하나님이 우리를 어떻게 갈라놓는지 지켜보자.

감사의 말

야고보서는 나에게 오랫동안 당혹스러운 책이었다. 한편으로 야고보의 편지에 담겨 있는 명령과 권면은 회피하거나 오해하기 힘들 정도로 단순하다. 다른 한편으로, 뚜렷한 사고방식을 식별하거나 처음부터 끝까지 관통하는 일관된 논증을 추적하기 위해 항상 논리적으로 사고하도록 분투하게 만든다. 따라서 여러분이 손에 들고 있는 이 책은, 우리가 알고 있는 언어로 말하는데도 그 억양 때문에 가끔 그 의미가 불분명한 성경의 한 부분과 씨름하려는 나 자신의 시도다.

이 책에 어떤 일관성이 있다면, 또한 하나님의 자비하심으로 여러분이 이 책에서 인생 여정에 유익한 어떤 통찰을 얻는다면, 그것은 전적으로 나보다 먼저, 나와 함께 야고보서 본문을 씨름했던 수많은 사람들과, 나에게 그 길을 알려 준 탁월한 주석과 저서, 설교, 그리고 글을 쓰고 생각하도록 도와준 친구들과 가족들 덕분이다.

다른 무엇보다 나는 앤디 겜밀Andy Gemmill 박사와 야고보서에 관한 그의 신선하고 명석한 연구에 빚지고 있다. 나는 수년 동안 그가 여러 상황에서 야고보서에 대해 전하는 강의를 들었다. 내가 취한 접근 방법은 겜밀 박사의 명료한 사고방식과 야고보의 글 가운데 가장 힘든 부분을 붙들고 씨름하는 그의 개인적, 목회적 노력, 그리고 그의 예리한 적용의 은사에 의해 깊은 영향을 받았다. 겜밀 박사의 책은 청사진이고, 이 책은 가능한 한 많은 세부 사항을 채우고 소상히 설명하려는 시도다. 내 원고에 대한 그의 건설적 논평과 설교자로서 안목에 깊이 감사한다.

내 친구 벤 트레이너는 이곳 애버딘에 있는 트리니티 교회에서 나와 함께 야고보서를 설교하면서 몇 부분을 인상 깊게 펼쳐 냈다. 이 책에 그의 여러 생각을 포함할 수 있도록 허락해 준 것에 대해 감사한다. 우리 교회의 직원들과 장로들은 서로 다른 관점에서 원고를 검토해 주거나 혹은 앞선 원고에 관해 피드백을 해줌으로써 집필 과정에 도움을 주었다. 윌 앨런, 사이먼 베이커, 니콜라 피치, 드류 툴록에게 깊이 감사한다. 사역 훈련생을 비롯한 여러 사람들은 각 장의 마지막에 나오는 토론과 개인 묵상을 위한 질문을 놓고 나와 함께 작업했고, 그들의 도움으로 책 전체가 한결 좋아졌다. 알렉스 한나와 한나 맥이완, 샘 무어, 제임스 슈림프턴, 샘 윌리엄스, 스트루안 야니에게 감사한다. 엘레너 트로터와 케일럽 우드브리지IVP, 또 저스틴 테일러와 앤서니 고슬링Crossway의 기술과 뒷받침이 없었다면, 아무것도 구현하지 못했을 것이다. 그들은 책을 만드는 모든 단계에서 따뜻한 격려와 지혜를 모아 주었다.

감사의 말

늘 그렇듯이, 모든 것을 가능하게 하는 것은 가족들이다. 존경하는 부모님은 내가 헤아릴 수 있는 것보다 더 많이, 분명 직접 밝히지 않은 것까지 자질구레한 일들을 맡아 주셨다. 탁월한 제안을 해준 동생 조나단에게 감사한다. 아내 안젤라와 우리 아이들, 아치와 엘라, 샘, 릴리는 내가 이곳저곳에서 글을 쓰려고 애쓰는 동안 나를 내버려 둔 채 자주 외출했고, 심지어 [필과 필리파 메이슨의 호의 덕분에] 스트라스돈에 있는 외딴 쿨포시 커티지로 나를 보내 주기까지 했다. 나는 이 책의 완성을 위해 가족들이 희생을 치렀다고 생각하지만, 그래도 내가 없었기에 전반적으로 생활이 훨씬 수월했을 것이라고 믿고 싶다.

애버딘에서 18년째를 맞는 올해, 나는 이 책을 트리니티에서 섬기는 특권을 부여해 준 교회 가족들에게 헌정하고 싶다. 이 소중한 형제자매들은 이 책에 담긴 내용을 설교 형태로 먼저 들었다. 늘 그렇듯이, 그들은 나의 빈약한 노력을 겸손과 은혜로, 또한 인내심과 주의 깊은 경청으로 받아들였다. 우리가 새로운 세상에서 영원히 온전해질 때까지, 주 예수의 은혜 가운데 함께 성장하기 위해 애쓰는 것은 우리의 공동생활에서 누리는 큰 기쁨 가운데 하나다.

시험을 참는 자는 복이 있나니 이는 시련을 견디어 낸 자가 주께서 자기를 사랑하는 자들에게 약속하신 생명의 면류관을 얻을 것이기 때문이라(약 1:12).

서론: 방향 설정

작가는 때때로 자신의 독자들을 경악하게 만들어야 한다.

티나 브라운, 「더 위크」에서 인용

부정不貞은 왜 그토록 심각한 파행일까?

가벼운 성관계가 난무하며 손쉽게 이용할 수 있는 포르노가 엄청난 규모로 소비되는 세상에서, 불륜이 상당히 금기시된다는 것은 놀라운 사실이다. 마치 소중한 물건(성)은 내팽개치고 마음속에 가격표(신실함)만 간직하고 있는 것과 비슷하다. 여전히 사람들은 약속을 깨뜨리고 서약을 헌신짝처럼 내버리는 일을 명백하게 완악한 일로 여기는 것 같다. 현대의 문화적 관점에서 여러 사람과 성관계를 갖는 것 자체를 군이 잘못이라고 표현하기는 어렵다. 하지만 이런 행동을 하면서 누군가와 신실하겠다고 맹세한 서약을 깨뜨리게 된다면, 우리는 마음속 깊은 곳에서 무언가 잘못되었음을 느끼게 된다.

세상에서 성적 부정만큼 충격을 주는 것은 거의 없다. 우리가 말로 하는 약속과 몸으로 하는 행동 사이의 미묘한 관계에서 우리의 정체성 자체가 위험에 처한다. 부정은 사람들 사이의 신뢰를 깨뜨리고 그 행위와 연관된 모든 이의 자존감을 파괴할 만큼 심각한 위험을 초래한다. 부정은 나뉘면 안 되는 것을 둘로 갈라 버린다.

부정은 그만큼 참담한 파행이다. 그것은 부정이 우리가 인간으로서 마땅히 되어야 할 존재의 중심부를 타격하기 때문이다. 즉, 신실한 관계 속에서 하나님과 연합하고 또한 다른 사람들과 연합한 온전히 헌신된 존재 말이다. 그래서 성경은 처음부터 끝까지 결혼 이야기로 가득하다. 즉, 하나님과 그분의 백성 간의 결혼 이야기이며, 하나님과 우리와의 관계를 생생한 현실로 나타내기 위해 사람의 결혼이 주어진 것이다.

사도 바울이 창세기 2:24에 나오는 최초의 결혼 이야기를 다시 언급한 이유는 단순히 남편과 아내에게 어떻게 서로 사랑해야 하는지 가르치기 위해서만이 아니라 하나님이 어떻게 우리를 사랑하시는지 전하기 위해서다. "그러므로 사람이 부모를 떠나 그의 아내와 합하여 그 둘이 한 육체가 될지니 이 비밀이 크도다. 나는 그리스도와 교회에 대하여 말하노라"(엡 5:31-32). 정말 놀라운 점은 우리를 구원하시는 예수님의 사랑 안에서 우리가 예수님과 얼마나 가까운지 보여주기 위해 남편과 아내의 육체적, 성적 친밀감이 비유로 사용된다는 사실이다. 이 행동이 분리됨two-ness에서 하나됨one-ness을 창조해 낸다. 그런 이유로 바울이 "자기 아내를 사랑하는 자는 자기를 사랑하는 것"(엡 5:28)이라고 말하는 것이다. 우리가 예수님의 몸의 지체가 될 만큼 예수님이 우리를 깊이 사랑하시듯이, 결혼 관계에서 남자와 여자의 결합도 더 이상 '아내' 없는 '남편'이나 '남편' 없는 '아내'가 존재하지 않는다는 의미다. 아담과 하와의 최초의 결혼은 여자가 "다름 아닌 남자의 살로 만들어졌기 때문에, 부부의 결합은 말 그대로 본래 한 몸이었던 것을 다시 결합하는 것이다"라는 사실에 근거한다.[1] 둘은 새로이 온전한 하나가 되고, 그들은 온전한 하나로 남게 된다.

이렇듯 결혼 관계에서의 인간의 사랑이 그리스도와 우리의 연합 가운데 존재하는 신적 사랑을 드러내기 때문에 성경은 간음으로 인한 결혼의 파행을 통해 우리가 죄 가운데 하나님께 저지르는 일을 강력한 그림으로 보여준다. 하나님이 바라시는 것은 사랑 안에서 하나님과 우리가 하나되는 것이고, 그 사랑으로부터 흘러나오는 전폭적인 순종이다. 그런데 우리가 반역 속에서 하나님께 대신 돌려드리는 것은, 하나님과 나란히 혹은 하나님 대신 다른 사람이나 다른 무언가를 사랑하는 것이다. 인간 상태의 근본적 문제는 일차적으로 우리가 무엇을 말하거나 행동하느냐가 아니다. 오히려 우리가 하나님 대신 누구를 또는 무엇을 사랑하느냐. 하나님은 자기 백성들의 남편이시지만(사 54:5, 겔 16:8-14), 우리는 그에 대한 보답으로 간음한 백성이 되고 말았다(민 15:39, 시 106:39, 겔 23:20).

이 책에서 나는 야고보서가 이러한 죄의 정수를 명명백백한 용어로 보여준다고 주장하고 싶다. 야고보서는 하나님의 친백성이 다른 연인들과 간음을 범하고 있다는 성경의 이야기와 깊이 조응한다. 하나님께 온전하게 헌신하는 연인이자 이웃과 온전하게 연합하는 연인이 되는 대신, 하나님의 백성들은 야고보가 "간음한 여인들아!"라고 일갈할 만큼 심각하게 분열될 수 있다(4:4). 바로 이로 인해 야

서론: 방향 설정

고보의 편지는 우리에게 아주 고통스럽게 다가올 수도 있지만, 그럼에도 야고보의 분명한 관점은 이 편지를 은혜와 소망으로 아주 충만하게 만들기도 한다. 야고보는 하나님을 향한 사랑과 다른 사람들을 향한 사랑을 살아내는 삶이 어떤 모습이어야 하는지에 대해 멋진 생각을 가지고 있다. 따라서 야고보의 날선 언어는 그저 상황이 얼마나 달라질 수 있는지에 관한 그의 깊은 통찰에서 흘러나오는 것일 뿐이다. 야고보는 훌륭한 삶에 대해 아주 명확한 비전을 가지고 있어서 그와 대조되는 추악한 현실 앞에서 말을 빙빙 돌리지 못하고 곧바로 핵심을 지적한다. 우리는 늘 우리가 진리를 바란다고 생각하지만, 사실 진리를 **듣는 것**은 대개 훨씬 더 힘든 일이다.

우리가 야고보와 함께 온전함에 이르는 길을 걸으면서 배울 첫 번째 내용은, 우리 자신에 관한 진리를 야고보가 밝혀 줄 때 우리가 그것을 받아들이는 것이다.

이어지는 내용에서 나는 야고보가 온전함이라는 주제에 몰두해 있다는 전제를 바탕으로 논의를 진행한다. 그래서 우리는 이 주제가 금실과 같이 그의 편지의 모든 부분을 하나하나 관통하고 있음을 알게 될 것이다. 야고보는 이 개념에 깊이 심취한 나머지 '온전함'이나 '하나됨'에 해당하는 특정 단어가 사용되지 않을 때조차 이 개념은 논증의 토대를 이루고 있으며 모든 논의를 형성하고 있다. 이 개념은 그의 논증을 이끌어 가고 통합시키는 주제다.

뒤로 물러나 전체를 보라

오랜 세월 동안 많은 주석가와 설교자가 야고보서에서 길을 잃었다. 내 생각에, 부분적인 이유는 그들이 편지 전체에 대한 분명한 큰 그림 없이 여러 샛길과 굽잇길을 지나왔기 때문이다. 야고보서는 한 주제에서 다른 주제로 계속 이리저리 바뀌는 듯 보인다. 마르틴 루터Martin Luther는 야고보서가 "내용을 무질서하게 연결한다"고 불평했다.[2] 우리는 한동안 시련과 시험에 대해 읽다가(1:2-3), 그 뒤에 부자와 가난한 자에 대해 생각하고(1:9-10), 그런 다음 다시 시련으로 돌아온다(1:12). 야고보는 어디로 가고 있는 것일까? 사실 루터는 야고보서에 너무 실망한 나머지 야고보서를 "복음의 특징을 전혀 갖추지 않은 지푸라기 서신"이라고 말할 정도였다.[3] 이것은 주로 "사람이 행함으로 의롭다 하심을 받고 믿음으로만은 아니니라"(2:24)는 야고보서의 말씀 때문이었다. 사도 바울은 오직 믿음으로 말미암는 칭의를 가르치는데, 여기서 야고보는 바울을 정면으로 반박하고 있지 않는가? 루터가 보기에 야고보서는 성경을 훼손하는 것이다..

일부 학자들은 이러한 바울과 야고보의 충돌을 '바울계 기독교'와 '유대계 기독교'의 갈등을 나타내는 것으로 여겼다. 1894년 아돌프 줄리허Adolf Jülicher는 야고보서를 "신약성경에서 가장 기독교적이지 않은 책"이라고 불렀고, 보다 최근 제임스 던James Dunn은 야고보서를 "신약성경에서 가장 유대교적이지만, 기독교적 특성이 가장 흐릿한 문서"라고 여겼다.[4]

이 모든 우려가 여러분에게 낯설게 들릴 수도 있다. 우리 중 많은 이들이 그 단순함 때문에 야고보서를 사랑한다. 야고보서는 머리를 쥐어짜게 만드는 너무 어려운 신학 따위는 찾아볼 수 없는, 매우 실제적인 편지다. 어쩌면 로마서는 선형적 논리를 좋아하는 좌뇌형 사람들을 위한 것인 반면, 야고보서는 그림으로 사고하는 예술적인 우뇌형의 사람들을 위한 것일 수 있다. "우리가 말들의 입에 재갈 물리는 것은 우리에게 순종하게 하려고 그 온 몸을 제어하는 것이라. 또 배를 보라"(약 3:3-4). 이처럼 매우 생생한 표현들이 사용되기 때문에 우리는 본문을 곧바로 이해할 수 있다.

나는 논의를 시작하는 이 시점에서 마르틴 루터가 틀렸다고 분명히 말하지 않을 수 없다. 야고보서는 쓸모없는 편지가 아니며, 나는 여러분에게 그 이유를 보여주고 싶다. 야고보는 바울과 상충되지 않으며, 우리는 어떻게, 왜 그러한지 살펴볼 것이다. 야고보서는 유대적 특성을 갖추고 있으면서도 놀라울 만큼 기독교적인 책이다. 나는 리처드 보컴Richard Bauckham이 훌륭한 연구를 통해 밝힌 대로, 야고보서와 유대교의 관계는 예수님과 유대교의 관계와 비슷하다는 주장에 동의한다.[5] 다시 말해서 만약 야고보서에 '기독교적 특성이 흐릿하다'면 예수님도 마찬가지가 된다. 우리는 이 책에서 가장 훌륭한 여러 보화를 만나게 될 텐데, 그 이유는 야고보서가 주 예수님의 가르침에 가장 근접해 있기 때문이다. 당연하게도 예수님이야말로 성경에 있는 유대교의 가장 오래된 약속을 궁극적으로 성취하신 분이시며, 메시아와 그가 세울 새로운 세계 질서에 대한 가장 위대한 소망이시다.

첫머리 구절은 야고보서가 소아시아에 있는 여러 교회들, 곧 '흩어져 있는 열두 지파'에게 보내는 회람용 서신으로 의도되었을 가능성을 암시한다. 이것은 분명 이스라엘의 열두 지파를 가리키는 표현이지만, 야고보가 예수님을 메시아로 고백하는 유대인들에게 편지를 보내고 있다는 점도 분명하다. 따라서 그들은 약속의 땅 바깥에 살던 유대계 그리스도인, 예루살렘 같은 유서 깊은 성지를 떠나 흩어져 있던 사람들일 가능성이 매우 높다. 더글러스 무_{Douglas Moo}의 주장에 의하면, 메시아 예수님을 믿는 이 유대인 신자들이 고국을 떠나서 살 수밖에 없었다는 사실은 "야고보서 독자들의 주요한 특징, 곧 그들의 가난과 억눌린 상황"을 설명한다.[6] 하지만 동시에, "세상에 속한 교회의 상황은 이 편지에 대한 중요한 배경을 제시하지만, 이 편지는 궁극적으로 교회 안으로 들어오는 세상의 문제와 관련하여 훨씬 더 많은 것을 말해 준다."[7]

이것은 절묘한 방향 전환이다. 이 인용문을 통해 서로 혼합되면 안 될 두 가지(교회와 세상)가 혼합된다는 개념에 대해 생각해 볼 수 있다. 이를 통해 야고보가 이 문제를 진지하게 다루고 있으며, 날카로운 어조로 편지를 쓰고 있음을 알 수 있다. 따라서 나는 야고보서가 놀라울 만큼 실용적인 편지라고 말하는 이들의 편을 들어 주고 싶지만, 한편으로는 우리가 좌불안석하고 있지는 않은지 의문이 들기도 한다.

우리는 매우 고통스러운 여정에 오를 참이다. 정말 매우 고통스러운 여정이다.

야고보서는 죽음의 위험에 처한 교회, 중병에 걸릴 수도 있는 교회에게 보낸 편지다. 야고보는 수신자들이 영안실을 향한 편도 여행을 떠나게 될 수도 있음을 알고 있다. 이 말은, 야고보서가 인생의 '처세술'이나 세련되고 단순한 규범으로 가득한 매력적인 편지라고 여기는 모든 생각을 야고보가 재빨리 납작 눌러 버릴 것이라는 뜻이다. 오히려 야고보서의 말씀은, 여러분이 의사에게 가서 "기침이 나오는데요, 분명 별 일 아닐 거예요"라고 말할 때 여러분이 듣게 될 말과 같다. 여러분은 병원에서 검사를 하고 진찰을 받는다. 곧이어 즉시 진료 예약을 잡으라는 통지서가 날아든다. 의사가 말한다. "기침하시는 것 말이죠, 생각보다 훨씬 심각한 상황입니다. 상당히 나쁜 소식입니다. 환자분은 치명적인 질병에 걸렸습니다."

나는 야고보가 뛰어난 의사와 같다는 것을 여러분에게 세 가지 측면에서 보여주고 싶다. 그는 증상을 관찰하고, 그 증상을 유발하는 질병을 진단하며, 우리가 어떤 치료를 받아야 하는지 정확히 알고 있다.

증상을 관찰하라

야고보는 과감한 조치를 취하지 않을 경우 곧 임종을 맞을 수도 있는 교회들에게 편지를 보내고 있다. 그들은 악하게 행동하는 남성들과 여성들로 이루어진 공동체다. 그렇기에 어느 교회가 너무나 악한 길로 걸어가는 장면을 봄으로써 우리에게도 경각심을 불러일으켜야 한다. 하나님은 때때로 우리에게 시신을 부검하는 장면을 보여주시며 한때 살아 숨 쉬던 이 생명체가 무엇 때문에 죽었는지 그 원인을 파악하도록 하신다. 그래서 그런 일이 우리에게도 일어나지 않도록 예방하게 하신다. 이것이야말로 하나님이 우리에게 긍휼을 베푸시는 한 가지 방법이다.

어쩌면 이 글을 읽고 있는 지금 여러분의 공동체가 이처럼 극단적 상황에 맞닥뜨린 그런 교회는 아닐 것이다. 사실, 나는 여러분의 공동체가 건강하고 형통하기를 소망한다. 그렇다면 우리는 문제가 생기기 전에 지금 당장 야고보의 말에 귀 기울여야 한다. 이를 건강에 빗댈 수 있지 않을까? 우리는 건강을 잃기 전에는 건강 상태에 대해 전혀 알아채지 못한다. 노인들은 노쇠하고 연약해지면 이렇게 말하곤 한다. "아, 젊었을 때 건강을 잘 관리했어야 하는데." 어떤 사람이 끔찍한 병을 진단받으면 이렇게 말하곤 한다. "내가 살아 있다는 사실조차 전혀 인식하지 못하고 지냈어요. 건강이 내가 가진 최고의 재산인데, 이제 사라지고 말았네요." 2020년에 코로나바이러스 팬데믹이 세상을 뒤집어 놓자, 우리가 경솔하게 얼마나 많은 것을 당연히 여겼는지 깨닫고는 마찬가지로 그렇게 말했다. 돌연, 2019년은 역대 최고의 해가 되고 말았다.

그렇다고 이 책을 읽고 있는 이들 모두가 가장 좋은 시절을 보내고 있는 것도 아닐 것이다. 여러분은 최근 교회 생활에 파고든 추악하고 혼란스러운 시절을 겪었거나 여전히 그런 어려움을 겪고 있을 가능성이 있다. 이런 일은 매우 흔하게 일어나기 때문에 공동체 대부분은 어느 시점에 이르러서는 갈등을 맞닥뜨리게 된다. 어쩌면 여러분은 바로 지금 상처를 받고 있을지도 모른다. 소중한 관계를 통해 작동하기 시작하여 오랫동안 아끼던 교회 가족들에게 해를 입히는 잘못으로 인해 바로 지금 상처를 받고 있을 수도 있다. 용서하기 위해, 또 새로운 영적 온전함의 길로 나아가기 위해 여러분에게 주님의 도움이 필요할 수 있다. 우리 중에 어떤 사람들은 상황이 궤도를 벗어나는 과정에서 자신도 어떤 역할을 했다고 솔직하게 인정해야 할 수도 있다.

야고보가 편지를 보내고 있는 교회들에서 무언가 잘못되고 있음을 알리는 세 가지 증상이 있다.

증상 1: 이 교회들은 성난 말을 하고 있다

첫 번째 힌트는 초반부터 나온다. "내 사랑하는 형제들아, 너희가 알지니 사람마다 듣기는 속히 하고 말하기는 더디 하며 성내기도 더디 하라"(1:19). 이 말씀은 몇 절 뒤에서 부연된다. "누구든지 스스로 경건하다 생각하며 자기 혀를 재갈 물리지 아니하고 자기 마음을 속이면 이 사람의 경건은 헛것이라"(1:26). 이 편지에서 지적하는 상당수 문제들이 우리의 말을 중심으로 돌아간다는 느낌은 3장에서 명확해진다. "혀는 곧 불이요 불의의 세계라"(3:6). 야고보가 이렇게 편지를 쓰는 이유는, 무엇이 당연한 모습인지 알지만 현실이 그렇지 못하기 때문이다. 이 신자들에게 혀는 곤경의 세계다.

여러분은 이것이 어떤 것인지 아는가? 다툼, 언쟁, 불을 붙이고 폭발하며 해를 입히고 상처를 주는 말이다. 당연히 여러분도 알고 있다.

나는 앤디 크라우치Andy Crouch의 통찰력 있는 말에 감사한다. 건전한 가정에서 생활함으로써 얻을 수 있는 유익은, 우리 자신이 얼마나 어리석은지 알아차릴 수 있다는 것이다. "아무리 넓은 집에 살아도 날마다 함께 사는 사람들에게서 자신의 어리석음을 숨길 수 있을 만큼 큰 집은 없다."[8]

매주 목요일이 되면 우리 깁슨 가족은 그 어리석음이 최고조에 이르는 것 같다. 나는 대체 목요일마다 왜 그런지 도통 감을 잡지 못하겠다. 나는 목요일을 TTT, 곧 혀가 불타는 목요일Tongue-Torched Thursdays이라고 부른다. 내가 목사이기 때문에 목요일쯤 나의 사역은 주일을 향해 치닫기 시작하고, 나는 모든 일을 마무리한 뒤 설교의 흐름 비슷한 것이라도 작성해야 한다는 압박을 받기 시작한다. 아내는 국민보건서비스NHS에서 파트타임 일을 마치고 피곤해 한다. 아이들은 목요일 아침이면 모두들 온갖 짜증을 부린다.

거의 매주 우리는 조급한 마음과 짜증을 감춘 채 아침 식탁에 간신히 둘러앉는다. 그때 아이 중 하나가 다른 아이에게 장난을 치기 시작한다. 그러다 보면 시리얼 그릇이나 숟가락을 떨어뜨리기도 하고 우유를 쏟거나 도시락 통을 엎어 버리는 사고가 일어나기도 한다. 그러면 형제자매끼리, 남편이 아내에게, 부모가 자녀에게, 마침내 그것을 터뜨리고야 만다. 바로 날카로운 말이다. 도화선에 불이 붙는다. 강아지가 어쩔 줄 몰라 한다. 그리고 우리는 거침없이 내달린다. 이런 일은 늘상 반복된다.

우리는 모두 혀를 길들이기 위해 애쓴다는 것이 무엇인지 안다. 그런데 여러분은 야고보가 여기서 우리에게 무슨 말을 하는지 아는가? "굳이 신경 쓰지 마세요. 여러분은 그렇게 할 수 없어요. 불가능해요." 자, 야고보의 말을 오해하지 말자. 야고보의 의도는 우리의 말을 바꾸지 않아도 된다는 의미가 아니다. 또한 이렇게 끔찍한 말을 하는 것이 허용해도 괜찮은 사소한 문제라는 의미도 아니다. 그렇지 않다. 야고보의 요점은 입에다 비누를 집어넣는다고 해도 진짜 문제를 해결하지는 못할 것이라는 점이다. 악한 말은 증상일 뿐, 진짜 질병이 아니다.

우리는 곧이어 더 깊은 문제에 다다르겠지만, 먼저 또 다른 증상을 보자.

증상 2: 이 교회들은 추한 선을 긋고 있다

"내 형제들아, 영광의 주 곧 우리 주 예수 그리스도에 대한 믿음을 너희가 가졌으니 사람을 차별하여 대하지 말라"(2:1). 야고보서 2장의 첫 구절에 따르면, 야고보서 최초의 독자들이 돈을 가진 사람과 그렇지 않은 사람 사이에 선을 긋지 않도록 경고를 받는 것이 분명하다. 그들은 특정 유형의 사람들은 존중하고 그 외 나머지는 무시하고 있었다. 즉, '특권층'과 '소외계층'으로 구분한 것이다. 그래서 사람들을 끌어들이는 자원과 부, 지위를 가진 특권층은 환대한 반면, 소외되고 가난하며 억압받는 소외계층은 무시해 버렸다. 가진 자와 가지지 못한 자를 구분해 버린 것이다.

하나님의 가족들 안에서 이렇게 차별하는 것은 은혜의 복음을 노골적으로 부정하는 비열한 행위다. "내 사랑하는 형제들아, 들을지어다. 하나님이 세상에서 가난한 자를 택하사 믿음에 부요하게 하시고 또 자기를 사랑하는 자들에게 약속하신 나라를 상속으로 받게 하지 아니하셨느냐"(2:5).

따라서 야고보서는 우리가 함께 교회 생활을 하면서 사람들에게 가격표를 붙이고 있지는 않는지 반성하라고 요구한다. 이것은 우리가 가치와 쓸모를 결정하는 방식이 우리가 살고 있는 세상의 방식과 실제로 구별되는지, 아니면 단지 그것을 무비판적으로 모방하는 것은 아닌지를 따져 보는 과정이 될 것이다.

증상 3: 이 교회들은 선행을 실천하지 않고 있다

> 내 형제들아, 만일 사람이 믿음이 있노라 하고 행함이 없으면 무슨 유익이 있으리요. 그 믿음이 능히 자기를 구원하겠느냐(약 2:14).

야고보서가 복음적인 교회에게 그토록 도전적이라고 생각하는 이유가 바로 이 구절 때문이다. 야고보는 믿음을 가진 교회, 복음을 사랑하는 교회에게 편지를 보내고 있다. 예배에서는 정통 신학이 선포되고, 교리적 정확성은 누구에게도 뒤지지 않는다. 설교를 사랑하는 교회다. 성도들은 성경을 사랑한다. 그렇다. 그들은 성경을 듣는 것을 기뻐한다. **하지만 성경의 가르침을 행하지는 않는다**(1:22). 그래서 야고보는 이 질병의 향후 경과를 적나라하게 묘사하는 편지를 쓴다. 선행이 없다면, 실제로 살아 있는 믿음이 아니다. 너희는 죽었다. "영혼 없는 몸이 죽은 것 같이 행함이 없는 믿음은 죽은 것이니라"(2:26).

어린 시절 병원 진료를 볼 때면 의사 선생님은 나에게 혀를 내밀도록 했다. 그것이 바로 야고보가 이 편지에서 하는 일과 같다. "어디

한 번 봅시다. 검사도 할 테니 증상을 말해 보세요." 이때 야고보가 나에게서 발견하는 질병은 내가 몹시 거친 언사와 사람을 차별하는 추악한 선을 긋고 있으나 내게 선한 것이 아무것도 없다는 사실이다.

자, 이것들은 증상이다. 치료법은 무엇인가?

야고보가 말하지 **않는** 바에 주목하자. 그는 결코 치료법이 간단하다고 말하지 않는다. "선한 말을 하고, 선을 긋지 말고, 선행을 하세요."

그렇지 않다. 야고보는 '오히려' 이렇게 말한다. "여기에 앉아 보세요. 잠시 이야기를 나눠 봅시다. 증상은 잠시 미루어 두어도 괜찮습니다. 증상은 진짜 문제가 아니거든요. 그저 중요한 경고등 하나가 켜졌다고 할 수 있어요."

"당신은 치명적인 병에 걸렸습니다."

병을 진단하라

여러분은 야고보의 진단을 알아챌 수 있는가.

너희 중에 누구든지 지혜가 부족하거든 모든 사람에게 후히 주시고 꾸짖지 아니하시는 하나님께 구하라. 그리하면 주시리라. 오직 믿음으로 구하고 조금도 의심하지 말라. 의심하는 자는 마치 바람에 밀려 요동하는 바다 물결 같으니 이런 사람은 무엇이든지 주께 얻기를 생각하지 말라. 두 마음을 품어 모든 일에 정함이 없는 자로다(약 1:5-8).

내가 '진단'이라는 의학 용어를 사용하는 이유는, 야고보가 인간의 상태에 대해 분석하면서 인간의 겉모습 이면에 있는 심령의 가장 깊은 동기에 이르기까지 철저하게 조사하기 때문이다. 야고보는 '두 마음'double-mindedness이라는 끔찍한 질병을 진단한다(1:8). 이 표현에 해당하는 헬라어 단어는 '딥쉬코스'dipsychos로, 문자적으로는 '두 영혼'two-souled을 의미한다. 사실, 이 단어는 야고보 자신이 만들어낸 것 같다. 그는 이 단어를 통해 하나님의 자녀로서 우리의 마땅한 본분, 곧 고결함이 가득한 온전하고 일관된 마음을 지니는 것과 상반된 상태가 얼마나 끔찍한지 전달하려고 한다. 이것은 성경이 다른 곳에서 언급하는 '나누어진 마음'의 비극을 가리키는 야고보의 표현 방식이다.[9]

다윗 왕은 "그들이 이웃에게 각기 거짓을 말함이여, 아첨하는 입술과 두 마음double heart으로 말하는도다"라고 지적한다(시 12:2). 이러한 내적 이중성으로 인해 솔로몬은 성전을 봉헌할 때 기도를 드리면서 백성들에게 이렇게 당부했다. "그런즉 너희의 마음heart을 우리 하나님 여호와께 **온전히** 바쳐 완전하게 하여 오늘과 같이 그의 법도를 행하며 그의 계명을 지킬지어다"(왕상 8:61). 다시 시편으로 돌아가 보면, 다윗은 하나님께 동일한 간청을 드린다. "내가 주를 바라오니 성실과 정직으로 나를 보호하소서"(시 25:21). 또한 "여호와의 증거들을 지키고 **전심**whole heart으로 여호와를 구하는 자는 복이 있도다"라는 고백도 나온다(시 119:2).

여기서 주의 깊은 독자는 야고보가 '두 **마음**'double-minded이라는 단어를 사용하지만, 내가 그것을 **심장**heart에 해당하는 표현으로 바꿨다는 사실을 눈치챌 수 있을 것이다. 이렇게 함으로써 야고보가 온

서론: 방향 설정

전함의 문제를 다룰 때 단순히 추상적인 단어들을 늘어 놓는 것이 아니라, 성경의 서사에 깊이 자리 잡은 인간의 상태에 대해 깊은 통찰을 가지고 접근하고 있음을 파악할 수 있다. 성경에서 '심장'은 인간의 모든 행동을 통제하는 지휘소를 가리킨다. "우리가 생각하고 열망하며 선택하고 살아내는 모든 것이 이 단일한 '지휘 본부'로부터 생성되고, 이 하나의 지점으로부터 다스려진다."[10] 이 인용문에서 생각과 열망, 의지 사이의 관계에 주목하자. 이 모두는 마음으로부터 단일한 방향으로 흘러나온다.

크레이그 트록셀Craig Troxel은 『온 마음을 다해』With All Your Heart라는 멋진 책에서 청교도 신학의 풍성한 이음매를 풀어 내며 생각과 열망, 의지, 이 세 가지로 이루어진 마음을 해부한다. 트록셀의 주장에 의하면 성경은 마음을 다음과 같이 표현한다.

> 마음은 세 가지 영적 기능으로 이루어져 있다. 즉, 우리가 **아는** 것(우리의 지식, 생각, 의도, 개념, 성찰, 기억, 상상)과 우리가 **사랑하는** 것(우리가 원하고 추구하고 느끼고 갈망하는 것), 그리고 (우리가 거부할지 순응할지, 우리가 나약할지 강인할지, '예'라고 말할지, '아니요'라고 말할지) 우리가 **선택하는** 것으로 이루어져 있다.[11]

간단히 말해서, 이는 야고보가 인간 상태 전반에 걸쳐 나타나는 이중성—우리의 사고방식과 우리가 사랑하는 대상, 우리의 행동에서—을 꿰뚫어 볼 수 있음을 뜻한다. 이러한 이중성은 우리가 누구에게 말하는지, 그리고 그들에게 어떻게 말하는지를 통해 드러난다.

또한 실질적인 결과로 이어지지 않는 신앙 고백에서 표면화되며, 고난 속에서 의로운 재판관이신 주님을 기다리지 못하고 드러내는 우리의 조급함 속에 존재한다. 리처드 보컴의 말처럼, 두 마음을 가진 사람의 기도가 응답되지 않는 이유는, 그런 사람들은 "하나님을 신뢰하는 것과 다른 데를 보는 것 사이에서 흔들리기 때문이다. 그들은 자신들이 하나님께 구한 것을 전심으로 원하지 않는다."[12]

이제는 우리 내면에서 '분리됨'two-ness이 온전한 '하나됨'one-ness을 무너뜨릴 수 있다는 야고보의 개념을 이해할 수 있을 것이다. 알다시피 둘로 분리되어 살아간다면 정신과 진료실에 앉게 될 수도 있다. 우리가 자신의 상태를 의사에게 설명하면 결국에는 분열성 인격장애 진단을 받게 된다. 야고보는 우리의 가장 깊은 문제, 곧 이 모든 증상이 흘러나오는 원천은 영적으로 분열된 인격이라고 말하고 있다. 우리의 **내면**은 분열되어 있고, 내면의 분열은 **외면**을 분열시킨다.

그러므로 분열된 마음은 분열된 행동으로 이어진다.[13]

둘로 나누어진 삶

내면의 이중성이 우리의 외면을 어떻게 형성하는지 살펴보자.

- 너희는 말씀을 행하는 자가 되고 듣기만 하여 자신을 속이는 자가 되지 말라(1:22). 듣는 것과 들은 대로 행하는 것은 별개다. 우리는 듣는 것을 좋아하지만, 그대로 행하기는 쉽지 않다고 여긴다. 우리는 이 둘을 서로 나눈다. 교회 안에 있기를 좋아하고 설교를 사랑하지만, 화요일쯤 되면 하나님이 우리에게 말씀하신 대로 행하기

위해 (다시금) 전전긍긍한다. 왜 그런가?

- 내 형제들아, 영광의 주 곧 우리 주 예수 그리스도에 대한 믿음을 너희가 가졌으니 사람을 차별하여 대하지 말라(2:1). 야고보는 우리가 가난한 사람보다 부자를 존경하는 근본적인 이유를 밝히고 있다. 그것은 바로 우리의 어느 한 부분은 주 예수 그리스도, 영광의 주님을 사랑하지만 또 다른 부분은 부와 재산, 지위가 주는 영광을 사랑하기 때문이다. 야고보는 독자들에게 영광을 향한 상반된 태도를 가지지 말라고 호소한다.

- 만일 형제나 자매가 헐벗고 일용할 양식이 없는데 너희 중에 누구든지 그에게 이르되 평안히 가라, 덥게 하라, 배부르게 하라 하며 그 몸에 쓸 것을 주지 아니하면 무슨 유익이 있으리요(2:15-16). 우리는 믿음과 선행을 나누고는 그 둘 중 하나를 배제한 채 나머지 하나만 안전하게 가질 수 있다고 생각한다. 왜 그런가?

- 한 입에서 찬송과 저주가 나오는도다(3:10). 우리의 입은 두 쪽으로 갈라져 있다는 사실을 기억하라. 우리가 하는 말은 통일되어 있지 않다. 우리의 말은 형태와 내용에 있어서 이중적이다.

교회 안의 세상

야고보서는 하나님께서 온전한 하나됨이 있기를 의도하신 곳에 이중성이 존재하는 문제를 다루고 있다. 이 편지의 주요 논지는, 모든 것의 근원인 마음을 바꾸지 않은 채 잘못된 말하기 방식이나 사람 사이에 선을 긋고 차별하는 행태를 고치려고 애써 봤자 아무 의미가 없다는 것이다. 진짜 문제는 돈이 아니라 내면에 도사리고 있는 악이라는 것을 깨닫지 못한다면, 우리는 가난한 사람과 부유한 사람을 대하는 태도를 결코 바꿀 수 없을 것이다. "너희끼리 서로 차별하며 악한 생각으로 판단하는 자가 되는 것이 아니냐"(2:4).

우리의 진정한 문제는 악한 **생각**과 이기적 **욕망**이다. 즉, 우리가 개인적으로 유익을 얻을 수만 있다면, 몸 전체에 가해지는 해악은 기꺼이 무시해 버리는 태도다. 그래서 야고보는 의학 용어로 우리 문제를 진단하는 데서 머물지 않는다. 사실, 논의의 시작점으로 돌아가 보면, 야고보는 이 문제를 이중성의 궁극적 형태인 간음이라고 부르고 있다. 아름다운 하나됨이 있어야 할 자리를 왜곡된 분리됨이 차지해버린 것이다. "간음한 여인들아, 세상과 벗된 것이 하나님과 원수 됨을 알지 못하느냐"(4:4).

신혼여행에서 막 돌아온 젊은 부부를 생각해 보자. 그들이 함께하는 삶, 새로운 모험을 시작하려는 순간, 초인종이 울린다. 문을 열자 남편의 옛사랑이 서 있다. 그가 말한다. "안녕하세요. 여러분과 몇 년 정도 함께 살면 좋겠다 싶어서 와봤어요!"

신부가 경악하기도 전에 남편은 껑충 뛰면서 그를 껴안고는 소리를 지른다. "이거 너무 재밌을 것 같아! 행복한 대가족이잖아!"

저런! 그런데 신부는 왜 울고 있을까? 시기심 때문이다. 정당한 시기심 말이다. 진정한 사랑, 참된 사랑 때문이다. "너희는 하나님이 우리 속에 거하게 하신 성령이 시기하기까지 사모한다 하신 말씀을 헛된 줄로 생각하느냐"(약 4:5). 이와 같은 구절은 하나님이 온전한 하나됨의 하나님이심을 보여준다. 하나님은 온전해야 할 것이 분리되는 것을 싫어하신다. 이것은 하나님의 존재에 역행하기 때문이다.

서론: 방향 설정

야고보의 말을 기억하라. "이런 사람은 무엇이든지 주께 얻기를 생각하지 말라. 두 마음을 품어 모든 일에 정함이 없는 자로다"(1:7-8). 이런 사람은 주님에게서 어떤 것도 받을 수 없다. 바로 주님 자신이 나뉘지 않으시기 때문이다. 주 예수님은 궁극의 온전한 인간, 그 마음이 하늘 아버지께 온전히 진실한 참 인간이셨다. 고결함과 정직함은 예수님이 행하신 모든 일 가운데 그분을 지켜주었다. 예수님은 하나님의 규례와 명령을 하나하나 전부 지키셨다. 예수님은 한결같이 하나님을 전심으로 찾으셨다(요 6:38, 히 10:5-7).

우리의 존재와 대조되는 예수님의 존재에 어떠한 의미가 있는지는 나중에 다시 살펴볼 것이다. 다만 지금으로서는 먼저 야고보가 최초의 청중을 향해 쏟아 내는 따끔한 책망을 파악해야 한다. 이를테면 다른 사람과 잠자리를 갖는 것 또는 세상과 결혼하는 문제 등이다. 세상은 가난한 사람 보다는 부자를 좋아한다. 세상은 다투고 싸우고 살인을 저지른다. 세상은 매서운 질투와 이기적 야망을 품고 있다.

하나님의 백성들이 세상과 똑같이 살아간다면 두 얼굴을 가진 사랑 안에서 세상과 동침하는 것과 같다.

그렇다면, 여러분이 정말로 믿는 것은 무엇인가?

바로 여기가 야고보의 메시지가 매우 예리하다고 생각되는 지점이다. 그는 우리에게 이렇게 말하고 있다. "말다툼, 통제되지 않는 혀, 우리 가운데 존재하는 차별, 그 외에도 여러 가지 다른 질병의 증상들은 우리가 뻔뻔스럽게 하나님을 속이고 있음을 보여줍니다."

"맞습니다, 주님. 저는 온통 주님을 위합니다." 말로는 이렇게 고백하지만, 실제 행동과 결정들은 내가 **나 자신도** 위하고 있음을 드러낸다.

야고보서는 가장 고통스러운 편지다. 내 친구 앤디 겜밀은 이렇게 표현한다. "야고보는 마치 의사와도 같아서 우리가 말하고 생활하며 서로 관계 맺는 방식을 관찰하고는 그런 행동을 통해 우리가 하나님에 관해 정말로 무엇을 믿는지 읽어낼 줄 안다."[14]

의사는 환자의 발진과 기침을 살펴보고 불규칙한 숨소리를 들어본 후에 "생각보다 상태가 심각할 수도 있습니다"라고 말할 수 있다. 마찬가지로 야고보는 이렇게 말하는 셈이다. "교회 구성원으로서 여러분과 함께 몇 달간 머물게 해주세요. 여러분을 관찰하면서 귀 기울여 듣게 해주세요. 그러면 여러분이 누구를 사랑하는지 말해 주겠습니다." 그는 이어서 설명한다. "여러분이 친구들을 어떻게 대하고, 여러분의 교회 지체들과 자녀들에게 어떻게 말하는지 지켜보게만 해주세요. 그러면 여러분의 마음이 어디에 있는지 말해 주겠습니다. 여러분이 외부인을 어떻게 환영하는지 보여준다면, 여러분이 하나님에 관해 무엇을 믿는지 알려 주겠습니다." 그만큼 예리하다.

자, (이 책을 쓸 당시 우리 트리니티 교회의 상황과 같이) 현재 교회 건축 프로젝트를 진행하고 있지만 자금이 부족한 상태라고 상상해 보자. 가난한 사람과 부자가 여러분의 교회를 찾아온다. 예배가 끝난 뒤, 야고보는 다정하게 여러분을 옆으로 데리고 가서는 여러분이 가난한 사람보다 부자들과 얘기하면서 더 많은 시간을 보내는 것을 보았다고 지적한다. "왜 그랬나요?" 여러분이 머뭇거리는 동안 야고보는 말한다. "그 이유를 말해 주겠습니다. 그것은 하나님께서 이 세상에서 가난한 자들을 하나님 나라의 상속자로 택하셨다는 것을 여러분이 믿지 않기 때문입니다(2:5). 여러분은 진심으로 그렇게 믿지 않아요." 여러분이 다시 머뭇거릴 때 야고보는 말한다. "나는 행함으로 내 믿음을 네게 보이리라"(2:18). 교회가 영혼을 빼앗긴다면, 새 예배당을 짓는 것이 무슨 유익이 되겠는가?

이 모든 증상이 치명적인 질병을 가리키고 있지만, 다행히도 모든 것을 잃은 것은 아니다. 가까이에 도움이 있고, 그 도움은 위대한 의사이신 하나님 자신에게서 온다.

약을 받으라

교회는 수년 동안 "원래 그렇다"라고 말하고는 결국에는 생명을 잃고 만다. 여러분의 가정과 결혼 생활에서 복음을 죽이고 싶다면, 이렇게 말하기만 하면 된다. "글쎄, 그냥 목요일이라 그런 거지 뭐. 우리 모두 피곤하니까 그렇지. 원래 그런 거 같아."

사실, 태도가 퉁명스럽고 칼 같이 날카로운 혀를 가진 사람은 변화되어야 한다. 복음을 사랑하는 우리는 결코 "원래 그렇다"라고 말해서는 안 된다. 어떤 증상이 나타난다는 것은 무언가 끔찍하게 잘못되었다는 신호다. 혀는 엄청난 해를 끼칠 수 있다. 선을 행하지 않는다는 것은 여러분의 믿음이 죽어 있다는 뜻이다.

그렇다면, 이중적 사고, 나누어진 마음, 분열된 자아를 어떻게 해야 할까?

그 물음에 대한 답은 바로 우리는 하나님의 은혜라는 약을 먹을 수 있다는 사실이다. "그러나 더욱 큰 은혜를 주시나니 그러므로 일렀으되 하나님이 교만한 자를 물리치시고 겸손한 자에게 은혜를 주신다 하였느니라"(4:6). 그 약은 곧 회개다. 규칙적으로, 매일, 전심으로 돌아서서 하나님께 다시 달려가는 것이다. 회개는 새로운 언어를 배우는 것이다. 우리는 "그냥 목요일이라 그렇다"라는 말을 그만하고, "그것이 바로 죄다"라고 말하기 시작해야 한다.

이것이 야고보가 여기서 하고 있는 일이 아닐까? "하나님을 가까이하라. 그리하면 너희를 가까이 하시리라. 죄인들아, 손을 깨끗이 하라. 두 마음을 품은 자들아, 마음을 성결하게 하라"(4:8). 야고보는 꾸밈없이 말한다. 그는 우리가 자신을 정당화하기 위해 사용하는 깔끔한 완곡어법을 전혀 사용하지 않는다. 바로 죄 때문에 우리는 가난한 이들보다 부유한 이들을 귀하게 여기며, 나쁘게 말하는 습관을 갖고 있고, 남들에게 도대체 어떻게 하고 싶은 대로 하지 않고 사느냐며 따져 묻게 된다.

갈라진 마음의 치유

야고보는 하나님과 함께 더 깊이 파고드는 법을 가르쳐 준다. "내 마음속에서 무슨 일이 일어나고 있는가?"라고 질문하는 법을 배우라. 죄와 은혜, 용서의 언어가 여러분의 저녁 식탁과 침실 대화, 티타임 중에 충분히 오가지 않는다면, 또한 교회 안에 여러분에게 잘

못했거나 여러분이 잘못한 형제자매가 있는데 서로 쉽게 털어내지 못하고 있다면, 야고보의 도움을 얻으라.

우리는 나누어진 마음을 복음으로, 은혜로 치유할 수 있다. 마지막으로 누군가에게 용서를 구한 때는 언제였는가? 그리고 생각이나 말, 행동에 대해 구체적으로 하나님께 회개한 때는 언제였는가? 이런 질문은 우리가 약을 먹고 있는지 아닌지 확인하는 방법이다. 이 책을 어디서 읽고 있든, 지금 당장 시작할 수 있다.

하나님은 우리에게 무척 다정하시고 자비로우시며 인내심이 많으시다. 헤어진 연인들이 어떻게 행동하는지 생각해 보라. 상대방이 불륜을 저질렀음을 알게 되면 어떤 일이 일어나는가? 먼저 큰 분노가, 그 후로는 냉랭한 분위기와 쓰라린 외면으로 이어진다. 환대와 따스함, 친밀함이 오가던 시절은 끝났다. 많은 경우, 필연적으로 별거 후 이혼이 뒤따른다. 하지만 하나님은 어떻게 하시는가? "간음한 여인들아……하나님을 가까이하라"(4:4, 8). 어떤 사람에게 속았는데, 그 응답으로 여러분을 버린 그 사람에게 부드럽게 구애하면서 "이리 가까이 오세요"라고 말한다고 상상해 보라! 야고보는 우리가 이런 하나님을 새롭게 만나기를 바란다.

하나님의 은혜는 더없이 감미로운 약이다. 우리는 그 은혜의 놀라운 깊이와 영광스러운 풍요로움을 탐구할 것이다. 은혜는 상처받은 사람을 온전하게 만들 수 있다. 은혜는 나누어진 마음을 치유할 수 있다.

토론과 개인 묵상을 위한 질문

1. 야고보서에 대해 지금까지 어떤 인상을 받았는가?
2. '두 마음'이라는 용어는 어떤 의미인가? 자신의 말로 설명해 보라.
3. 나누어진 마음의 증상을 진단할 수 있는가?
4. "가까이하라"는 하나님의 부르심은 우리에게 어떤 소망을 주는가?
5. 이 책을 통해 야고보서에서 가장 얻고 싶은 것은 무엇인가?

서론: 방향 설정

1

완벽함

배를 만들고 싶다면,
사람들에게 목재를 모아 오라고 하거나
일일이 할 일을 부과하지 말라.
그보다는 그들로 하여금
끝없이 광대한 바다를 갈망하게 하라.

앙투안 드 생텍쥐페리, 『모래의 지혜』

¹ 하나님과 주 예수 그리스도의 종 야고보는 흩어져 있는 열두 지파에게 문안하노라.

² 내 형제들아, 너희가 여러 가지 시험을 당하거든 온전히 기쁘게 여기라. ³ 이는 너희 믿음의 시련이 인내를 만들어 내는 줄 너희가 앎이라. ⁴ 인내를 온전히 이루라. 이는 너희로 온전하고 구비하여 조금도 부족함이 없게 하려 함이라.

⁵ 너희 중에 누구든지 지혜가 부족하거든 모든 사람에게 후히 주시고 꾸짖지 아니하시는 하나님께 구하라. 그리하면 주시리라. ⁶ 오직 믿음으로 구하고 조금도 의심하지 말라. 의심하는 자는 마치 바람에 밀려

요동하는 바다 물결 같으니 7 이런 사람은 무엇이든지 주께 얻기를 생각하지 말라. 8 두 마음을 품어 모든 일에 정함이 없는 자로다.

9 낮은 형제는 자기의 높음을 자랑하고 10 부한 자는 자기의 낮아짐을 자랑할지니 이는 그가 풀의 꽃과 같이 지나감이라. 11 해가 돋고 뜨거운 바람이 불어 풀을 말리면 꽃이 떨어져 그 모양의 아름다움이 없어지나니 부한 자도 그 행하는 일에 이와 같이 쇠잔하리라.

12 시험을 참는 자는 복이 있나니 이는 시련을 견디어 낸 자가 주께서 자기를 사랑하는 자들에게 약속하신 생명의 면류관을 얻을 것이기 때문이라. 13 사람이 시험을 받을 때에 내가 하나님께 시험을 받는다 하지 말지니 하나님은 악에게 시험을 받지도 아니하시고 친히 아무도 시험하지 아니하시느니라. 14 오직 각 사람이 시험을 받는 것은 자기 욕심에 끌려 미혹됨이니 15 욕심이 잉태한즉 죄를 낳고 죄가 장성한즉 사망을 낳느니라.

16 내 사랑하는 형제들아, 속지 말라. 17 온갖 좋은 은사와 온전한 선물이 다 위로부터 빛들의 아버지께로부터 내려오나니 그는 변함도 없으시고 회전하는 그림자도 없으시니라. 18 그가 그 피조물 중에 우리로 한 첫 열매가 되게 하시려고 자기의 뜻을 따라 진리의 말씀으로 우리를 낳으셨느니라.

야고보서 1:1-18

해마다 여름이 되면 옥스퍼드와 캠브리지 주민들에게는 즐거운 볼거리가 펼쳐진다고 한다. 관광객들은 강에서 보트에 올라타려고

진풍경을 자아낸다. 어리숙한 사람들이 어설픈 동작으로 우왕좌왕
하는 풍경은 그야말로 우스꽝스럽다. 마른 땅 위에서 보트에 올라타
는 것은 흔히 사람들이 짐작하는 것보다 훨씬 힘든 일이다. 다리 하
나로는 땅을 딛고 다른 다리로는 보트에 올라타는데, 그렇게 되면
다리도 아프고 모양새도 형편없다.

　이것이 야고보가 마음의 눈으로 바라보면서 편지를 보내고 있는
그리스도인들의 모습이다. 야고보가 보기에, 그들의 발 하나는 성경
에 굳게 뿌리내리고 하나님과 함께하지만, 다른 쪽 발로는 자기 생
각과 말, 행동 방식에 있어서 여전히 세상을 딛고 있다. 완전히 다른
두 영역에 발을 딛고 서게 되면 그 어떠한 것도 결코 안정적으로, 온
전하게 지지할 수 없다.

나의 모든 것을, 오직 주님을 위해

　야고보서의 이 첫머리 단락에서 야고보는 "편지 전체에서 가장
중요한 주제, 곧 완벽함을 강조"하려고 한다.[1] 1:1-18은 잠언이나 격
언을 거의 임의의 순서로 나열해 놓은 것처럼 보인다. 그러나 사실 이
단락은 야고보가 편지의 나머지 부분에서 상세하게 설명할 모든 주제
를 강조하고 있다. 이에 야고보는 논의를 시작하면서 "완전하고perfect
온전하게complete 되어 어떤 것에서도 모자람이 없게"(1:4, 새한글) 되
는 길이 있다고 언급한다.

　완벽하다면 얼마나 좋을까! 이것은 모든 그리스도인들에게 매혹

적인 목표이고, 그 목표에 도달한다면 멋질 것이다. 내가 완벽하다면 아내가 무척 좋아할 것이다. 아이들은 하늘을 둥둥 떠다닐 것이다. 내가 삶의 전영역에서 모든 것을 갖춘 진짜배기라면, 내 주위 모든 사람이 얼마나 큰 유익을 얻을 수 있을까? 야고보가 이렇게 편지를 시작하는 이유는 편지의 시작부터 이중적으로 사고하는 것의 정반대 모습이 어떠한지 보여주기 위해서인 것 같다. '완벽함'perfect이란 야고보가 온전함whole을 가리키기 위해 사용하는 단어다.

'완벽한'은 헬라어 단어 '텔레이오스'teleios의 번역어이고, 4절에 두 번 나온다. "견딤이 **완전한**full/perfect 효력을 떨치게 하십시오. 그리하여 여러분이 **완전하게**perfect 되어"(새한글). 야고보는 매우 유사한 단어인 '홀로클레로스'holoklēros, 곧 '온전한'complete과 보충 문구 "어떤 것에서도 모자람이 없게"(4절)로 완벽함을 강조한다. 리처드 보컴은 '텔레이오스' 단어 그룹이 야고보서에 일곱 번 나온다고 지적한다. 유대교 성경에서 일곱이 완전함 혹은 온전함을 나타내는 수라는 점을 감안할 때, 이것은 분명 우연이 아니다. 실제로 3:17에서 야고보는 "위로부터 난 지혜"를 일곱 가지 속성으로 요약한다.[2] '텔레이오스'는 1:4에서 두 번 등장할 뿐만 아니라, 1:17, 25, 2:8, 22과 3:2에서 다시 나온다.

야고보서에서 어떤 일관된 흐름을 찾으려고 하는 경우, 사도 바울의 글이나 다른 서신에 나타나는 논리적 흐름 같이 엉뚱한 것을 찾고 있을 가능성이 있다. 하지만 앞서 주장했듯이, 그렇다고 야고보서가 마구잡이로 서술되어 있다거나 일정한 논리가 없다는 뜻은 아니다. 오히려 야고보는 구약의 지혜 전승에 흠뻑 젖은 세계관을 우리에게 제시하고 있다. 지혜 전승 자체는 하나님이 자기 백성에게 주신 율법에 깊은 영향을 받은 것이다. 야고보는 하나님이 자기 백성들에게 의도하신 비전, 곧 완벽함에 대한 비전을 품고 있고, 그의 편지의 모든 부분은 이러한 의도와 관련 있다. "면밀한 연구에 의하면 완벽함은 단지 중요한 주제 가운데 하나가 아니라 전체 편지의 다른 모든 주요 문제를 아우르는 핵심 주제다."[3]

그렇다면 야고보는 완벽함이라는 단어에 어떠한 의미를 담는가?

먼 과거에 이스라엘 자손들이 모세의 진군 명령을 받아들일 준비를 갖추고 약속의 땅 언저리에 서 있었을 때, 모세는 그들에게 "생명을 택하라"(신 30:19)고 명령했다. 모세는 하나님의 백성들에게 그들이 꿈꿨던 것보다 하나님의 손에서 더 많이 가질 것이고, 하나님이 기꺼이 주시려고 하는 모든 것을 받는 단순한 길이 있다고 설교했다. 그것은 쉐마라고 알려진 아름다운 설교였다. "이스라엘아, 들으라. 우리 하나님 여호와는 오직 유일한 여호와이시니"(신 6:4). 이것이 모세의 설교에서 으뜸가는 강조점이었다. 주님은 나뉘지 않으신다. 우리 교회에는 내 설교의 요지가 이것만큼 간단명료하기를 바라는 사람들이 많이 있을 것이다.

그런데 모세의 설교에서 다음에 무엇이 나올까? 둘째 강조점이다. "너는 마음을 다하고 뜻을 다하고 힘을 다하여 네 하나님 여호와를 사랑하라"(신 6:5). 주님은 나뉘지 않으시고, 따라서 너희도 나뉘지 않아야 한다. 너희의 모든 것으로 주님을 사랑하라. 전심으로, 온전하게 주님을 사랑하라.[4] 스캇 레드 Scott Redd는 이렇게 표현한다.

하나님의 성품은 온전하고 순전하고 충만하고 풍성하고 단순하다. 그래서 하나님의 성품이 요구하는 것은 온전하고 순전하고 충만하고 풍성하고 단순한 사랑이다. 공적이든 사적이든, 개인적이든 공동체적이든, 영적이든 육체적이든, 하나님의 백성들은 주님을 사랑할 때 단순하고 온전해야 한다.[5]

야고보서는 당시 전 세계에 흩어져 있던 유대계 그리스도인들에게 보내는 편지임을 기억하라. 그들은 구약성경을 소중히 여겼고 모세의 율법을 훤히 알았다. 그들은 또한 하나님이 한분이시기 때문에 하나님은 온전한 하나됨one-ness을 사랑하신다는 것을 알았다. 그런데 우리가 보았듯이, 야고보는 온갖 분파로 갈라진 가운데 내부의 균열을 드러내는 교회에게 편지를 보내고 있다. 그들은 온전한 마음 대신 나누어진 마음을 갖고 있다. 그들은 아직 완전하거나 온전하지 않다. 오해하지 말라. 그들은 이렇게 말할 수 있었다. "주님, 저는 주님을 사랑합니다. 정말 사랑합니다. 저는 다시 태어났습니다. 저는 한 번도 가져본 적 없는 사랑으로 주님을 사랑합니다. 저는 주님의 말씀을 사랑합니다. 주님의 율법을 사랑합니다. 주님의 백성들을 사랑합니다. 그런데 진심을 말하자면, 저는 여전히 제 자신도 사랑합니다. **내** 나라, **내** 뜻이 이루어지이다. 저는 두 마음으로 나뉘어 있습니다."

이제 우리는 따끔한 살균제 같은 이 멋진 편지의 출발점에 서 있다. 이 편지는 곧 우리의 영적 체제에 항생제처럼 주입되어 질병을 찾아내고 그 뿌리부터 근절해 낼 참이다. 곧이어 야고보는 자신의 목표는 하나님이 자기 자녀들을 위해 마련하신 목표와 동일하다는 사실을 밝힌다. 그 목표란 곧 완전함에 이르는 것이다. "완전한 도덕적 고결함에 미치지 못한다면, 죄로부터 완전히 동떨어져 계신, 스스로 거룩하고 의로우신 하나님을 궁극적으로 만족시키지 못할 것이다."[6]

주 예수님 자신이 우리에게 말씀하셨다. "그러므로 하늘에 계신 너희 아버지의 온전하심과 같이 너희도 온전하라"(마 5:48). 성숙하고 완전하며 영적으로 온전하여 분열을 극복하고 하나됨을 회복하는 것이다. 주 예수님 자신이 여기서 동일한 개념을 표현하셨다는 사실은 야고보서를 성경 이야기의 더 큰 그림과 연결해 준다. 조나단 페닝턴Jonathan Pennington은 산상수훈에 관한 탁월한 연구에서 산상설교를 하나로 묶는 핵심 개념 중 하나가—**유일한** 핵심 개념은 아닐지라도—'온전함', '완전함' 혹은 '단일한 헌신'이라고 주장한다.[7] 하늘 아버지가 온전하고 완전하신 것처럼 우리도 온전하고 완전해야 한다고 예수님은 말씀하신다(마 5:48). 이 말씀은 천국에 들어가기 위해서는 서기관과 바리새인의 의보다 "더 나은 의"가 필요하다는 것을 예수님이 여섯 가지 원리로 말씀하신 다음에 나온다. 바리새인들이 위선자인 이유는 다음과 같다.

그들의 마음과 행동이 일치하지 않기 때문이다. 그들은 실제로 올바른 일을 **행하기는 하지만**, 마음이 잘못되었기 때문에 그들은 의로운 사람들이 아니다.……그들은 "마음이 청결하지" 못하고, 따라서 그들은 하나님을 볼 수 없다(마 5:8).[8]

물론 이러한 마음과 행동의 일치는, 단일한 완벽함을 요구하던 율법을 폐기하기 위함이 아니라 도리어 성취하기 위해 오신 주 예수님 안에서 가장 완벽하게 구현되었다(마 5:17). 예수님은 참되고 완벽하며 온전하고 신실한 이스라엘 자손이시고, 따라서 완벽하고 온전하며 신실하고 모범적인 인간이시다. 우리는 나중에 야고보가 예수님을 "영광의 주"라고 부르는 것을 볼 텐데(2:1), 주 예수님을 가리키는 이 호칭은 나뉘지 않은 마음을 바라보는 야고보의 깊고 온전한 성경적 이해의 바탕을 이루고 있다. 이 나뉘지 않은 마음이란 곧 자신이 가진 모든 것으로 하나님께 자신을 드리는 사람을 뜻한다. 야고보는 하나님의 율법과 은혜 안에서 오직 하나님께 헌신할 때 인간이 형통할 수 있다는 멋진 비전을 갖고 있다.

우리가 온전하고자 한다면, 야고보는 세 가지를 실천하라고 말한다.

1. 명확히 생각하라

"완전하고 온전하게"(약 1:4) 되는 것이 목표라면, 야고보가 그 목표 지점으로부터 역주행을 해 와서 목표에 도달하는 방법을 알려 줄 수 있을 것이다. 온전함이란 하나님이 우리를 이끌어 가시는 곳인데, 우리는 어떻게 그곳에 도달할 수 있을까? 본문은 "인내를 온전히 이루라"(1:4)고 말씀한다. 그렇다면 우리는 어떻게 인내를 이룰 수 있을까? "믿음의 시련"(1:3)을 극복함으로 인내를 이룰 수 있다.

이렇게 우리는 완전함이라는 목표에 이르는 과정을 따라갈 수 있다. 우리가 "여러 가지 시험"(1:2)을 만나면, 하나님은 인내를 낳기 위해 우리의 믿음을 시험하시고, 그 인내는 뒤이어 온전함과 완전함으로 우리를 인도할 것이다.

나는 이것이 야고보서의 멋진 핵심 가르침 중에 하나라고 생각한다. 솔직히 말해서 이 가르침은 그다지 달갑지 않다. 서론에서 사랑으로 진리를 말하지 않는다면 온전함이 존재할 수 없음을 보았듯이, 여기서는 아픔 없이 온전함은 존재할 수 없음을 알게 된다. 온갖 종류의 고통스러운 시련 없이 완전함과 온전함은 존재할 수 없다. 우리는 그리스도인으로서 이 개념에 너무나도 익숙한 나머지 야고보서 본문을 읽으면서 그것이 얼마나 생소한지 알아차리지 못했을 수도 있다. 완전함에 이르는 길은 고통의 길이다.

다시 강조하지만, 우리는 야고보의 가르침이 산상수훈에 나오는 주 예수님의 가르침과 상당히 긴밀하게 연결되어 있음을 인식해야 한다. 산상수훈에서 예수님은 인간의 온전함과 형통이라는 본질상 대단히 역설적인 두 가지에 관한 비전을 제시하신다. 하나님과 더불어 하나님 나라를 얻고, 영생을 누릴 준비를 갖춘 이들은 다름 아닌 심령이 가난한 자와 애통하는 자, 온유한 자, 주리고 목마른 자들인 것이다. 조나단 페닝턴은 예수님의 가르침에 대해 이렇게 언급한다. "이것은 엄청난 양의 '검은 황금'(석유)이 매장되어 있는 곳과 같다. 가치를 다 헤아릴 수 없을 만큼 귀한 황금이 어둠 속에 묻혀 있는 것과 같다." 예수님은 본질상 형통과 완전히 **상반되는** 상태에 있을 때 복이 있다고 말씀하시는 것이다.[9]

야고보는 그와 같은 관점을 가지고 있다. 즉, 하나님은 여러분을 완전하고 온전하게 만드시기 위해, 여러분의 믿음을 시험하여 인내를 이루도록 하시는 것이다. 실은 여기서 멈추지 않고, 야고보는 팔복(마 5:2-11)에 있는 예수님의 말씀과 비슷한 표현으로 고난의 반대편에서 경험하는 참으로 아름다운 하나님과의 만남을 약속한다. "시험을 참는 자는 복이 있나니 이는 시련을 견디어 낸 자가 주께서 자기를 사랑하는 자들에게 약속하신 생명의 면류관을 얻을 것이기 때문이라"(1:12).

하지만 온전함과 완전함이라는 목표 지점에 이르기 원한다면, 또한 마지막 때에 생명의 면류관을 받기 원한다면, 야고보의 논리를 따라 계속해서 역주행을 해나가야 한다. 야고보는 1:2에서 우리가 당하게 될 여러 가지 시험을 올바른 관점으로 바라보도록 의미심장한 권면을 하고 있다. 왜냐하면 시험은 인내를 만들어 내고, 그 인내는 완전함으로 이어지기 때문이다. 따라서 먼저 야고보의 이 권면을 따르지 않는다면 그다음 단계로 넘어갈 수 없을 것이다. "내 형제들아, 너희가 여러 가지 시험을 당하거든 온전히 기쁘게 여기라"(1:2). 우리는 야고보의 주장의 출발점까지 거슬러 올라왔고, 이 구절이 모든 논의를 뒷받침하는 핵심 명령이다.

여러분이 나와 비슷하다면, 갑작스럽게 시련을 만났을 때 아마도 가장 먼저 생각이 멈춰 버리고 감정의 소용돌이에 휘말리게 될 것이다. 그런데 여기서 야고보는 우리에게 시련에 대해 똑바로 **생각**해야 한다고 말하고 있다. 우리는 정신을 가다듬어야 한다. 목표에 도달하고자 한다면 가장 먼저 할 일은 바로 생각하는 것이다. 야고보의 권면을 다른 말로 표현하면 "온전히 기쁘게 여기라"가 된다. 이 권면에 대해 곰곰이 생각해 보자. 시련을 기쁘게 여길 수 있으려면 분명하고 합리적으로 사고해야 한다.

야고보가 "온전히 기쁘게 **느끼라**"고 말하지 않는다는 점에 유의하자. 시련을 기쁨으로 받아들이는 일이 가능할 수도 있겠지만, 내 경험상 눈물이 기쁨이 되기는 힘들다. 또한 야고보는 여러분이 시련을 만날 때 "**행복**으로 여기라"고 말하지도 않는다. 행복과 기쁨 사이에는 엄청난 차이가 있다. 행복은 상황마다 다를 수 있다. 행복은 한순간 여기 있다가 다음 순간 사라진다. 하지만 기쁨은 하나님이 이 시련 가운데 계시며, 하나님이 나에게 보내시는 것 중에 나를 위한 하나님의 보살핌과 사랑의 목적에서 벗어난 것은 단 하나도 없다는 깊고 확고한 지식을 가졌을 때 나온다.

너희가 시험을 만날 **때** 온전히 기쁘게 여기라고 말한다는 점에도 유의하자. '만날 때'when라고 되어 있지 '만난다면'if이 아니다. 이 세상에서 어느 정도 오래 살다 보면 반드시 고난을 겪게 된다. 우리가 유가족이 될 수도 있고, 혹은 우리 때문에 다른 사람들이 유가족이 될 수도 있다. 우리는 우리를 능히 짓밟을 수 있는 상황에 맞닥뜨릴 수 있지만, 야고보의 말에 의하면, 그런 시련 속에서 기쁘게 여길 수 있는 길이 있다. 바로 하나님이 우리를 온전하게 만드시기 위해 어떤 일을 하고 계심을 깨닫는 것이다.

C. S. 루이스Lewis는 하나님이 어떻게, 또 왜 이와 같이 일하시는지 보여주는 가장 탁월한 예화를 제시한다.

여러분 자신이 살아 있는 집이라고 상상해 보라. 하나님이 오셔서 그 집을 다시 지으려고 하신다. 아마 처음에는 그분이 하시는 일이 이해

완벽함

될 것이다. 하나님은 하수구를 고치고 지붕에 새는 곳들을 막는 등의 일들을 하신다. 이런 것들은 필요한 일이므로 여러분은 놀라지 않는다. 그런데 얼마 안 가 하나님은 그 집을 매우 거칠게 다루시는데, 여러분은 지독하게 마음 상할 뿐 아니라 도무지 하나님의 행동을 이해할 수가 없다. 도대체 그분은 무슨 짓을 하고 있는 것인가? 하나님은 여러분의 생각과 영 다른 집을 짓고 계신다. 여기에는 한쪽 벽을 새로 세우고, 저기에는 바닥을 깔고, 탑을 새로 올리고, 마당을 만드신다. 여러분은 보기 좋은 작은 오두막집이 만들어지고 있다고 생각했다. 그런데 그분은 궁전을 짓고 계신다. 하나님은 친히 그 궁전에 와서 살 작정이시다.……그분에게 맡기기만 한다면……아무리 연약하고 더러운 인간이라도, 지금으로서는 도무지 상상할 수 없을 만큼 힘과 기쁨과 지혜와 사랑으로 약동하는 눈부시게 빛나는 불멸의 존재로, 그분 자신의 다함 없는 능력과 즐거움과 선함을 완벽하게 반사하는 티 없이 맑은 거울로 만드실 것이다. 그 과정은 오래 걸리며 아주 고통스러운 부분도 있겠지만, 그것이야말로 다름 아닌 우리가 존재하는 목적이다.[10]

최종 완성품이 소유할 만한 가치를 지니고 있다면, 제작 과정에서 겪는 고통은 인내할 만하다. 그런데 우리가 온전해지고 내면의 모든 균열이 치유되기 바란다면, 성숙하고 완전하고 온전해지기 바란다면, 우리는 시련을 "온전한 기쁨"으로 여길 수 있을 것이다(1:2).

운동선수가 12절의 "생명의 면류관" 같은 승자의 관을 얻기 위해 훈련하고 질주하는 모습을 생각해 보자. 꿈을 현실로 바꾸기 원하는 그 운동선수는, 땀과 눈물을 흘리는 고통스러운 훈련마저도 기쁨으로 여긴다. 그는 이러한 정신력과 체력 훈련을 통해 무엇을 성취할 것인지 알기 때문이다. 4절의 "인내"라는 단어는 곧바로 피트니스 센터를 연상시킨다. 그 단어는 무언가의 '아래에서 지탱하다', 그것을 '잘 지탱해 내다'라는 뜻이기 때문이다. 보디빌더는 저항에 맞서 벤치프레스의 하중을 지탱한다. 이것은 믿음이 무거운 짐을 밀어 내듯이, 근육이 중량을 견디며 강해지듯이, 믿음은 시련을 통해 성장한다고 말하는 야고보 식의 표현이다. 그런데 완벽한 영적 신체라는 최종 완성품을 원한다면, 우리도 그렇게 해야 한다. 즉, 시련 속에서도 계속해서 땀을 흘리며 중량을 밀어 내고 버텨 내야 한다.

알다시피, 가장 고통스러운 일을 겪고 난 후에 비로소 가장 좋은 것들이 모습을 드러낼 때가 있다. 야고보는 그리스도인의 온전함의 정수가 이와 동일한 원리에 근거해 있기 때문에, 하나님이 자기 백성들을 정제하고 정화하며 시험하고 완성하신다고 믿는다.

이 구절들을 읽고 있는 여러분은 고난 가운데 무거운 짐을 지고 있을 가능성이 매우 크다. 어쩌면 여러분과 가까운 다른 사람이 여러분의 고난을 알고 여러분과 함께 압박을 견디고 있을지 모른다. 반대로 어쩌면 여러분의 고난을 아는 사람이 아무도 없어서 크나큰 외로움 때문에 상처가 더욱 악화될 수도 있다. 우리 중에는 외로움의 시련에 정면으로 맞닥뜨린 사람들이 있다. 실직이나 충족되지 않는 성적 갈망, 사별, 오랜 투병 생활, 실망의 시련에 맞닥뜨린 사람도 있다. 늙어 가는 것도 시련이다. 몸이 삐걱대고 심장이 아프며 친구들이 하나둘씩 죽어 간다. 노인이 되었는데 이사를 해야 한다면 그

57   완벽함

것도 시련이다. 힘들고 지겹고 지루하기 그지없는 업무의 시련도 있다. 여러분의 믿음은 힘든 결혼 생활로 인해 시험을 겪고 있다. 혹은 자녀들의 필요를 어떻게 충족시킬지 모른다. 중년의 위기, 곧 중년에 찾아오는 우울증의 시련도 있다. 혹은 여러분의 성性이 불분명하고 성 정체성이 혼란스러워 어느 쪽으로 향해야 할지 모를 수도 있다.

지금 당장이든 혹은 우리의 인생에서 다른 시점이든, 우리는 심각한 시련에 맞닥뜨릴 것이다. 어떤 결정적인 사건 때문에 불이 붙게 되고, 그래서 열기 속에서 단련되는 귀금속처럼 하나님을 믿는 믿음은 도가니 속으로 들어갈 것이다.

R. 켄트 휴즈Kent Hughes는 야고보서 주석에서 리처드 슈메의 아름다운 예화를 인용한다.

만약 우리를 불편하게 만드는 원인이 모두 제거된다면, 지상에서의 삶은 큰 가치가 없을 것이다. 그런데 우리는 대부분 우리를 불편하게 자극하는 것들에 맞서 저항하고, 풍부한 유익으로 여겨야 할 것을 막대한 손실로 여긴다. 그런 우리보다는 진주 조개가 현명하다고 할 수 있겠다. 진주 조개는 모래알 같은 이물질이 껍데기의 '외피' 안으로 들어오면, 자신의 가장 소중한 부분으로 그 이물질을 감싸고 그것으로 진주를 만들어 낸다. 모래 알갱이들을 외피로 감싸 버리면 모래알 때문에 생겨난 불편감은 사라진다. 그렇기에 진짜 진주는 불편감을 극복한 결과물이라고 할 수 있다. 오늘 우리 삶 속에 침투한 모든 불편한 자극은 진주를 길러 내라는 초청이다. 악마가 우리를 더욱 불편하게 자극할수록 우리는 더 많은 진주를 얻을 것이다. 우리는 불편감을 환영하고 가장 소중한 부분인 사랑으로 그것을 완전히 덮기만 하면 된다. 그러면 진주가 만들어지면서 불편감은 사라질 것이다. 그렇게 하기만 한다면 멋진 진주를 한아름 갖게 될 것이다![11]

야고보는 하나님이 기르시는 진주에 대해 쓰고 있다. 진주는 부족한 것이 전혀 없는 성숙한 성도, 완전하고 온전한 신자다. 다만 우리 중에는 이제 막 눈에 모래가 들어오기 시작한 사람들이 있다. 우리는 눈을 비비고 또 비빈다. 모래를 빼내고 싶다. 하지만 하나님은 모래를 그냥 두시는데, 그래서 우리는 훨씬 더 격렬하게 눈을 비빈다. 우리는 하나님이 어디 계시는지, 그분이 무슨 일을 하고 계시는지 의문스럽다. 야고보는 여기 우리 곁에 와서 하나님이 어떻게 진주를 만드시는지 가르쳐 준다. 우리는 가장 소중한 부분으로, 명료한 생각으로 그 불편한 자극을 덮어야 한다.

나는 여러분이 이 책을 읽는 동안 여러분의 나누어진 영혼을 다시 하나로 만들기 위해 하나님이 무엇을 하고 계시는지, 하나님이 여러분 안에서 무엇을 죽이고 계시는지, 또한 여러분의 어떤 부분을 두드리고 계시는지 깨달을 수 있기를 기도한다.

어쩌면 여러분은 이미 진주가 되었을지도 모른다. 나는 여러분 중 상당수가 진주라고 확신한다. 하나님께서 이미 여러분이 이겨 내게 하신 어려움이 무엇인지 모르지만 말이다.

여러분의 눈에 티끌이 아직 충분히 들어가지 않았을 가능성도 있다. 여러분의 삶은 지금까지 순탄하게 흘러왔다. 그렇다면 새로운 시각으로 교회를 둘러보면서 주변의 여러 진주들과 사귀어 보라고 격려하고 싶다. 그들과 함께 시간을 보내라. 그들이 누구인지 모른다면, 그런 사람들을 소개해 달라고 목회자에게 요청하라. 그러고는 아무도 보고 있지 않을 때 하나님이 어떻게 그들의 삶 가장 깊은 부분에서 여러 가지 일을 행하셨는지 직접 배우라.

이 모든 것을 전부 이해하면 시련이 어느 정도 줄어들지 않을까 생각한다면, 이는 엄청난 착각이다. 연인을 만나거나 취업하거나 시험에 합격하거나 질병에서 회복된다면, 어느 정도 목표를 이룬 것일까? 그렇지 않다. 결승선을 통과할 때까지, 주 예수님이 생명의 면류관을 우리 머리에 씌우실 때까지, 여러 가지 시련이 남아 있다.

진정으로 온전해지기를 바라는가? 온 세상에 있는 어떤 것보다 우리의 마음과 영혼과 힘을 다해 하나님을 사랑하기를 열망하는가? 이것은 정말 중요한 질문이다. 만일 그렇지 않다면, 시련이 올 때 우리는 시련을 견디지 못할 것이기 때문이다. 시련은 자기 역할을 정확하게 이행한다. 즉, 시련은 시험하고 검사하며 조사하고 우리가 정말 무엇을 위해 살고 있는지에 대해 참으로 어려운 질문을 던진다.

2. 용기 있게 구하라

이와 같은 말씀 구절을 읽을 때 마음이 어렵고 시험을 당하는 와중에 마치 용광로 안에 갇혀 있는 것처럼 도저히 견딜 수 없다는 생각이 들 때면, 야고보는 그것이 무엇인지 알 수 있도록 하나님께 지혜를 구하라고 권면한다. "너희 중에 누구든지 지혜가 부족하거든 모든 사람에게 후히 주시고 꾸짖지 아니하시는 하나님께 구하라. 그리하면 주시리라"(1:5). 고난을 겪으면서 고난을 온전히 기쁘게 여기는 것은 분명 저절로 이루어지는 일이 아니다. 우리에게는 지혜가 필요하다. 그런데 우리가 누구에게 간구하는지 보자. "모든 사람에게 후히 주시고 꾸짖지 아니하시는" 하나님이시다. 하나님은 하늘에서 팔짱을 낀 채 시련 때문에 힘들어 한다며 꾸짖는 분이 아니시다. 그와 반대로 하나님이 장거리 달리기, 곧 비거리飛距離를 겨루는 성숙 게임을 하고 계신다는 것을 깨닫도록 지혜를 구한다면, 하나님은 아낌없이 도우시고 넘치도록 관대함을 베푸신다.

여기서 약간의 신학이 큰 도움을 줄 수 있다. 나누어지지 않은 인격에 대한 야고보의 비전 때문에 '완벽함'perfection이라는 단어를 '온전한'whole이나 '완전한'complete으로 번역하는 것이 더 낫듯이, 1:5에서 "후히 주시는 하나님"이라는 어구의 일부인 "후히"라는 단어도 약간 다르게 이해하는 것이 더 나을 수 있다. 이 단어는 헬라어로 '하플로스'haplōs인데, 몇몇 주석가들에 따르면, 이 단어는 그 기본 의미가 '하나의' 혹은 '단순한'을 어근으로 하는 단어에서 유래한다. 이 단어는 바울이 종들에게 **'성실한 마음으로'** 지상의 주인에게 순종하라고 말하는 에베소서 6:5 같은 구절과 연결된다.[12] 루크 티모시 존슨Luke Timothy Johnson은 이 단어가 "복잡성에 반대되는 단순성을 의미하며, 그 연장선에서 이 단어는 계산하지 않는 솔직함을 뜻한다"고 말한다.[13] 여기 야고보서에서 이 단어는 "하나님이 주저함이나 마음의 거리낌 없이 신실하게 주시는 분이시며, 그분은 불평하거나 비판하지 않으신다. 자기 백성을 위한 하나님의 신실하심은 총체적이고 과분하기 때문에 그들은 구하는 것을 받으리라고 기대할 수 있다"는 뜻으로 사용된다.[14] 다른 학자들은 '하플로스'하게 주실 하나님께 구하라는 야고보의 명령이 "구하라. 그리하면 너희에게 주실 것이요"(마 7:7)라는 예수님의 말씀을 의도적으로 반복해서 사용했다는 점에 주목한다. 여기서 우리가 간청을 드리는 분의 성품이 강조된다. 즉, 그분은 항상 준비되어 있고 기꺼이 주시는 분이시다.

그런데 이것을 넘어서서 누가복음 11:34에서 "네 눈이 **성하면** 온 몸이 밝을 것이요"라고 말씀할 때, 예수님은 '하플로스'와 관련된 단어를 사용하시는데, 흠정역King James Version 같은 오래된 번역본에서는 이 단어를 '**하나의 눈**'single eye으로 번역할 정도다.[15] 내면의 건강은 올곧게, 고결하게 보는 눈에 의해 좌우된다.

핵심은 이것이다. 즉, 나뉘지 않은 진실한 **피조물**에게 적용할 수 있는 단어와 개념을 야고보는 실제로 **하나님**과 관련하여 사용한 것이다. 무Moo가 지적하듯이, 야고보는 "'고결함'integrity을 가리키는 용어를 하나님께 적용했다. 이러한 언어를 사용하는 까닭은 그리스도인의 성품을 하나님의 성품의 반영이요 결실로 묘사하는 야고보의 경향에 비추어 볼 때 납득할 만하다."[16] 따라서 하나님은 단순한 생각과 진실한 마음을 가진 자녀들을 창조하기 위해 단순하면서도 진실하게 주신다.

나는 이것이 가진 함의를 알아내려고 노력할 것이다. 야고보서 1:1-18은 우리의 창조주요 완벽한 하늘 아버지이신 하나님, 그리고 불완전과 죄로 점철된 피조물인 우리 사이를 근본적으로 대조하고 있다. 하나님은 모든 면에서 우리와 다르시다. 그분은 단순하시고 나뉘지 않으시고 온전하시며, 그분과 관련하여 고결하지 않은 것은 아무것도 없다. 우리는 나뉘어 있고 균열되어 있고 두 마음을 갖고 있으며, 우리 자신의 악한 욕망에 이끌려 죄에 빠질 가능성이 있다. 시련에 직면할 때 유혹에 넘어가거나 우리 삶에서 일어나는 일에 대해 하나님을 비난하게 되면, 우리는 인내하지 못하게 된 것이다(1:13). 또한 이런 일이 벌어질 때 하나님은 악에게 시험받지 않으시기 때문에(1:13-14), 우리가 붙들고 씨름하는 악이 하나님이 아니라 우리 안에서 나온다는 것을 알아야 한다. 하나님은 순수한 선, 순결한 빛이시다. 반면에 우리는 머리끝부터 발끝까지 우리를 오염시켜 그릇된 길로 인도하는 타락으로 인해 고통을 받는다.

내 친구 벤 트레이너가 말하기를 야고보서의 이 부분에서는 유혹과 욕망이 마치 불륜을 저지르듯 부도덕하게 결합하여 우리가 미처 알아차리기도 전에 죄라는 자녀를 결실로 맺어 버린다. 몇 해 뒤에는 죄 자체도 죽음을 낳는다(1:15).[17] 그런데 놀라운 사실은 이와 같은 부도덕하고 치명적인 결합과 대조적으로, 하나님도 자녀를 낳으신다는 것이다. 즉, 하나님은 피조물 중에 "진리의 말씀"으로 구속된 피조물을 낳으시는데, 하나님은 그들을 "첫 열매"라고 부르신다(1:18). 다음 장에서 보겠지만, 이것은 너무나도 아름다운 표현이다. 이 세상은 분열과 죄, 죽음으로 가득하지만, 하나님은 당신의 자녀인 우리와 더불어 창조 질서를 다시 회복시키려 하시며, 이에 창조 질서 전체의 궁극적 회복을 향한 전진 신호를 보내신다. 언젠가 새로운 창조 세계 전체는 온전함으로 가득하게 될 것이다. 먼저 하나님은 우리와 함께 시작하신다.

따라서 야고보가 이렇게 하나님의 정체와 그분이 행하시는 방식, 그리고 우리의 정체와 우리가 행동하는 방식을 대조하는 목적은 바로 온전함에 이르는 길을 보여주기 위한 것이다. 이것은 근본적으로 올바른 것을 말하거나 행하는 것, 혹은 올바른 것을 믿는 것과도 관련 없다—물론 이런 것도 중요하지만 말이다. 오히려 이것은 하나님으로부터 지혜를 선물로 받아 **우리가 하나님과 같이 되는 것**과 관련 있다. 온전함에 이르는 길은 하나님이 우리에게 주시는 것을 받음으로써 하나님을 닮아가는 길이다.

이런 이유로 예수님은 "마음이 청결한 자는 복이 있나니 그들이 하나님을 볼 것"이라고 말씀하신다(마 5:8). 예수님이 일차적으로 가리키시는 것은 도덕적 청결함이 아니다. 물론 그것도 틀림없이 포함되겠지만, 오히려 예수님이 뜻하시는 바는 이중적 마음을 극복하고 그것에 대항하는 마음의 고결함과 단순함이다. 우리가 하나님과 같지 않으면 우리는 하나님을 볼 수 없고, 그분과 같아지기 위해서 우리는 분열되지 않아야 한다.

여기서 조금 더 깊은 신학이 아름다운 빛을 발한다. 신학자들은 '신적 단순성'divine simplicity 교리를 언급하곤 하는데, 이는 하나님을 단순한 존재라고 가르치는 교리다. 이렇게 사용될 때 '단순하다'라는 단어는 지적인 의미를 가지지 않는다. 즉, 하나님은 신비롭거나 광대하지 않다는 의미가 아니다. 또한 이것은 하나님의 길이 우리에게 간단히 이해될 수 있다는 의미도 아니다. 오히려 이 단어는 구성 요소의 무결성compositional integrity이라는 의미로 사용된다. 하나님은 하나이시다. 그분은 온전하시다. 하나님은 여러 부분, 곧 지혜와 권능, 선 같은 서로 다른 속성으로 구성되지 않으신다. 마치 하나님은 그 가운데 어느 것 하나가 없더라도 여전히 하나님이실 수 있다는 듯이 말이다. 그렇지 않다. 하나님이 **소유하신** 것(지혜와 권능, 선, 사랑 등)은 실제로 그분의 **존재 자체**다.[18] 또한 하나님의 모든 소유와 존재에서 그분은 완벽하시다.

신적 완벽함은 이른바 '총괄적 속성'summative attribute, 곧 하나님의 다른 모든 속성의 특징을 묘사하는 속성으로 알려져 있다. 다시 말해, 하나님의 지혜와 선, 권능은 **완벽한** 지혜와 **완벽한** 선, **완벽한** 권능이다.[19] 신적 단순성은 하나님이 스스로 존재하시고(출 3:14), 그분의 존재와 속성은 다른 사물이나 사람에게 의존하지 않으신다는 성경의 개념에 근거한다. 이런 이유로 야고보는 하나님은 "변함도 없으시고 회전하는 그림자도 없[으신] 빛들의 아버지"라고 말한다(1:17). 만일 하나님이 완벽하게 지혜로우시고 선하시며 권능을 가지시고 사랑하신다면, 그분은 더 지혜롭고 더 선하며 더 권능 있게 되실 수 없고 무엇이든 자신의 속성에서 부족하실 수도 없다. 하나님은 변하실 수 없다. 하나님께는 극복해야 할 결핍이나 실현해야 할 더 고귀한 지복至福이 없기 때문이다. 하나님의 존재와 속성은 완벽하게 그분 자신이시다. 어떤 것도 하나님을 지혜로우시거나 선하시거나 사랑하시도록 **강요할** 수 없다. 하나님은 스스로 계시기 때문에, 하나님 **자신**이 이러한 특성이다.

이처럼 복잡한 설명 때문에 머리가 아프다면 한 걸음 물러나 보자. 야고보는 하나님이 통합된 전체, 곧 완벽한 고결함과 단일성의 존재시며, 우리의 가장 큰 문제는 우리의 성품이 아직 하나님을 닮지 못한 것이라고 믿는다. 우리는 서로 다른 방향으로 이끌리고, 위대한 선을 행하거나 참담한 악을 행할 능력을 모두 가졌으며, 바다 위의 물결처럼 바람에 밀려 요동한다. 하지만 하나님은 한결같으시고, 하나님의 존재 자체와 하나님이 주시는 것은 확고하고 변함없이 선하다.

이러한 사실은 우리에게 매우 풍부한 적용점을 제시한다. 때때로 오래전 신학자들이 이를 가장 잘 표현한 것을 발견하기도 한다. 그들은 깊이 이해했을 뿐만 아니라, 우리가 삶에서 적용할 수 있도록 아름다운 결과물을 내놓기도 했다. 17세기 네덜란드의 개혁주의 목사이자 신학자인 페트루스 판 마스트리흐트Petrus van Mastricht는 이러한 하나님 이해가 일상의 삶에 어떤 차이를 낳는지 정확히 이해했다. 그는 야고보서 1:5에 근거하여, 하나님이 '가장 단순'하시기 때문에, 그분은 단순하게 주신다고 말한다. 다시 말해, 그분이 주시는 것은 조각이나 일부가 아니다. 하나님이 주실 때, 그분은 "자기 자신, 곧 자신의 존재 전체와 속성 전체를 주신다. 하나님은 단순하시기 때문에, 우리에게 쏟으신 하나님의 모든 속성, 곧 그분의 지혜와 권능, 선, 은혜는 서로 분리될 수 없다."[20]

그런 이유로 야고보는 이후에 "하나님을 가까이하라. 그리하면 너희를 가까이하시리라"고 말한다(4:8). **하나님**, 그분의 전부, 그분 자신이 가까이 오실 것이다. 우리의 분열을 극복하려고 하실 때, 하나님은 우리 자신의 존재를 손질하기 위해 필요한 하나님의 일부를 주심으로써 우리의 분열을 극복하시지 않는다. 마치 우리가 '선'에 대해서는 제대로 잘 하고 있지만, '지혜'에 대해서는 약간 보완이 필요하다는 듯이 말이다. 그렇지 않다. 우리가 지혜를 구하면, 하나님은 실제로 우리에게 자기 자신을 주신다. 하나님이 우리에게 이렇게 행동하시기 때문에 반 마스트리흐트는 이렇게 말한다. "따라서 단순하고 온전한 마음으로 하나님만 의지하자. 그리고 하나님의 고결함과 정직함으로 인해……우리의 모든 것을 하나님께 드리기로 약속하자(시 25:21)."[21] 이것은 신명기 6:4-5을 실천한 것이다. 하나님의 존재와 우리의 존재는 서로 일치해야 하고, 하늘 아버지와 신자들의 관계에 대한 야고보의 비전은 하나님과 우리의 조화를 통해 멋지게 표현된다.

따라서 하나님은 우리 아버지이시고 우리는 그분의 자녀이며, 이 관계는 진실한 간구로 표현되어야 한다. 믿음으로 구하고 의심하지 말라는 야고보의 권고는, 모든 참된 그리스도인은 결코 의심하지 않아야 한다는 의미가 아니다. 이것은 결코 사실이 아니다. 오히려 잘 알려진 바와 같이 의심이란 스스로 명확히 사고하는 믿음이다. 믿음의 반대는 의심이 아니라 불신이다. 우리는 고통 가득한 세상에서 기독교 신앙의 어려운 현실을 붙들고 분투할 때가 많다. 지금 여러분이 그런 상황에 처했을 수도 있다. 분명 많은 그리스도인들이 그런 상황에 처해 있을 것이고, 나 또한 자주 그렇다.

의심이라는 단어의 의미는 1:6-8에서 상세히 설명된다. 주일에는 하나님의 지혜를 따르지만, 월요일에는 세상의 지혜를 따르는 사람이 있다. 그는 화요일에는 하나님과의 교제를 누리지만, 수요일에는 세상과 사귀기를 좋아한다. 이 모든 것이 두 마음이다. 이런 사람들은 이리저리 밀려다닌다. 그들은 하나님이 말씀하시는 것에 몰두할 수 없다. 혹은 "주님, 제 마음을 다해 주님을 따르기를 열망합니다. 저를 고쳐 주소서. 저를 도와주소서"라고 전심으로 하나님께 부르짖지 못한다. 대신 그들은 예수님과 자신의 생각을 조금씩 가져다가 섞는다. 성경도 조금, 세상도 조금, 주님도 조금, 그리고 다른 것도 전부 조금씩 섞는다.

3. 올바르게 자랑하라

야고보서의 수신자들이 맞닥뜨린 가장 큰 시련은 가난 속에서 부자들의 박해를 받는 것이었던 것 같다. "너희는 도리어 가난한 자를 업신여겼도다. 부자는 너희를 억압하며 법정으로 끌고 가지 아니하느냐"(2:6). 야고보는 돈 때문에 생기는 시련, 곧 돈을 충분히 소유하지 못하거나 너무 많이 소유하는 시련에 대처하는 유일한 길은 올바르게 자랑하는 것이라고 가르친다. "낮은 형제는 자기의 높음을 자랑하고 부한 자는 자기의 낮아짐을 자랑할지니"(1:9-10). 여러분의 신분이 낮다면, 여러분은 하나님 보시기에 존귀하다는 사실을 자랑하라. 여러분이 부자라면, 여러분을 높은 곳에서 데려와 다른 모든 사람들과 똑같은 수준으로 낮추는 복음을 자랑하라. 올바르게 자랑하라. 영원한 나라에서 생명의 면류관을 쓸 때, "부한 자는……풀의 꽃과 같이 지나감이라. 해가 돋고 뜨거운 바람이 불어 풀을 말리면……부한 자도……이와 같이 쇠잔"할 것이기 때문이다(1:10-11).

최근 뉴스에서 유명한 축구 선수 크리스티아누 호날두를 본 적 있다. 그는 잘생긴 구릿빛 얼굴에 미소를 가득 띠고 말했다. "나는 모든 것을 가지고 있어요. 모든 것을요."

나는 생각했다. "맞아요. 당신은 오늘 모든 것을 가지고 있어요.

하지만 내일은 어떨까요?"

몇 해 전에 맨체스터 유나이티드와 북아일랜드의 전설, 조지 베스트의 가슴 아픈 장례식을 보았다. 그는 현대 축구에서 가장 위대한 슈퍼스타였다. 누구나 그의 성공을 부러워했지만, 그는 알코올 중독의 비극에 휩쓸렸다. 이제 우리 아이들은 조지 베스트가 누구인지 모른다. 그는 사라지고 말았다.

여러분은 자신이 조금만 더 많이 갖기를 바라고 있음을 깨달은 적이 있는가? "주님, 복권 당첨까지는 바라지도 않습니다. 그렇게 터무니없는 게 아니라, 조금만 더 있으면 됩니다. 조금 더 편안할 수 있을 만큼만, 걱정하지 않아도 될 만큼만요. 그럭저럭 살아갈 수 있을 만큼만 있으면 좋겠습니다." 이처럼 쓸데없는 소망을 가지면서도 곧잘 간과하는 사실이 있다. 즉, 인생의 모든 스트레스를 돈으로 해결할 수 있다면, 우리가 가진 모든 부의 덧없는 본성을 명확히 꿰뚫어 볼 수 있도록 새로운 싸움을 싸워야 한다는 점이다. 나의 낮음으로 인해 하나님이 예수님 안에서 나를 하늘로 높이셨고 하늘에서 나를 그분과 함께 앉히셨다는 사실을 자랑하지 못한다면, 또한 재정적 압박으로 인해 나의 낮음을 자랑하지 못한다면, 한 발은 현세에, 다른 발은 내세에 딛고 있는 것이다. 나는 나뉘어 있다. 내가 소유한 부 때문에 그리스도의 비천한 십자가와 영원히 지속될 것을 자랑하지 못한다면, 나는 하나님과 친구이지만 동시에 세상과의 우정을 키우고 있을지 모른다. 나는 나뉘어 있다.

이와 관련하여 판 마스트리흐트의 말이 도움을 준다.

하나님의 단순하심은 우리에게 주어진 몫이 아무리 보잘것없다고 할
지라도 받은 것에 만족하라고 가르친다. 무엇이든 단순할수록 더 변
함없이 오래 지속될 수 있지만, 많은 것이 혼합되어 복잡할수록 더
쉽게 해체되고 부패하기 때문이다. 하나님은 더없이 단순하시기 때
문에 더없이 불변하신다. 반면, 천사들은 자신들의 본질과 동떨어
진 속성을 갖고 있기 때문에, 죄로 인해 부패할 수 있다. 또한 안정적
인 화학 요소와 합성된 물질을 비교해 보면 알 수 있듯이, 혼합된 물
질은 더 빠르게 부패한다. 이러한 원리는 우리에게 주어진 몫에도 동
일하게 적용된다. 더 단순할수록 견고하고, 부와 명예와 친구들이 혼
합되어 더 복잡할수록 더 쉽게 변한다. 많은 물건에 마음을 빼앗길수
록 걱정과 근심은 늘어난다(눅 10:41). 더 많이 소유할수록 더 많이 잃
을 수 있기 때문이다. 그렇기에 우리 영혼은 경건한 자족 속에서 단
순성에 익숙해져야 하고, 또한 다양한 것들을 가지려고 하지 말고 한
분 하나님만 가져야 한다. 하나님은 모든 면에서 모든 것에 지극히
충분하시고(창 17:1), 따라서 하나님은 우리에게 필요한 단 한 가지
이기 때문이다(눅 10:42). 그러므로 단순하게 순종함으로 우리의 몫
으로 하나님을 소유하고, 다른 것들은 부차적인 것들로 여겨야 한다
(마 6:33). 스스로 모범을 보이면서 자족하라고 우리를 다독이고(딤전
6:6) 길을 비추는(빌 4:11-12) 사도를 바라보면서 말이다.[22]

토론과 개인 묵상을 위한 질문

1. '완벽함'을 모든 그리스도인의 목표로 제시하는 성경의 비전은 어떠한가? 이 비전을 자신의 말로 설명해 보라.

2. 삶의 시련을 '온전히 기쁘게' 여기기가 그렇게 힘든 이유가 무엇이라고 생각하는가?(약 1:2) 이번 장의 설명은 이러한 노력에 어떤 도움이 되는가?

3. 온전함을 추구하는 과정 속에서, 단순하시고 변하지 않으시는 하나님은 어떤 점에서 해결책이 되는가?

4. 자신이 '조금만 더' 갖기를 갈망하고 있다고 깨달을 때는 언제인가?

5. 고난을 통해 발돋움하는 인격적 성장(온전함)을 경험한 적이 있는가? 왜, 어떻게 이런 일이 일어났는지 설명할 수 있는가?

2
실천

인간은 다른 사람들의 삶에 대해서는
호기심이 많지만,
자신의 삶을 바로잡는 데는 소홀하다.

아우구스티누스, 『고백록』

¹⁹ 내 사랑하는 형제들아, 너희가 알지니 사람마다 듣기는 속히 하고 말하기는 더디 하며 성내기도 더디 하라. ²⁰ 사람이 성내는 것이 하나님의 의를 이루지 못함이라. ²¹ 그러므로 모든 더러운 것과 넘치는 악을 내버리고 너희 영혼을 능히 구원할 바 마음에 심어진 말씀을 온유함으로 받으라.

²² 너희는 말씀을 행하는 자가 되고 듣기만 하여 자신을 속이는 자가 되지 말라. ²³ 누구든지 말씀을 듣고 행하지 아니하면 그는 거울로 자기의 생긴 얼굴을 보는 사람과 같아서 ²⁴ 제 자신을 보고 가서 그 모습이 어떠했는지를 곧 잊어버리거니와 ²⁵ 자유롭게 하는 온전한 율법

을 들여다보고 있는 자는 듣고 잊어버리는 자가 아니요 실천하는 자
니 이 사람은 그 행하는 일에 복을 받으리라.

26 누구든지 스스로 경건하다 생각하며 자기 혀를 재갈 물리지 아니
하고 자기 마음을 속이면 이 사람의 경건은 헛것이라. 27 하나님 아버
지 앞에서 정결하고 더러움이 없는 경건은 곧 고아와 과부를 그 환난
중에 돌보고 또 자기를 지켜 세속에 물들지 아니하는 그것이니라.

야고보서 1:19-27

이제 야고보는 분열된 인격 문제에 대해 직설적이면서도 친절하
게 이야기하기 시작한다. 우리는 하나님을 향한 순전한 사랑, 그리
고 우리를 완전히 다른 방향으로 끌어당기는 강한 힘과 씨름해 왔
다. 야고보는 여기서 우리의 정체성의 중심부를 정조준하는 아주 심
오한 진단을 내리는데, 그 치료법은 매우 단순하다. 겉과 속이 일치
하는 온전한 하나의 인격이 되는 길이 있다는 것이다. 그 길은 바로
성경을 대하는 우리의 태도와 관련 있다.

그 해결책은 바로 말씀을 실천하는 것이다. 여러분의 책상이나 무
릎, 휴대폰 등 여러분 가까운 곳에 있는 그 책 말이다. 성경이 말하는
바에 주목하고, 성경이 말하는 바를 실천하는 것이다. 그러면 온전하
게 될 것이다. 우리는 인격이 하나로 통합되고, 나누어진 마음의 조각
들이 합쳐지며, 둘로 나눠졌던 사랑이 하나로 결합되는 장면을 보게
될 것이다. 어느 유명 스포츠 의류 브랜드는 "그냥 하라"Just do it는 슬
로건을 내세우는데, 이 문구는 우리가 항상 원했던 삶을 이뤄 가도

록 놀랍도록 단순한 자극제로 작용한다. 야고보는 우리에게 정확히 똑같은 말을 한다. 그냥 성경을 실천하라.Just do the Bible

여러분이 나와 같다면, 이 책의 제목에서 '온전하다'whole라는 단어가 눈에 띌 것이다(본서의 원제는 『철저한 온전함』Radically Whole이다—옮긴이). 우리는 완전하게 된다는 것이 얼마나 아름다운 일인지 직관적으로 인식할 수 있다. 그런데 야고보서에서는 '철저한'radical이라는 단어도 아주 중요한 역할을 한다. 이 단어는 '뿌리'를 뜻하는 라틴어 단어 '라디칼리스'radicalis에서 유래한다. 시간이 흐르면서 뿌리는 어떤 것의 근원, 곧 그것의 가장 기초를 이루는 부분을 묘사하는 은유적 표현으로 사용되었다. 영어에서는 철저한 제도 개혁을 가리키는 표현으로 '뿌리와 가지'root and branch 개혁이라는 말이 있다. 그처럼 전반적인 변화를 '철저하다'라고 표현한다. 야고보는 어떤 피상적인 온전함에는 관심이 없다. 말하자면, 하룻밤 편안하게 잠을 잔다거나 휴일에 푹 쉬는 것 말이다. 그는 철저한 온전함을 말하고 있다. 야고보는 그 온전함의 본질에까지 이르러서 그런 온전함이 이루어지는 신비를 우리에게 보여주고자 한다.

하나님과 함께하는 삶이 항상 쉬운 것은 아니다. 어느 정도 기쁨과 승리를 맛볼 수는 있겠지만, 그리스도를 따르는 일은 힘들 수 있다. 영광에 이르는 좁은 길을 걷는 삶은 쉽지 않겠지만, 그렇다고 지나치게 복잡한 것도 아니다. 본질상 그 길은 철저하게 단순하다. 이를 행하라. 그리하면 살 것이다.

더 나은 삶을 원하는가? 그렇다면 담배를 끊고 살도 빼고 술도 끊으라. 물론 이런 일은 고통스러울 만큼 힘들 수 있지만, 마땅히 해야 할 일은 지극히 단순하다. 그리고 정말이지, 본문을 보면 그 비결은 참으로 단순하다. 야고보가 그려 내는 진정으로 형통하는 삶의 모습이 윤곽을 드러내는 것을 보면 야고보의 뜻은 분명하다. 어느 주석가의 말을 인용해 보면, "마음이 깨끗하다는 것은 아무것도 하지 않은 채 자아 성찰만 하는 것을 뜻하지 않는다. 오히려 자아 성찰의 결과가 모든 행위 가운데 일관성 있게 나타나는 것이다."[1] 본서의 이번 장과 다음 장에서, 야고보가 하나님을 향한 우리의 헌신을 표현하는 방식으로서 행위에 주목하고 있음을 살펴보고자 한다. 이번 장에서는 구체적으로 하나님의 말씀과 관련된 행위를, 다음 장에서는 다른 사람들과 관련된 행위를 집중적으로 살펴볼 것이다.

이 구절들은 세 가지 그림을 그리고 있다. 즉 성경은 무엇인가, 우리는 성경에 어떻게 응답해야 하는가, 그리고 성경은 무엇을 하는가이다. 성경은 심어진 말씀이다. 성경은 비추는 거울이다. 또한 성경은 자유롭게 하는 율법이다. 나는 이 그림들의 윤곽을 그려 내고, 이어서 다양하게 적용할 점들을 제안할 것이다.

하나님의 심어진 말씀을 받으라

> 그러므로 모든 더러운 것과 넘치는 악을 내버리고 너희 영혼을 능히 구원할 바 마음에 심어진 말씀을 온유함으로 받으라(약 1:21).

사람을 살리기 위해 몸 속에 무언가를 이식하는 경우가 있다. 심장을 제어하는 심박 조율기, 뼈를 연결하는 금속판, 혈액순환을 원활히 하기 위해 동맥에 삽입하는 스텐트 등이다. 그런데 여러분은 이식된 성경이 우리를 구원할 수 있음을 알고 있는가? 우리 마음에, 우리 뼈에, 또한 우리 존재 자체에 심어진 하나님의 말씀이 우리를 구원할 수 있다.

여기서 야고보는 다른 사람의 말을 듣기는 속히 해서 성내지 않도록 해야 한다는 뻔한 이야기를 하는 것 같지는 않다. 물론 그것도 맞는 말이긴 하다. 우리 모두 아는 바와 같이, 우리에게 귀는 두 개 있지만 입은 하나밖에 없기 때문에 귀를 더 많이 사용하게 되어 있다. 그런데 여기서는 하나님 말씀을 듣는 것에 관한 이야기를 하고 있는 것 같다. 왜냐하면 20절에서 사람이 성내는 것이 하나님의 의를 이루지 못한다고 말하기 때문이다. 따라서 하나님과 같이 되고자 한다면, 우리는 "모든 더러운 것과 넘치는 악을 내버리고……마음에 심어진 말씀을 온유함으로 받"아야 한다(1:21). 그 말씀, "너희 영혼을 능히 구원할"(1:21) 하나님 말씀 듣기를 속히 하라. 새창조에 동참하고자 하는가? 그렇다면 여러분에게 심어져야 할 것이 있다. 살아 있는 것, 바로 하나님 말씀이 여러분 안에 이식되고 부어지며 뿌리내리고 심어져야 한다. 예수님이 자기 자신에 대해 비유로 하신 말씀을 기억하라. "들으라. 씨를 뿌리는 자가 뿌리러 나가서"(막 4:3). 예수님은 심으러 나가셨다.

야고보는 우리에게 들어오고$_{input}$ 나가는 것$_{output}$을 스스로 점검해 보라고 말한다. 여기서 신자들에게 요구되는 행위는 수동적 동사로 표현된다. 우리에게 들어오는 하나님 말씀을 받는 것, 취하는 것,

받아들이는 것이다. 그런데 우리는 반대로 행동하지 않는가? 바로 말과 성냄, 행동으로 내보내는 것이다.

하나님의 비추어 주는 거울을 보라

"너희는 말씀을 행하는 자가 되고 듣기만 하여 자신을 속이는 자가 되지 말라. 누구든지 말씀을 듣고 행하지 아니하면 그는 거울로 자기의 생긴 얼굴을 보는 사람과 같아서"(1:22-23). 이 대목에서 우리는 들어오는 것에서 나가는 것으로, 들음에서 행함으로 전환이 이루어지고 있음을 알아차려야 한다.

몇 해 전, 나는 밤을 샌 듯 초췌한 모습을 한 어느 남성과 커피를 마신 적이 있다. 그는 모르는 사람이었고 우리는 처음 만난 사이였지만, 그 사람이 점퍼를 뒤집어 입고 있다고 알려 줘야 했다. 그것은 무척 당황스러운 일이었다. 그는 아내가 방금 전에 출산했다고 말해 줬다! (나는 그 사람 앞에서 웃는 얼굴을 하고 있었지만, 속으로는 여전히 "그렇다고 누가 그렇게 하고 다닌담?"이라고 생각하고 있었던 기억이 난다. 몇 년 후에는 나도 같은 처지에 놓이게 되었고, 그제야 나는 그런 차림으로 다닐 수도 있음을 이해하게 되었다!) 그는 곧바로 점퍼를 제대로 고쳐 입고 옷매무새를 가다듬었다. 그런데 전혀 잠을 자지 못한 그 사람이 내 지적에 감사하다고 말만 하고는 자신의 옷차림에 전혀 신경 쓰지 않은 채 하루 내내 그대로 지냈다고 하면 어떨까.

아침에 거울 속 자신의 모습을 보면서 어디를 매만져야 할지 확인하는 장면을 떠올려 보자. 까칠한 얼굴은 면도를 하고 화장도 하며 머리도 빗어야 한다. 그런데 거울에 비친 모습을 무시하고 그냥 나간다고 해보자. 대체 누가 그렇게 하는가? 대체 누가 성경 말씀을 귀 기울여 듣고, 하나님이 하시는 말씀을 이해하고는, 그대로 나와서 하나님 말씀을 실천하지 않는다는 말인가?

우리는 결코 그렇게 하지 않을 것이다. 그렇지 않은가?

"모든 더러운 것과 넘치는 악"을 버리라(1:21). 누가 이 말씀을 무시하겠는가?

"고아와 과부를 그 환난 중에 돌보라"(1:27). 분명 우리 모두는 이렇게 하지 않는가?

"형제들아, 서로 비방하지 말라"(4:11). 그런 적 있는가?

야고보가 하려고 하는 말의 뜻을 알겠는가? 쉽지는 않지만, 아주 분명하다. 우리가 귀 기울여 듣기만 하고 **실천하지 않으면**, 이는 마치 어떤 여성이 며칠 동안 머리도 감지 않고 옷에 뭔가를 잔뜩 묻힌 채 아무렇지 않게 온종일 돌아다니는 것과 같다. 영적으로 온전하려면 하나님께 귀를 기울여야 한다. 그런데 영적으로 온전하기 위해서는 귀 기울이는 것만으로는 부족하다. 말씀을 실천해야 한다.

우리는 앞서 야고보가 유대인의 쉐마에서 얼마나 깊은 영향을 받았는지 보았다. "의미심장하게도, 쉐마는 신명기 6:4에서 **들으라**는 명령으로 시작해서 사랑으로 **행하라**는 명령으로 이어진다."[2] 온전함에 이르는 길은 마치 동전의 양면처럼 들음과 행함이 통합되어 있다. 듣기만 하고 행하지 않는 것, 하나님이 어떤 분인지 듣고 적절한 행위로 반응하지 않는 것은 야고보에게 극도로 터무니없는 일이다. 또한 신명기 6:5 이하에서 들음 다음에 곧바로 요구되는 행동은 하나님 말씀을 우리 마음속에 두고 그것을 가르치며 또 강론하고, 그것을 몸에 매어 기호를 삼으며, 그것을 소유한 물건에 써 놓는 것이다. 다시 말해, 말씀대로 행하라는 명령이다.

온전하게 되려면 하나님이 우리 마음을 만지시거나 변화시키셔야 한다고 생각할 수 있다. 물론 그럴 수 있다. 하지만 야고보는 여기서 글로 분명하게 표현하고 있다. 만일 온전하고자 한다면 성경이 말하는 바를 행해야 한다고 말이다. 이것은 실제로 하나님이 우리 마음을 만지시고 변화시키시는 방법 가운데 하나다.

여기서부터 95페이지까지는 우리가 해야 할 일이 무엇인지 다루고자 한다.

자유롭게 하는 하나님의 율법을 지키라

"자유롭게 하는 온전한 율법을 들여다보고 있는 자는 듣고 잊어버리는 자가 아니요 실천하는 자니 이 사람은 그 행하는 일에 복을 받으리라"(1:25). 여기서 야고보가 성경을 다른 이름으로 부른다는 사실을 눈여겨보자. 즉, "자유롭게 하는 온전한 율법"이다. 성경을 들여다보고 말씀에 귀를 기울이면, 우리는 거울을 들여다보는 것처럼 자신의 정체를 볼 수 있고, 더 나아가 하나님의 성품과 그분의 사랑, 그분의 기준, 그분의 율법을 직접 대면하면서 하나님이 어떤 분인지 볼 수 있다. 이것이 율법이 하는 일이다. 율법은 그것을 주신 분의 본성을 드러낸다.

차도 통행 금지는 훌륭한 법이다. 이 법은 보행자나 운전자 모두의 생명을 죽음보다 중시한다. 이 법은 개인의 생명과 공동체의 안녕을 도모한다. 하나님이 주시는 모든 율법도 그와 같이 완벽하다. 살인하지 말라. 탐내지 말라. 간음하지 말라. 네 부모를 공경하라. 안식일을 기억하여 거룩하게 지키라. 이것들은 완벽하신 하나님과 완벽한 삶이 무엇인지 드러내는 도덕적 명령이다. 우리가 그 법에 따라 살 수만 있다면 말이다.

그런 이유로 야고보는 "자유롭게 하는 율법"이라는 이 훌륭한 문구로 "온전한 율법"perfect law을 부연 설명한다(1:25). 물론 우리는 거의 항상 반대로 생각한다. 분명 법이라는 것은 자유를 제한하고 독립성을 훼손하며 무언가 하지 못하도록 가로막지 않는가? 하지만 법이 완벽하다면, 자유를 얻는 유일한 길은 그 법 안에서 사는 것이다. 물고기가 물속에 있는 것은 자연의 법칙이지만, 그것은 또한 자유롭게 하는 법칙이기도 하다. 이로써 물고기는 자신의 본성을 따라 마음껏 살 수 있기 때문이다. 그렇기에 부모들이 아침 7시에 세 살배기 아이에게 문을 열어 주면서 "자, 이제 나가서 마음껏 달려 보렴. 무엇이든 네가 하고 싶은 대로 해! 이따 만나자"라고 말한다면, 글쎄, 자유처럼 보일 수도 있겠지만, 사실은 왜곡된 자유에 지나지 않는다. 그 상황에서 아이에게 어떠한 법도 주어지지 않지만, 이렇게 자유를 준다는 것은 사실 학대요 방임이다. 가장 급진적인 자유주의자들조차 이러한 자유는 아이를 위험에 빠뜨릴 뿐이라는 데 동의할 것이다.

하나님이 율법을 통해 우리에게 말씀하면서 우리가 어떻게 살아야 하는지, 그리고 해도 되는 일과 하면 안 되는 일이 무엇인지 가르쳐 주실 때, 이런 명령은 우리의 본성과 하나님의 본성 둘 다에 알맞게 주어진 것이고, 오직 우리의 형통을 위해서 주어진 것이다. 이런 율법은 하나님과의 관계 속에서, 그분의 세계 안에 있는 피조물로서 우리가 마땅히 되어야 할 모든 것이 될 수 있는 자유를 준다. 성공회 기도서는 하나님을 "완벽한 자유를 위해 일하시는" 분으로 아름답게 묘사한다. 그런 이유로, 예수님은 그때까지 존재했던 사람들 중 가장 큰 순종을 보이심으로 가장 자유로운 분이 되셨다. 하지만 우리는 인간적인 지혜 속에서 너무나 자주 주님의 율법에서 벗어나 그분을 무시한다. 우리는 우리 자신의 율법을 규정하기를 좋아한다. 그런데 이렇게 하면 우리는 자유를 얻기보다는 오히려 가장 많은 권력이나 돈, 가장 강한 군대, 가장 강력한 정부를 소유한 사람에게 사로잡혀 노예 상태로 전락해 버린다는 사실을 금방 깨달을 수 있다.

자, 이것은 세상이 하나님의 율법에서 스스로 벗어날 때 일어나는 일이고, 물론 우리도 이런 일을 항상 목도한다. 얼마 전 한 네덜란드인이 정부를 상대로 자신의 연령을 69세에서 49세로 변경해 달라는 소송을 제기했다. 그의 주장은, 자신의 이름과 성별을 바꿀 수 있는데 왜 나이는 스스로 결정할 수 없느냐는 것이었다. 이것은 하나님을 모르는 사람들이 자유롭게 하는 율법을 들여다보기를 거부하는 한 가지 사례에 지나지 않겠지만, 여기서 야고보가 강조하는 바는 아니다. **하나님의 백성들**이 그분의 자유롭게 하는 율법을 더 이상 열심히 들여다보지 않게 되는 것이 바로 야고보가 비극이라고 여기는 일이다. 우리는 성경을 갖고 있고 그분의 말씀을 사랑하며 거울을 들여다본다. 그러고는 성경을 무시해 버린다. 인생에서 이보다 더 큰 비극은 거의 없다. 말씀대로 행동하고 말씀에 따라 실천하는 것이야말로 우리 삶에 하나님의 승인 도장을 받는 유일한 길이기 때문이다. "실천하는 자니 이 사람은 그 행하는 일에 복을 받으리라"(1:25). 하나님의 말씀을 실천할 때 우리는 형통한다. 그럴 때 우리는 만족하게 되고 온전하게 되며 의롭게 된다. 신자의 바른 자세는 밤낮으로 여호와의 율법을 즐거워하는 것이다(시 1:2).[3]

따라서 성경은 우리 안에 심어진 씨앗처럼 자라나서 생명을 줄 수 있다. 성경은 거울과 같이 우리 자신에 관한 진리를 알려 주고 우리가 무엇을 해야 하는지 보여줄 수 있다. 성경은 우리를 자유롭게 하고 하나님께 복 받는 삶을 우리에게 선사할 수 있다.

나는 이제 이 그림들을 우리의 삶에 적용할 것이다.

기억하라, 이것은 지나치게 예민한 사람들을 향한 말씀이 아니다

생각해 보면, 말씀 안에서 살아가는 사람일수록 선한 양심을 가졌던 것 같다. 우리 중에는 22절을 읽으면서 이렇게 생각하는 사람들이 있을 것이다. "음 저는 매주 설교를 열심히 듣기는 하지만 항상 그 말씀대로 행하지 못하기도 하고, 해보려다가 뜻대로 안 되기도 해요. 그렇다면 저는 제 자신을 속이고 있는 걸까요?"

우리는 야고보서가 악하게 행동하는 위태로운 상황 속에 있는 교회들을 향한 편지라는 사실을 기억해야 한다. 야고보서는 곧 스

실천

스로 해체될 위기에 처한 교회 구성원들에게 보내진 편지다. 그 이유는 다름 아니라 그들이 결코 주일을 범하지는 않지만, 예배당 옆자리에 앉은 이를 향한 사랑이 마음속에 전혀 없기 때문이다. 이 편지는 겸손해지지 않으려고 하고 "마음에 심어진 말씀을 온유함으로 받"기를 거부하는 오만한 그리스도인들에게 보내진 것이다(1:21). 그들의 성경은 펼쳐져 있지만 귀는 닫혀 있고, 그런데도 커피를 마시면서 할 말은 많았다!

이제 우리를 격려하는 또 하나의 적용점을 살펴보자.

하나님이 어떻게 우리를 의로 성장시키시는지 배우라

나는 여러분이 독자로서 이렇게 말하는 모습을 충분히 상상할 수 있다. "데이비드 목사님, 저는 오랫동안 애를 썼지만 여전히 엉망진창입니다. 여전히 해서는 안 될 말과 행동을 하고 있어요."

"야고보는 '그러므로 모든 더러운 것과 넘치는 악을 내버리고 너희 영혼을 능히 구원할 바 마음에 심어진 말씀을 온유함으로 받으라'(1:21)고 말합니다."

"그러면 어떻게 그렇게 할 수 있을까요? 알려 주세요!"

'내버리다'_put away_라는 표현은 무언가를 벗어 버리는 것과 동일한 개념이다. 이것은 럭비 경기를 하느라 머리끝부터 발끝까지 진흙과 피를 뒤집어썼을 때 하는 행위다. 즉, 더러워진 유니폼을 벗어서 치워 놓는 것이다. 야고보는 옷 이미지를 사용하고 있다. 야고보는 더러운 것들 대신 온유함을, 악을 벗어 버리고 겸손함을 입으라고 말하고 있다. 성경이 말씀하는 것으로 우리 자신이 옷 입을 때, 그것이 우리를 변화시킬 것이다.

C. S. 루이스의 『인격을 넘어서』*Beyond Personality*에는 "가장假裝합시다"Let's Pretend라는 제목의 장이 있다.[4] 원래 라디오에서 방송된 이 내용은 루이스의 모든 글 중에서 내가 가장 좋아하는 작품이다. 루이스는 악과 더러움을 벗어 버리고 긍휼과 인내, 겸손, 온유함 같은 선한 행위를 입는 것에 관한 성경의 언어를 우리가 어떻게 이해할 수 있을지 직접 다룬다. 루이스는 말한다. 솔직해 지자고, 이것은 그저 가장 놀이일 뿐이라고 말이다. 여러분은 긍휼로 옷을 입지만 속에는 여전히 긍휼이 없을 수 있기 때문이다. 여러분은 온유함을 입지만 속으로는 전과 똑같이 오만할 수 있다. 그렇다면 루이스가 묻고 있듯이, 대체 누가 이런 변화를 원할까? 요컨대, 우리가 자기 자신이나 하나님께 정직하다면, 우리는 겉과 속이 모두 변화되기를 바라지 가짜 옷으로 우리의 진짜 모습을 덮기를 바라지 않는다. 이런 행위는 연극에 불과하기 때문이다. 변장과 분장의 세계에서나 통한다. 이런 행위는 우리의 분열된 인격을 치유하지 못하고 오히려 증상을 악화시킨다.

루이스는 덧붙인다. 아, 그렇다. 가장하기에는 두 가지 방식이 있음을 잊어서는 안 된다. 가장하기에는 나쁜 방식도 있고 좋은 방식도 있다. 어떤 사람은 여러분을 도와주는 척 가장하면서 손을 내밀지만, 그렇게 하면서 다른 손으로 여러분의 호주머니를 뒤지고 있을지 모른다. 사기꾼은 가장을 통해 실재를 가린다.

하지만 좋은 방식의 가장은 실재로 이어진다. 어린아이들이 여러 가지 놀이를 하는 모습을 생각해 보자. 아이들은 어른인 듯 가장한다. 아이들은 엄마와 아빠를 흉내낸다. 아마 여러분도 이것을 직접 보았을 것이다. 어린 딸은 엄마의 하이힐을 신고 거실을 걸어 다니거나 의사 가운을 입는다. 어린 아들은 소방관처럼 옷을 입거나 축구 유니폼을 입는다. 지금 이 옷들은 가장이지만, 어느 날엔가 이 옷들은 아이들에게 어울리게 될 것이다. 지금은 그저 이러한 옷들을 입어볼 뿐이지만, 어느 날엔가 이것은 아이들이 매일 입는 옷이 될 수도 있다. 루이스의 요점은, 아이들이 가장하는 것이 꾸며 낸 실재가 아니라 기대하는 미래의 실제 모습에 어울리는 겉모습이라는 것이다. 아이들의 가장은 어느 날엔가 실재에게 양보할 것이다. 아직 잘 맞지 않거나 실제로 자기 것이 아닌 옷을 입는 것은 성인으로, 또한 아이가 되고 싶어 하는 사람으로 자라나는 성장의 한 부분이다.

여러분이 안에서부터 바깥까지 주 예수 그리스도를 닮기 원한다면, 두 가지 일이 모두 일어나야 한다. 밖으로는 온유함의 옷을 입으라. 그러면 여러분이 말씀을 받을 때 내면의 변화도 일어나기 시작할 것이고, 내면의 성장이 밖에 입고 있는 복음의 옷을 따라잡고 있음을 깨닫게 될 것이다. 이것은 정말로 아름다운 개념이며, 우리는 그 멋진 성장 가능성을 놓치지 않아야 한다. 복음은 단순히 행동의 변화나 외피, 겉치레가 아니라, 깊은 변화, 깊숙이 뿌리내린 변화다. 따라서 우리는 하나님이 우리 안에서 이러한 변화를 어떻게 이끌어 내시는지 배워야 한다. 하나님은 진리를 심으시고, 우리의 말과 우리의 행동, 우리의 습관을 지켜보라고 말씀하신다. 그러면 시간이 지나면서 말씀과 행동이 힘을 합쳐 우리를 의로 성장시킨다.

이제 이것을 아주 실제적으로 적용해 보자. 우리가 실천하고 성장해야 할 것들이 있다. 그렇게 하기 위해서는 하나님의 심어진 말씀의 도움이 필요할 것이다.

혀에 재갈을 물리라

내 사랑하는 형제들아, 너희가 알지니 사람마다 듣기는 속히 하고 말하기는 더디 하며 성내기도 더디 하라(약 1:19).

누구든지 스스로 경건하다 생각하며 자기 혀를 재갈 물리지 아니하고 자기 마음을 속이면 이 사람의 경건은 헛것이라(약 1:26).

야고보는 단도직입적으로 말한다. 그리스도인들이 스스로는 하나님을 안다고 주장하여도 오만한 말이나 악의적인 험담, 타인을 향한 노골적인 적개심을 담은 말을 하면서 다른 사람들을 형편없이 대하면 하나님을 안다는 주장이 거짓으로 드러나고 만다. 그것이 바로 우리가 죄성을 지니고 있다는 구체적인 증거다. 우리가 하나님을 안다고 주장할 수는 있지만, 그분의 형상을 닮은 이들에게 완악한 말을 하게 되면, 그 말을 듣는 이들은 당연하게도 "당신은 하나님을 제대로 알지 못합니다"라고 말할 수 있다.[5] 우리는 대개 정통성을 기준으로 자신의 경건을 평가한다. 어느 교회, 어느 교파에 속해 있는지, 교회의 목회자가 누구인지, 헌금을 어떻게 하는지에 따라 경건을 판단하는 것이다. 하지만 야고보는 이렇게 말한다. "여러분이 하는 말을 들어 보기만 하면 됩니다. 그러고서 여러분의 실제 경건 생활이 어떠한지 말해 주겠습니다." 우리의 믿음과 우리가 하는 말이 일치하지 않는 것은, 거울을 보고서도 고칠 것을 고치지 않고 내버려 두는 것만큼이나 터무니없는 일이다.

우리는 사람들을 식탁 단골 메뉴로 삼는다. 설교자는 지글지글 구워 먹고, 냉담한 회중은 후식이다. 기도 제목에도 은근한 험담이 숨어 있다. 한입거리밖에 안 되는 사소한 말이라도 누군가에게 상처가 되고 화를 내게 만든다. 용서할 수 없다는 말도 자기 정당화에 불과하다. 타인에게 불리하지만 나에게는 유리하게 계산된 말은 파괴적이며, 이런 말을 통해 우리가 하나님 말씀을 어떻게 받는지에 관한 중요한 사실이 드러난다.

우리는 어떤 내용을, 그리고 왜 그것을 문자 메시지로 보내는가? 우리는 이메일을 어떻게 사용하는가? 야고보는 우리가 보내는 내용이 우리의 경건을 드러낸다고 말한다. 매우 도전적이다. 종종 나는 밤중에 침대에 누워, 도대체 내가 왜 그 이메일이나 문자 메시지를 보냈는지 후회하곤 한다. 반대로 어떤 이메일이나 문자 메시지를 보내지 **않은** 것을 후회할 때도 있다. 여러분은 내가 이미 통달했을 거라고 생각하겠지만, 나는 여전히 말하는 데 너무 빠르고 듣는 데 너무 느리다. 우리는 교회에 있을 때 경건이 드러난다고 생각하지만, 사실 경건은 개인 메시지[6] 안에 살고 있다. 내가 올리는 트윗이 우리 교회 웹사이트에 있는 '목회자에 관하여'보다 나의 경건에 대해 더 많은 것을 말한다. 이것을 깨닫지 못한다면, 우리는 자기 마음을 속이는 것이다(1:26).

이제 개인에서 공동체로 바꿔서 적용해 보자.

교회의 구조 안에 성경 혈이 흘러야 한다는 것을 기억하라

작가 존 번연John Bunyan의 몸에는 성경 혈bibline이 흐르고 있을 것이라는 말이 있었다.[7] 살아 계신 하나님의 살아 있는 말씀이 혈관 속에서 그의 몸 전체를 흐르고 있었을 것이다. 번연은 하나님의 말씀을 자기 안에 심었다. 이것은 성경이 번연 안에 아주 깊숙이 있어서 성경이 그를 통해 쏟아져 나왔다는 표현이다.

나는 교회 생활의 모든 구조, 곧 건물부터 활동까지 모든 것을 평가하는 한 가지 유용한 방법이, 상상 속으로 교회를 절개하여 성경 혈이 흐르는지 보는 것임을 깨닫게 되었다. 이 특별한 구조에서 하나님의 말씀은 얼마나 활동적인가? 모든 분야에 적용되는 생명의 원리는 구조가 이야기를 들려준다는 것이다. 어떤 것이 만들어져 존재하는 방식, 혹은 만들어져 운영되는 방식은 우리가 가장 소중히 여기는 것들에 관한 이야기를 들려준다.

애버딘에 있는 이곳 트리니티 교회에서 최근에 우리는 (앞서 언급한 바 있는) 교회 리노베이션 프로젝트를 진행하면서, 엄청난 특권을 누렸으나 동시에 깊은 좌절을 겪고 상상을 뛰어넘는 비용을 치렀다. 건축가와 함께 작업하면서 나는 건물의 꼭대기부터 밑바닥까지 낱낱이 들여다 볼 수 있다는 것을 알게 되었다. 건물의 내부가 드러나면 서로 다른 층의 복도를 한꺼번에 전부 볼 수 있다.

이러한 과정에서 교회 건물이 어떻게 우리 도시의 복음 사역을

실천

위한 허브 역할을 할 수 있는지 생각해 보기도 하고, 우리 교회 가족이 야고보의 편지를 받는 회중과 비슷해지지 않으려면, 곧 성난 말을 하지 않고 추한 선을 긋지 않으며 선행을 실천하게 하려면 어떻게 노력해야 할지 궁금했다. 나는 설계자가 제안한 방대한 물리적 공간을 보면서 우리가 개조하려고 하는 건물 안에 성경 혈이 흐를 때만 그 건물은 우리의 사역과 교회 가족을 성장시킬 수 있음을 깨달았다. 모든 방에 들어갈 때마다 거기서 성경이 흘러나와야 한다. 우리는 그 안에 말씀을 심어야 하고, 성경이 혈관을 통해 흐르게 해야 한다. 즉, 성인반과 어린이 주일학교 안에, 청소년 모임과 유아 모임 안에, 학생 저녁모임과 60대 이상 그룹 안에 심어진 말씀이 있어야 한다. 다른 어떤 것이 아닌 바로 그 말씀이 우리를 구원할 것이다. 사회 활동과 구제 사역을 위한 건물을 준비한다고 해서 그것이 우리를 구원하지 못한다.

내가 이처럼 단호하게 말하는 이유는, 이 본문을 통해 나는 그리스도의 백성들의 진정한 모임에서 구제 사역이 얼마나 중요한지 깨닫기 때문이다. "하나님 아버지 앞에서 정결하고 더러움이 없는 경건은 곧 고아와 과부를 그 환난중에 돌보고 또 자기를 지켜 세속에 물들지 아니하는 그것이니라"(1:27). 성경은 우리가 스스로 돌볼 수 없는 사람들을 돌보아야 한다고 말한다. 그렇게 하지 않는다면 우리는 하나님을 모르는 것이다. 교회 건물을 개조하기로 계획했을 때, 우리는 하늘 아버지와 같이, 스스로 돌볼 수 없는 사람들을 돌보아야 한다고 명확히 인식했다.

또한 우리는 야고보가 직접 우리에게 보여주는 것에도 주목해야 했다. 즉 사회 복지는 성경을 실천할 때, 경쟁심이 아니라 생명의 원천인 성경과 함께할 때 자연스럽게 흘러나온다는 것이다. 따라서 성경이 우리 가운데 살아 있고, 성경이 우리 안에 심어져서 성경으로부터 선행이 계속 흘러나오게 하고, 또한 우리로부터 주변 사람들에게로 흘러나가야 한다. 많은 교회와 많은 교파가 사회 복지를 추구하다가 성경을 잃어버리고, 심어진 말씀이 없을 때 몸의 생명력은 약화되고 열매를 맺지 못한 채 사라진다. 애버딘에 있는 길콤스톤 사우스 교회의 존경받는 목사 윌리엄 스틸은 예배당이 탄생할 때 교회 사역은 죽는다고 말하곤 했다. 더 많은 사람들이 기도보다는 활동을 위해 선뜻 온다. 결국 예배보다는 사회 활동을 위해 더 많이 모인다.

야고보는 어떤 말을 할까? 사람들은 모여서 귀 기울이기보다 말하기가 훨씬 쉽다. 우리는 말하는 데 빠르고 듣는 데 느리기 때문이다. 우리는 하나님의 말씀을 듣는 데 느리고 성경에 귀 기울이는 데 느리다.

교회 건물을 설계하거나 개조하는 일에 참여할 기회가 생기거든 나는 여러분이 강단에서 시작하여 바깥까지 다른 모든 부분을 디자인하는 단순한 임무에 힘쓰라고 격려하고 싶다. 만일 여러분이 그런 위치에 있지 않지만 교회 모임을 인도하거나 활동을 운영하는 데 적극적으로 관여하고 있다면, 성경이 부재할 때 그 일을 하는 목적과 진행 방식이라는 혈관에 어떤 차이가 생길지 자문해 보라. 만일 성경이 부재한데도 그 사역이 영향을 받지 않고 진행된다면, 여러분은 그 사역을 절개한 뒤에 혈관이 성경 혈이 아닌 다른 것임을 발견하게 될 것이다.

성경과의 관계에서 우리가 어디에 있는지 점검하라

이제 책을 덮고 잠시 여러분이 성경과의 관계에서 어디에 있는지 정직하게 성찰하는 시간을 가져 보라. 주 예수님과 동행하면서 성경을 향한 우리의 사랑은 해마다 깊어지고 있는가? 혹시 우리는 말씀을 덜 심은 채 오히려 말씀의 뿌리를 더 뽑고 있지는 않은가?

주 예수님과의 관계에서 우리가 어디에 있는지 물을 때 우리는 이 질문에 답할 수 있을 것이다. R. C. 스프로울Sproul은 "그리스도를 향한 우리의 애정과 성경을 향한 우리의 애정 사이에는 불가분의 관계가 있다"고 말했다.[8] 성경과 우리의 관계가 식었다면, 예수님과의 관계도 나란히 식었을 가능성이 높고 그 반대도 마찬가지다.

이러한 성찰의 시간을 갖는 데는 이유가 있다. 나는 개인적 경험을 통해 다른 사람들이 거울 앞에 서서 무엇을 고쳐야 할지 살펴보는 모습을 지켜보면서, 나 자신을 돌아보기 보다는 그 사람들에게 신경을 쓰기가 훨씬 더 쉽다는 사실을 알고 있기 때문이다. 이것은 십대 자녀를 둔 부모와 비슷하다. 우리는 외출하는 십대 자녀들의 머리와 넥타이, 신발은 어떠했으면 좋겠다고 생각하지만, 정작 자녀들은 어떠한지 의식하지 못한다. 그들은 신경 쓸 필요도 없다고 생각한다. 하지만 분명 그들이 얼마나 엉망인지 모두가 볼 수 있다! 우리는 자신의 맹점보다 다른 사람들의 맹점을 훨씬 더 빨리 알아챈다. 설교자로서 매주 강단에서 변해야 할 것이 너무 많은 사람들을 바라볼 때마다 나는 항상 이런 현실을 떠올린다. 교회 안에는 변해야 할 것이 너무 많지만, 그 변화가 나에게서 시작된다고 생각하는 경우는 아주 드물다!

우리는 그리스도와 그분의 말씀과의 관계에서 어디에 있는가? 우리는 성경의 진리에 고개를 끄덕이는가? 성경이 우리를 위로하되 결코 책망하지 않기를 바라는가? 성경이 우리를 격려하고 권면하되 결코 기를 꺾어 놓거나 훈계하지 않기를 바라는가? 가장 최근에 성경이 말씀한 내용 때문에 어떤 행동이 변했거나, 어떤 행동을 시작하거나 중단했던 때는 언제인가?

귀 기울여 들었던 흔적은 하나님 나라에 거의 남지 않는다. 하지만 **실천**은 예수님의 칭찬을 듣는다. 실천할 때 우리는 "잘 하였도다. 착하고 충성된 종아"라는 예수님의 음성을 듣는다(마 25:23). 동일한 음성이 우리에게 말씀한다. "무릇 마음이 가난하고 심령에 통회하며 내 말을 듣고 떠는 자 그 사람은 내가 돌보려니와"(사 66:2).

토론과 개인 묵상을 위한 질문

1. 거울을 보면서 자신에게 들어오는 것과 나가는 것을 점검해 보면 무엇이 드러나는가?

2. 구체적으로 어떤 형태의 말을 멈추고 싶은가?

3. C. S. 루이스의 "가장"假裝하기 개념은 마음의 변화와 행동 사이의 관계를 이해하는 데 어떤 도움을 주는가?

4. 앞으로 한 주 동안 입기/벗기를 시작할 수 있는 것들에는 구체적으로 무엇이 있는가?

5. 여러분은 주 예수님과 그분의 말씀과의 관계 가운데 어디에
    있는가? 이제 성찰하는 시간을 가져 보자.

3
사랑

> 목표는 더 약한 열망이 아니라 더 강한 열망을 갖는 것……
> 악한 열망을 넘어서는 의로운 열망을 갖는 것이다.……
> 그리스도를 사랑하고 따르려는 열망은
> 우리에게 세상이나 육신의 음악보다 더 달콤한 노래여야 한다.
>
> **A. 크레이그 트록셀, 『온 마음을 다해』**

26 누구든지 스스로 경건하다 생각하며 자기 혀를 재갈 물리지 아니하고 자기 마음을 속이면 이 사람의 경건은 헛것이라. 27 하나님 아버지 앞에서 정결하고 더러움이 없는 경건은 곧 고아와 과부를 그 환난 중에 돌보고 또 자기를 지켜 세속에 물들지 아니하는 그것이니라.

2:1 내 형제들아, 영광의 주 곧 우리 주 예수 그리스도에 대한 믿음을 너희가 가졌으니 사람을 차별하여 대하지 말라. 2 만일 너희 회당에 금 가락지를 끼고 아름다운 옷을 입은 사람이 들어오고 또 남루한 옷을 입은 가난한 사람이 들어올 때에 3 너희가 아름다운 옷을 입은 자를 눈여겨 보고 말하되 여기 좋은 자리에 앉으소서 하고 또 가난한

자에게 말하되 너는 거기 서 있든지 내 발등상 아래에 앉으라 하면 ⁴ 너희끼리 서로 차별하며 악한 생각으로 판단하는 자가 되는 것이 아니냐. ⁵ 내 사랑하는 형제들아, 들을지어다. 하나님이 세상에서 가난한 자를 택하사 믿음에 부요하게 하시고 또 자기를 사랑하는 자들에게 약속하신 나라를 상속으로 받게 하지 아니하셨느냐. ⁶ 너희는 도리어 가난한 자를 업신여겼도다. 부자는 너희를 억압하며 법정으로 끌고 가지 아니하느냐. ⁷ 그들은 너희에게 대하여 일컫는 바 그 아름다운 이름을 비방하지 아니하느냐.

⁸ 너희가 만일 성경에 기록된 대로 네 이웃 사랑하기를 네 몸과 같이 하라 하신 최고의 법을 지키면 잘하는 것이거니와 ⁹ 만일 너희가 사람을 차별하여 대하면 죄를 짓는 것이니 율법이 너희를 범법자로 정죄하리라. ¹⁰ 누구든지 온 율법을 지키다가 그 하나를 범하면 모두 범한 자가 되나니 ¹¹ 간음하지 말라 하신 이가 또한 살인하지 말라 하셨은즉 네가 비록 간음하지 아니하여도 살인하면 율법을 범한 자가 되느니라. ¹² 너희는 자유의 율법대로 심판 받을 자처럼 말도 하고 행하기도 하라. ¹³ 긍휼을 행하지 아니하는 자에게는 긍휼 없는 심판이 있으리라. 긍휼은 심판을 이기고 자랑하느니라.

야고보서 1:26-2:13

여러분은 무엇을 사랑하는가?
여러분은 어떤 종류의 일을 사랑하는가?
여러분은 누구를 사랑하는가?

이런 질문에 대해 여러 대답이 가능할 것이다. 나는 강아지를 사랑합니다. 나는 아이들을 사랑해요. 나는 친구들을 사랑해요. 나는 스키를 사랑해요. 나는 늦잠을 사랑해요. 나는 정상에 오르는 것을 사랑해요. 그 외에도 많은 것들이 선하고 아름다우며 우리의 애정을 받을 만한 가치를 지니고 있다.

이번 장에서 야고보는 우리의 사랑에 관해 무언가 놀라운 말을 할 것이다. 야고보는 여러분이 무엇을 사랑하는지, 누구를 사랑하는지 알고 있다. 지금까지 나는 이 서신을 이해하도록 돕기 위해 의학 용어를 사용했다. 야고보는 마음의 병을 진단할 능력을 갖춘 가장 노련한 의사와 같다. 따라서 우리가 야고보의 진료실에 앉으면, 그는 이렇게 진단을 내린다. "나는 여러분이 무엇을 사랑하는지 알 수 있습니다. 여러분은 영광을 사랑합니다."

여러분은 이 말이 여러분 자신에 관한 것임을 아는가? 그러기를 바란다. 방금 전 여러분이 생각했던 다른 모든 사랑의 대상을 생각해 보라. 여러분이 그것들을 사랑하는 이유는, 그것들에 무언가 영광스러운 것이 있기 때문이다. 정상에서 내려다보는 경치, 여러분이 사랑하는 사람의 얼굴과 같은 것 말이다. 하나님은 우리를 영광에 굶주린 피조물로 만드셨다. 우리는 영광에 끌린다.

하나님이 아담과 하와를 어디에 두셨는지 떠올려 보자. 하나님은 강물이 흐르면서 땅에 물을 대는 동산, 음식과 아름다움과 기쁨이 풍성한 동산에 그들을 두셨다. 많은 학자들은 에덴이 최초의 성막이요 성전, 우주에서 하늘과 땅이 입을 맞춘 최초의 장소, 그리고 하나님과 사람이 완벽한 조화를 이루며 함께 거하는 곳임을 알게 되었다. 에덴은 영광의 장소였다.[1] 편지의 이 부분을 쓸 때 야고보는 우리 안에 영광을 사랑하는 성향이 내재해 있다는 것을 기본 전제로 삼았다. 우리는 일상의 삶에서, 갖가지 형태로, 영광에 사로잡힌 마음에서 나오는 것을 말하고 행동하고 생각하고 선택한다. 우리는 영광을 좇는 사냥꾼이다.

몇 년 동안, 매주 월요일 저녁마다 나는 15명가량의 소년들이 영광을 좇는 것을 지켜보았다. 마일 엔드 초등학교 축구팀은 아마 여러분이 꿈꾸는 축구 리그에는 진출하지 못했을 것이다. 아직은 그렇다. 하지만 거기서도 누구나 영광에 대한 사랑을 볼 수 있다. 한 골을 득점하면 열 살 소년은 마치 자기가 월드컵에서 우승이나 한 듯이 기뻐한다. 소년은 주먹을 위아래로 흔들면서 팔을 뻗는다. 찬사가 터진다. 오, 영광이여! 우리는 매주 한 어린이에게 '이 주의 선수 트로피'를 주어 집에 가져가게 하는데, 이 작은 플라스틱 조형물은 한 소년의 침대 곁에서 밤새도록 빛을 발했을 것이다. 이 트로피는 틀림없이 한 번 이상, 밤새도록 그의 품에 안겨 있었을 것이다.

우리는 영광을 사랑한다. 영광은 아주 다양한 아름다운 모습으로 우리를 둘러싸고 있다. 우리 교회에서 이 본문을 처음 설교하던 그날 아침에, 우리는 그리스도인 부부가 낳은 한 아이의 세례식을 거행했다. 세례는 나의 가장 경이로운 사역 가운데 하나다. 여러분은 메릴린 로빈슨Marilynne Robinson의 섬세한 소설, 『길리아드』Gilead를 읽어 보았을 것이다. 어느 대목에선가, 존 에임스는 정원 스프링클러의 자욱한 물방울 속에서 희미하게 빛나는 아들의 모습을 지켜보면서, 우리 인생에서 아이들을 갖는 것이 무엇과 같은지 생각한다.

존은 아이에게 베푸는 세례의 영광에 대해 언급한다. "당신의 손바닥에 아이의 이마가 닿는 그 느낌이라니. 나는 이 생명을 얼마나 사랑했던가.[2] 나와 똑같은 세례 신학을 공유하지 않더라도 여러분은 가정 안에서 또한 하나님의 언약 백성 안에서, 새 생명만큼 깊은 경이로움과 외경심을 자아내는 것은 인생이나 성경에서 거의 없다는 점에 동의할 것이다.

우리는 우리의 삶에 있는 다른 수많은 것들로 이 예를 대신할 수 있다. 아기부터 건물까지, 장소부터 소유물까지, 우리는 아름다운 것을 사랑한다. 이 단락에서 야고보는 사랑의 층을 벗겨 내면서, 이러한 영광에 대한 사랑이 우리에 관한 경이로운 사실과 동시에 우리에 관한 끔찍한 사실도 함께 말해 준다. 영광을 향한 우리의 선한 사랑은 왜곡되어 부패했고, 우리가 사랑하는 가장 큰 영광은 우리 안에 어떤 종류의 마음이 있는지 보여준다. 야고보의 첫 독자들처럼, 우리에게도 마음의 병이 있음이 드러나는 것이다.

그래서 야고보의 손에 외과 의사의 수술용 칼이 쥐어져 있다. 우리는 "악한 생각으로 판단하는 자"가 되었음을 보여주는 그런 영광을 사랑할 수도 있다(2:4). 여러분은 자신이 사랑하는 그것 때문에 자신이 악하다고 생각해 본 적이 있는가? 물론 이것은 듣기 힘든 말이다. 하지만 이 말을 받아들이고 곰곰이 따져 보아야 한다. 이렇게 함으로써 우리의 영혼을 구원할 수 있기 때문이다.

앞으로 살펴보겠지만, 야고보의 설명에 의하면, 하나님께 순수하게 헌신된 단일한 마음을 갖겠다는 목표는 다른 사람들에 대한 사랑에 의해 침해되지 않는다. 리처드 보컴은 앞으로 우리가 살펴볼 내

사랑

용을 이렇게 요약한다.

> 온전함은 인간의 삶 전체가 하나님께 집중하고 그분 안에서 통합될 때 생겨난다. 우리가 온전할 때, 삶 전체를 아우르기에 적합한 완전한 율법과 완전한 지혜를 하나님으로부터 받는다. 온전함은 전폭적인 믿음으로(1:5-8), 전폭적인 사랑으로(1:12; 2:5), 또한 완전한 율법의 성취로(1:22-25; 2:8-11) 하나님께 응답한다. 마지막에 언급된 완전한 율법은 이웃을 네 몸과 같이 사랑하라는 계명으로 요약된다(2:8). 즉, 동료의 모든 것을 포용하고 결코 차별하지 않는 사랑이다. 이웃 사랑은 결국 하나님의 사랑에 덧붙은 추가 항목이 아니다. 하나님 사랑을 대체하는 것도 아니다. 오히려 하나님 사랑은 이웃 사랑을 동반한다. 우리는 이웃을 사랑하지 않은 채 하나님을 사랑할 수 없다.[3]

이어서 사랑과 판단이라는 두 소단락에서 어떻게 하나님을 닮을 수 있는지 살펴보려고 한다.

하나님이 사랑하시듯 사랑하는 법을 배우라

"내 형제들아, 영광의 주 곧 우리 주 예수 그리스도에 대한 믿음을 너희가 가졌으니 사람을 차별하여 대하지 말라"(2:1). 사람을 불공평하게 대하지 말라는 이 명령은 사실 왜곡된 영광 사랑에 대해 앞으로 제기할 통렬한 기소의 토대가 된다. "만일 너희 회당에 금 가락지를 끼고 아름다운 옷을 입은 사람이 들어오고 또 남루한 옷을 입은 가난한 사람이 들어올 때에"(2:2).

영광은 금반지, 명품 정장, 자세를 바로 잡고 주목하게 만드는 명품 라벨 속에 있다. 여기에 숨어 있는 아주 구체적인 문제는 이것이다. 즉, 당시 교회에서 부유한 이들은 가난한 이들을 못살게 굴거나 압제했고, 사람들의 옷차림에서 소유한 부의 정도가 명확하게 구분되었던 것 같다. 당시 부의 격차가 오늘날과 같을 수도 같지 않을 수도 있지만, 야고보의 글은 우리에게 여전히 유효하다. 여러분이 어떤 옷을 입고 어느 동네에 살든, 어떤 자동차를 운전하고 자녀들이 어느 학교에 다니든, 이 본문이 다루는 핵심 주제는 "차별"(1, 9절)하는 것, 곧 "너희끼리 서로 차별"하는 것(4절)이다.

오늘날 우리는 이것을 보통 편애라고 부른다. 우리는 우리가 좋아하는 사람들에게 끌린다. 우리에게 무언가 줄 수 있고, 우리를 위해 무언가 할 수 있고, 우리에게 영광을 맛보게 해 줄 수 있는 사람들에게 자석처럼 이끌린다. 훌륭한 외모와 향기와 목소리를 가진 사람들에게, 또 훌륭한 일을 하는 사람들에게, 우리는 사실상 "여기 좋은 자리에 앉으세요"라고 말하고 싶어 한다(3절). 이런 일은 이 땅의 교회에서 항상 일어나는데 내가 다니는 교회에서도 일어난 적이 있다. 반면에, 우리는 "남루한 옷을 입은 가난한 사람"에게(2절) "거기서 있든지 내 발등상 아래에 앉으라"(3절)고 말하는데, 이것은 "당신은 나의 시간과 관심과 노력에 걸맞은 영광을 전혀 갖고 있지 않다"로 달리 번역될 수 있다. 솔직히 말해서, 우리가 사랑하는 방식이 이와 같다. 우리가 사랑하는 것은 다음과 같다.

- 인간의 부: 돈과 자원, 위로

- 인간의 지성: 학위, 박사 학위와 지적인 대화

- 인간의 힘: 스포츠, 젊음, 기술

우리는 이 모든 것에 대해 매우 편파적이다. 우리는 이런 것들이 발산하는 영광을 사랑한다.

나는 엄청나게 부유한 어떤 사람과 커피를 마신 적이 있다. 나는 그와 함께 앉아서 대화를 나누었고, 솔직히 말해 그를 떠나고 싶지 않았다. 그가 속한 세계에 깊이 매료되어 있는 나 자신을 보았다. 어쩌면 나만 그럴지 모른다. 하지만 내 짐작에, 이런 일은 우리 모두에게 아주 자연스럽게 일어난다. 나는 그의 세계를 즐기고, 그의 세계는 나에게 영향을 미치며, 나도 그의 세계를 동경한다. 이 사람은 내가 관여하는 복음 사역에 실질적으로 도움을 줄 수 있을 만한 재력을 가지고 있다고 생각했다. "그럼요, 당연하죠. 당연히 커피 한 잔 더 마실 시간이 있답니다. 2시 선약이요? 아, 걱정 마세요. 기다릴 수 있어요. 이렇게 편안한 곳을 빨리 떠나라고요? 안 되죠. 모든 게 당신 뜻에 달려 있습니다."

그런데 야고보는 내가 앉은 곳 옆으로 와서 가슴에 청진기를 대고 심장 소리에 귀를 기울이며 말한다. "아, 그렇군요. 당신이 무엇을 사랑하는지 들리네요. 청진기 소리를 들어보니, 당신은 마음속으로 사람들을 중요 인물, 전문가, 유용한 인물, 매력적인 인물, 별로 중요하지 않은 인물, 덜 유용한 인물로 나누고 있군요. 그리고 자, 바로 여깁니다. 당신이 사람들을 임의로 구별하여 대하면서 나누어진 마음이 밖으로 쏟아져 나오고 있어요."

야고보는 청진기를 벗으면서 말한다. "맞아요. 그것이 바로 **당신이** 사랑하는 방식입니다. 당신은 이런 종류의 영광을 사랑하고 있어요. 이제 **하나님이** 어떻게 사랑하시는지 말해 주지요." 여러분은 본문에서 이미 알아챘을 것이다. "하나님 아버지 앞에서 정결하고 더러움이 없는 경건은 곧 고아와 과부를 그 환난중에 돌보고 또 자기를 지켜 세속에 물들지 아니하는 그것이니라"(1:27). 이 구절은 2:1 바로 앞에 나오는데, 이 본문은 성경에서 장 구분이 논증과 사고의 흐름을 더없이 방해하는 여러 사례 중 하나다. 야고보는 하나님께서 교회에서 무엇을 보기 원하시는지 말하고(1:27), 뒤이어 곧장 병든 교회가 교회 안에서 무엇을 보기 원하는지를 다룬다(2:1). 우리가 이렇게 이어서 단숨에 읽어 보면, 본문에서 대비되어 나타나는 것이 더없이 충격적으로 다가온다.

야고보는 우리에게 고아와 과부를 사랑하고 돌보라고 말하는데(1:27), 그 함의는 우리가 고급 옷을 입은 사람 못지않게 남루한 옷을 입은 사람을 사랑하고 돌보아야 한다는 것이다. 이것이 **아버지** 하나님이 기뻐하시는 경건이기 때문에 우리는 이렇게 해야 한다. 하나님은 아버지로서, 완벽하신 아버지로서 우리를 사랑하신다. 아버지가 특정 자녀만 편애하는 가정은 얼마나 안타까운가. 영어에는 푸른 눈의 소년blue-eyed boy(총애 받는 사람을 가리키는 표현—옮긴이)에 관한 농담이 있지만, 실제로 가정 안에서 그런 일이 벌어진다면 얼마나 끔찍하겠는가. 올바르게 사랑하는 선한 아버지는 차별하지 않는다. 선한 아버지는 큰딸에게 "너는 여기 좋은 곳에 앉거라"고 말하고, 막내딸에게는 "너는 내 뒤에 서 있거나 내 발치에 앉거라"고 말하지 않는다. 또한 하나님은 완벽하신 하늘 아버지이시고, 따라서 우리도 하나님과 같이 사랑해야 한다.

물론 우리가 돌보아야 할 대상이 고아와 과부만이 아니다. 이들만 돌본다고 해서 우리가 순수하고 때 묻지 않은 경건을 소유할 수 있다는 취지는 아니다. 고와와 과부는 스스로 돌볼 수 없는 그런 부류의 대표적인 예다. 하나님이 그들을 사랑하신다. 그런데 여러분은 어떤가? 나는 어떤가? 그런 사람들은 받은 은혜를 되갚아줄 수 없다. 야고보는 깊이 진단하면서, 아버지가 자녀들을 사랑하는 것과 똑같이 하나님이 세상을 사랑하신다는 것을 알고 있느냐고 묻는다. 선한 아버지는 연약하고 무력한 자녀들을 사랑한다. 마찬가지로, 아버지 하나님은 자기에게 돌려줄 것이 아무것도 없고, 자랑할 만한 인간의 영광이 전혀 없으며, 자기 앞에서 몸을 낮게 움츠리고 부끄러워 고개를 들지 못하는 사람들을 사랑하신다. 그렇다면 하나님은 초라한 옷을 입은 사람들을 사랑하신다. 하나님이 어떻게 사랑하시는지 보고, 우리가 사랑하는 방식과 비교해 보자.

우리는 자기 자신에게 다시 물어야 한다. "모든 면에서 되갚아 줄 수 없는 사람이 우리의 사랑을 마지막으로 받은 때는 언제였는가?" 여기서 내가 가리키는 바는 실제적인 사랑, 현실의 시간, 현실의 관심과 현실의 보살핌이다.

어쩌면 이미 하나님은 이 문장을 읽는 동안 여러분에게 말씀하고 계실 것이다. 이것은 정말 큰 도전이다. 이것은 우리의 나누어진 속마음이 사랑하는 그것이 어떠한 모습으로 밖으로 드러나는지 점검하라는 요청이다.

하지만 야고보는 아직 끝마치지 않는다.

"내 사랑하는 형제들아, 들을지어다. 하나님이 세상에서 가난한 자를 택하사 믿음에 부요하게 하시고 또 자기를 사랑하는 자들에게 약속하신 나라를 상속으로 받게 하지 아니하셨느냐"(2:5). 만일 하나님이 어떻게 사랑하시는지 보고 싶다면, 하나님이 누구를 선택하시는지 보라. 이것이 바로 야고보가 하는 말이다. 아무도 가난한 자를 선택하지 않는다. 우리는 부자, 그리고 영광을 선택한다.

마일 엔드 소년들과 함께하는 연습시간 마지막에는 항상 축구 시합을 했고, 아이들은 그 시간을 무척 즐거워했다. 만일 소년들이 팀을 짜도록 내버려 뒀다면, 당연히 가장 이기기 쉬운 팀에 들어가기 위해 난리가 났을 것이다. 아마도 서로 친하면서 실력도 좋은 선수들로 팀을 짜서 약체 팀을 30대 0쯤으로 손쉽게 격파해 버렸을 것이다. 그러면 이긴 팀은 승리의 영광에 도취한 채 세상 걱정 없이 집에서 편안하게 잠들 수 있을 것이다. 그러나 코치로서 내가 보여줄 수 있는 사랑의 행위는 실력이 부족한 아이들이라도 좋은 팀에 넣어주고, 그래서 그동안 아무도 주목하지 않았던 아이들이 실력을 뽐낼 수 있는 기회를 주는 것이었다. 이런 것이 바로 사랑이다. 그렇지 않은가?

여러분은 하나님이 우리에게 이처럼 하셨다는 것을 알고 있는가? 우리는 이렇게 말한다. "아, 저는 정말 보잘것없는 사람입니다. 데이비드 목사님, 아무도 저를 몰라요. 저는 아무것도 기여한 게 없어요. 부자도 아니고, 가정 형편 때문에 건축 프로젝트나 교회 사역

사랑

에 헌금을 낼 수도 없고, 송구스러운 마음뿐입니다. 저는 외롭고 쓸쓸하고 고립되어 있습니다." 하지만 야고보는 하나님이 여러분을 선택하셨다고 말한다! 하나님은 여러분을 자기 팀으로 선택하셨다. 5절을 다시 읽고 그 안을 깊이 파고들어 그 말씀에 흠뻑 젖어 보자.

하나님은 연약한 이들과 가난한 이들을 받으시고 사랑하신다. 이것이 영광이다. 그런데 우리는 이 사실을 무시한다. 우리는 힘 있는 자와 부유한 자를 선택하고 그들을 사랑한다. "아닙니다. 계속 그렇게 하면 여러분은 교회를 무너뜨릴 겁니다. 교회를 망칠 겁니다." 야고보의 말이다.

여러분은 본문을 읽으면서 야고보가 서로 다른 두 종류의 영광을 제시한다는 사실을 눈치 챘을 것이다. "내 형제들아, 영광의 주 곧 우리 주 예수 그리스도에 대한 믿음을 너희가 가졌으니 사람을 차별하여 대하지 말라"(2:1).

이 본문은 이런 식으로 작동한다. 우리는 믿음을 고백하며 우리 주 예수 그리스도를 믿는 참된 신자이고, 따라서 영광의 주님을 따르고 있다고 말한다. 하지만 실제로는 영광스러운 이들을 믿는 것처럼 행동한다. 본문의 논증이 어떻게 진행되는지 보라. 주 예수, 영광의 주님을 믿는다면 차별하지 말라. "너희 회당에 금 가락지를 끼고 아름다운 옷을 입은 사람이 들어오고……"(2:1-2). 우리는 예수님의 영광을 믿는다고 고백하지만, 우리의 고개는 아주 쉽게 인간의 영광 쪽으로 향한다. 우리는 예수님을 바라보고 있기는 하다. 그런데 돈 있는 사람이 들어오면 어떻게 될까? 예수님께로 향하던 시선은 그에게로 향하게 된다. 그렇게 함으로써 자신의 마음이 진정으로 어떤 영광을 사랑하는지 드러나게 된다.

나는 "영광의 주 곧 우리 주 예수 그리스도"라는 문구가 참 좋다
(2:1). 이것은 우리가 사는 세상에는 절대적인 아름다움과 진리와 선
을 가진 이가 단 한분이라는 뜻이다. 처음부터 끝까지 순수한 선인
분이 계신다. 가끔씩 나타나는 그림자도, 어두운 면도, 은밀한 악도,
이기심도 전혀 없으시다. 그분은 진리만 말씀하시고 옳은 것만 사
랑하시며, 결코 자신을 위해 봉사하지 않으신다. 하나님은 처음부터
끝까지 절대적인 아름다움과 진리, 선인 분을 우리에게 보내셨다.
예수님은 어떤 오염이나 균열, 부패에 물들지 않은 채 이 땅을 걸으
셨고, 그분의 삶과 말씀, 그분의 죽음과 부활의 모든 면에서 영광이
빛난다. 예수 그리스도는 참으로 영광의 주님이시다.

주 예수님을 가리키는 이 호칭(2:1)이 "정결하고 더러움 없는 경
건은 곧 고아와 과부를 그 환난중에 돌보는 것"(1:27)이라는 언급 바
로 뒤에 나온다는 점을 주목하자. 고아와 과부는 구약성경에서 억압
받는 자와 무방비 상태의 사람들을 가리키는 두 가지 주요한 범주이
고, 하나님이 자신을 "고아의 아버지시며 과부의 재판장"으로 거듭
반복해서 말씀하신다는 것은 매우 의미심장하다(시 68:5; 다음도 보
라. 신 10:17-18, 시 146:7-9). 팀 켈러Tim Keller는 이것이 "말이 안 되는
정의"scandalous justice라는 비노스 라마찬드라Vinoth Ramachandra의 말을 인
용한다. 다른 고대 문화에서 신들의 권력은 사회 안의 엘리트와 유
력자들을 지향하고 또 그들을 통해 발휘되지만, 성경의 하나님은 극
명한 대조를 이루면서 "힘없는 자들의 편에 서시는 하나님, 가난한
자들을 위한 정의의 하나님으로 다른 모든 종교의 신들과는 구별되

신다."[4]

이렇듯 야고보가 하나님을 영화롭게 하는 경건을 묘사한 후에, 바로 예수님께 "영광의 주님"이란 호칭을 적용한다는 사실은 결코 우연이 아니다. 야고보는 어떤 차별도 보여주지 않는 주 예수 안에서 하나님의 영광이 나타난다고 말한다. 예수님은 자신에게 합당한 자와 그렇지 않은 자를 구분하지 않으셨다. 우리는 제자들조차 아이들을 밀어내려고 했을 때 예수님이 아이들을 어떻게 대하셨는지 기억하고(마 19:13-15), 독자를 잃은 과부를 대하시는 예수님의 긍휼을 기억한다(눅 7:11-17). 우리는 예수님이 어떻게 세리들을 부르셨는지 알고 있으며(마 9:9-13), 죄를 범하다가 붙잡혀 온 여성(요 8:1-11)에게, 그리고 예수께 애절한 회개의 마음을 대담하게 드러냄으로써 모든 것이 위태로워진 여성(눅 7:36-50)에게는 어떻게 대답하셨는지 알고 있다. 이 영광의 주님은 자기에게 오는 모든 사람을 환대하셨다. 예수님이 그렇게 하셨다면 우리가 누구라고 달리 행동할 수 있겠는가?

그래서 야고보는 우리에게 묻는다. "여러분은 주 예수님을 분명히 볼 수 있습니까? 여러분은 예수님의 영광을 볼 수 있습니까? 그분의 위대하심과 그분의 선하심을 볼 수 있습니까?" 상상하건대 여러분이 이 책을 읽고 있는 이유는 바로 예수님이 어떤 분이신지 알고 있고 예수님을 사랑하기 때문이다. 이제 야고보는 묻는다. "여러분은 예수님**처럼** 사랑하는가? 여러분은 우리 주 예수 그리스도, 영광의 주님에 대한 믿음을 붙들고 있지만, 그것이 단지 신념에 불과한 것은 아닌가? 신념은 우리의 행동을 추동하지 못한다. 요컨대, 여러분은 영광의 주님을 **믿기는 하지만**, 인간의 영광을 **사랑한다.**

이 놀라운 서신에서 이 단락의 메시지는, 주 예수님이 어떤 분인지 명확히 볼 때만 우리는 다른 사람들을 명확히 볼 수 있다는 것이다. 내가 그리스도의 눈부신 영광에 매료되지 않는다면, 나는 여러분의 성공과 돈, 특권 등 여러분의 영광에 심취하게 될 것이다. 그리고 여러분을 나와 같은 팀으로 뽑을 것이다. 또한 그리스도의 눈부신 영광에 매료되지 않는다면, 여러분의 영광이 사라졌을 때 여러분이 내게 줄 수 없는 것 때문에 실망할 것이다.

이 책에서 마지막 장의 적용은 '나는 무엇을 말하고 있는가?'이다. 이번 장의 적용은 한층 더 깊다. '나는 누구에게 말하고 있는가? 나는 머리로만 형제와 자매들을 사랑하는가? 아니면 행동과 말로도 사랑하는가?' 우리가 대화하는 사람들을 통해 우리가 사랑하는 주님이 드러나고, 우리가 우선순위를 부여하는 사람들을 통해 우리가 중요하게 여기는 영광이 드러난다.

우리는 교회에서 대화 상대로 누구를 선택하는가? 우리는 커피 타임에 누구에게 끌리는가? 좌석 선택도 영광의 수준을 드러낼 수 있다. 예수님이 우리에게 영광스럽지 않다면, 우리는 되갚아줄 수 없다고 여기는 사람들을 사랑하지 않을 것이다. 또한 이 땅에서 영광을 찾고 있다면, 우리는 영광의 사람들을 사랑할 것이다.

이 모든 것이 도전이지만, 야고보는 우리가 훨씬 더 많은 것을 깨닫기 원한다. 우리가 진료실을 떠나기 위해 일어서는 바로 그때, 야고보는 말한다. "아, 떠나기 전에 한 가지만 더 말할 게 있습니다."

하나님이 판단하시듯 판단하는 법을 배우라

"너희가 만일 성경에 기록된 대로 네 이웃 사랑하기를 네 몸과 같이 하라 하신 최고의 법을 지키면 잘하는 것이거니와"(약 2:8). 얼핏 보기에 이 구절은 갑작스럽게 방향을 전환하는 것 같지만, 실제로는 여전히 차별에 관한 문제를 다루고 있다. 만일 사람들 사이에 차별한다면 여러분은 하나님의 율법을 차별하는 것이고, 대단히 위험한 곳에 서 있는 것이다. "만일 너희가 사람을 차별하여 대하면 죄를 짓는 것이니 율법이 너희를 범법자로 정죄하리라. 누구든지 온 율법을 지키다가 그 하나를 범하면 모두 범한 자가 되나니"(2:9-10). 우리는 자신이 단지 부분적인 범법자일 뿐이라고 생각한다. 우리는 그 율법은 어겼지만, 나머지는 대부분 지켰다. 야고보는 이것이 율법의 작동 방식이 아니라고 말한다. 율법은 전체로 온다. 우리는 십계명을 "10점 만점의 시험"이라고 여긴다. 그중에 넷을 어기면, 10점 만점에 6점을 얻었다고 생각한다. 어쩌면 내일은 10점 만점에 7점 정도를 얻을 수 있을 것이다. 그러나 야고보는 십계명 중 하나만 어겨도 율법 전체가 망가지는 것과 같다고 말한다.

얼마 전 나는 기차를 타고 아주 긴 여행을 했다. 내가 앉아 있던 객차에는 양쪽에 5개, 모두 10개의 창문이 있었다. 만일 열차가 다음 역으로 가는 중간에 천장에서 비상망치를 꺼내 내 좌석 주변에 있는 창문 두 개를 무심코 깼다면, 나는 열차에 얼마나 많은 손해를 입히게 될까? 나는 창문 두 개만 깼을지 모르지만, 승차한 다른 사람들이 나 때문에 기차를 전혀 이용하지 못했을 것이다. 여행은 중단될 테고, 기차 전체를 책임진 사람과 나의 관계는 심각하게 훼손되었을 것이다. 다행히 다른 창문이 내 망치에게 호되게 당하지 않도록 사려 깊게 행동했다고 말한다면, 어처구니없는 상황이 되고 말 것이다.

야고보는, 만일 우리가 계명 중에 하나를 어기면 하나님과 우리의 관계 전체를 훼손한 것임을 이해하라고 말한다. "간음하지 말라 하신 이가 또한 살인하지 말라 하셨은즉 네가 비록 간음하지 아니하여도 살인하면 율법을 범한 자가 되느니라"(2:11). 우리가 주목해야 할 아주 중요한 점이 있다. 우리는 율법을 여러 조각으로, 별개의 율법으로 나눈다. 여기 있는 것은 순종하기가 무척 힘든 율법이고, 저기 있는 것은 순종하기가 훨씬 수월한 율법, 이런 식이다. 우리는 하나님 자신이 단순하게 "율법"이라고 지칭하신 그것을 나눈다(2:11). 이것이 우리가 하는 일이고, 이렇게 할 때 우리가 어떤 존재인지 드러난다. 하지만 한분이신 하나님은 율법을 하나로 간주하신다. 율법은 전체가 하나다. 균열은 우리 편에 있지, 하나님 편에 있지 않다.

만일 가난한 자, 되갚을 수 없는 사람을 사랑하지 않는다면, 우리는 율법 전체를 어긴 것이다. 이런 말도 아무 소용없다. "맞습니다. 나는 그를 무시했고, 그에게 관심을 두지 않았습니다. 하지만 나는 그를 살해하지 않았고, 그의 아내와 잠자리를 같이 하지 않았습니다. 이런 게 더 큰 계명 아닌가요? 분명 하나님은 눈감아 주실 겁니다. 이해해 주실 겁니다." 편애하라. 그러면 율법은 우리를 단죄한다. 사랑하기를 중단하라. 그러면 우리는 유죄다.

이 본문의 핵심 주제는 판단이고, 또한 우리가 판단하는 방식과 하나님이 판단하시는 방식은 다르다는 것이다. "너희끼리 서로 차별하며 악한 생각으로 판단하는 자가 되는 것이 아니냐?"(2:4). 만일 우리가 차별한다면, 이 사람보다 저 사람을 편애한다면, 우리가 지키지 못하고 깨뜨려 버린 율법, 곧 이웃을 사랑하지 않는 태만이 심판의 기준이 되고, 그것이야말로 명백한 악이다. 우리가 누구를 사랑할지 결정하는 동안 하나님의 율법은 바닥에 깨져 있다.

그런데 우리가 판단하는 동안 잊은 것이 있다. 우리 자신도 언젠가 판단 받을 것이라는 점이다. "너희는 자유의 율법대로 심판 받을 자처럼 말도 하고 행하기도 하라"(2:12). 우리는 판단하면서 자유롭게 하는 완전한 율법을 소홀히 여겼을 수 있지만, 하나님의 심판 때가 되었을 때 하나님은 율법을 소홀히 여기지 않으실 것이다.

야고보는 이런 상상 속 시나리오를 우리 앞에 내놓는다. 우리가 교회 문 앞에 있을 때, 어느 날 부자와 가난한 사람이 들어온다. 우리는 누구와 대화할 것인가? 왜 그런가? 그때, 야고보는 이렇게 상상해 보라고 말한다. 이제 우리의 삶이 끝날 때, 우리가 하나님의 공동체 안으로, 하늘에 계신 그분 앞으로 걸어 들어갈 차례다. 문 앞에서 부자와 가난한 자가 들어오는 모습을 보며 누가 가장 눈에 띄는지에 따라 지위를 결정하는 것은 더 이상 **우리**가 아니다. 이제 **하나님**이 문 앞에 계시고, 우리는 **그분의** 집으로 들어가고 있다. 안으로 들어갈 때, 우리의 손에는 깨진 돌판 두 개, 십계명이 들려 있다. 우리는 십계명을 깨뜨렸기 때문에, 십계명을 다시 맞추려고 필사적으로 노력한다. 우리는 이웃들을 자기 몸처럼 사랑하지 않음으로써 율법 전체를 산산조각 냈고, 이제 우리는 하나님 앞에서 우리가 갈라놓은 것을 하나로 연결하기 위해 필사적으로 노력한다.

우리는 재판장이신 하나님 앞에 서 있다. 우리에게 무엇이 필요할까?

단 한 가지, 긍휼을 구하는 것뿐이다.

우리는 하나님의 고귀한 율법을 저버렸고 그분의 나라의 기준을 짓밟았기 때문에, 우리가 할 수 있는 유일한 일은 그분의 긍휼을 구하는 것이다. 솔직히, 시간이 지나면서 많은 그리스도인들은 긍휼을 베푸는 것이 하나님이 존재하시는 이유라고 생각한다. 물론 하나님은 우리를 호의적으로 대하실 것이다. 하지만 야고보는 이렇게 말한다. "긍휼을 행하지 아니하는 자에게는 긍휼 없는 심판이 있으리라. 긍휼은 심판을 이기고 자랑하느니라"(2:13).

하나님의 긍휼을 원하는가? 그렇다면 우리는 이렇게 자문해야 한다. 우리는 긍휼이 필요한 사람에게 얼마나 많은 긍휼을 베풀었는가? 가난한 자, 우리에게 줄 수 있는 것이 아무것도 없는 사람, 우리는 그에게 관심과 시간, 보살핌, 사랑, 무엇보다 긍휼을 베풀었는가? 우리가 그렇게 하지 않았는데, 어째서 하나님이 우리에게 긍휼을 베푸시기를 원하는가? 대체 우리는 자신이 누구라고 생각하는가?

야고보가 제시하는 복음 의학에서 가장 도전적인 부분은 이것이다. 하나님이 어떻게 판단하실지 명확히 볼 때만, 우리는 다른 사람들을 올바르게 판단할 수 있다. 우리는 영광의 안경을 끼고 판단한다. 저 남자는 고상해 보인다. 저 여자는 나에게 좋은 것을 줄 수 있다. 하지만 하나님은 자비에 근거하여 판단하신다.

짐작컨대, 긍휼을 베풀기 매우 힘든 어떤 사람이 우리집에 얼굴을 내밀 수도 있다. 어쩌면 긍휼을 베푸는 것이 거의 불가능할 수도 있다.

"그런데 여러분이 하나님의 집에 들어가려고 할 때 여러분은 하나님에게서 무엇을 원할까요?" 의사 야고보는 이렇게 묻는다.

"오, 약간의 정의입니다, 하나님. 정말입니다. 바로 그것을 위해 제가 여기 왔습니다. 이곳에 오게 되어 기쁩니다!"

아니다. 나는 마지막에 우리가 정의를 구할 것이라고 생각하지 않는다. 나 자신이 잘 알고 있다. 그분의 긍휼이 없다면, 나는 망한 것이다. 끝이다.

야고보는 아주 분명하고, 그래서 사랑을 담아 단도직입적으로 말한다. 사랑하는 친구들이여, 형제자매들이여, 여러분의 말을 바꾸고 여러분의 행동을 바꾸라. 이제 그렇게 하자. 바로 오늘, 우리 함께 행동을 바꾸자.

토론과 개인 묵상을 위한 질문

1. 여러분의 삶을 돌아보면서, 인간의 영광을 사랑하는 마음이 여러분에게 있을 때 '영광의 주님'을 믿는 믿음은 어떤 영향을 받는가?

2. 교회 가족 안에 어떠한 편애도 없을 때, 교회 공동체는 어떻게 달라질 것이라고 생각하는가?

3. "우리가 우선순위를 부여하는 사람들을 통해 우리가 중요하

게 여기는 영광이 드러난다." 여러분의 삶과 여러분의 교회에서 핵심 인물이 누구인지 떠올려 보라. 그들과의 관계에서 여러분이 개인적으로 변화되어야 할 것은 무엇인가?

4. 하나님은 어떻게 판단하시는가? 자비로운 사랑은 하나님과 여러분의 관계 및 주위의 다른 사람들과 여러분의 관계를 어떻게 변화시킬 수 있는가?

5. 이 책을 읽는 지금, 무엇을 위해 기도하고 있는가? 하나님이 여러분 안에서 무엇을 변화시켜 주시도록 간구하고 있는가?

4
보는 것

> 은혜는 그 열매와 분리될 수 없다.
> 하나님이 여러분에게 성 바울의 믿음을 주신다면,
> 여러분은 곧 성 야고보의 행위를 갖게 될 것이다.
>
> 어거스터스 토플레디,
> 『어거스터스 토플레디의 저작』

[14] 내 형제들아, 만일 사람이 믿음이 있노라 하고 행함이 없으면 무슨 유익이 있으리요. 그 믿음이 능히 자기를 구원하겠느냐. [15] 만일 형제나 자매가 헐벗고 일용할 양식이 없는데 [16] 너희 중에 누구든지 그에게 이르되 평안히 가라, 덥게 하라, 배부르게 하라 하며 그 몸에 쓸 것을 주지 아니하면 무슨 유익이 있으리요. [17] 이와 같이 행함이 없는 믿음은 그 자체가 죽은 것이라.

[18] 어떤 사람은 말하기를 너는 믿음이 있고 나는 행함이 있으니 행함이 없는 네 믿음을 내게 보이라. 나는 행함으로 내 믿음을 네게 보이리라 하리라. [19] 네가 하나님은 한 분이신 줄을 믿느냐. 잘하는도다.

귀신들도 믿고 떠느니라. 20 아아, 허탄한 사람아, 행함이 없는 믿음이 헛것인 줄을 알고자 하느냐. 21 우리 조상 아브라함이 그 아들 이삭을 제단에 바칠 때에 행함으로 의롭다 하심을 받은 것이 아니냐. 22 네가 보거니와 믿음이 그의 행함과 함께 일하고 행함으로 믿음이 온전하게 되었느니라. 23 이에 성경에 이른 바 아브라함이 하나님을 믿으니 이것을 의로 여기셨다는 말씀이 이루어졌고 그는 하나님의 벗이라 칭함을 받았나니 24 이로 보건대 사람이 행함으로 의롭다 하심을 받고 믿음으로만은 아니니라. 25 또 이와 같이 기생 라합이 사자들을 접대하여 다른 길로 나가게 할 때에 행함으로 의롭다 하심을 받은 것이 아니냐. 26 영혼 없는 몸이 죽은 것 같이 행함이 없는 믿음은 죽은 것이니라.

야고보서 2:14-26

여러분은 믿음을 볼 수 있다는 사실을 아는가? 여러분의 두 눈으로 직접 볼 수 있다.

성경을 가장 중요하게 여기며 하나님과 올바른 관계를 맺는 유일한 길은 바로 예수 그리스도를 믿는 믿음이라고 가르치는 교회에서는 믿음을 마치 공기와 같은 것이라고 여기곤 한다. 우리는 공기가 실제로 존재한다는 사실을 알고 있지만, 공기는 눈에 보이지 않는다. 믿음이란 일종의 신념 같은 것이어서 두뇌 활동과 관련 있고, 따라서 믿음이란 단지 내적이고 개인적이며 사적인 것에 지나지 않는다고 생각한다.

야고보는 2장에서 이것이 사실이 아님을 분명히 밝히고자 한다. 이것은 치명적인 거짓말이다. 우리는 실제로 믿음을 볼 수 있기 때문이다. 우리 두 눈으로 믿음을 똑똑히 볼 수 있다!

그리스도를 따른다는 것이 본질적으로 어떤 의미를 갖는지 궁금해질 때가 있다. 그럴 때면 목회자들이, 또는 소그룹 성경 공부에서 삶의 전 영역에서 그리스도인이 된다는 것이 어떤 모습인지 자세히 알려 주면 좋겠다. 야고보는 우리가 물어보기만 하면 언제라도 기독교의 실제에 대해 지나치다 싶을 만큼 자세하게 설명해 줄 준비가 되어 있다. 하지만, 그런 설명은 단기적으로는 오히려 우리를 더욱 힘들게 할 수도 있다. 왜냐하면 야고보는 마치 얼굴 정면에 펀치를 날리는 것처럼, 우리가 삶에서 실천해야 할 일들을 직접적이고도 거칠게 마구 던지기 때문이다. 그것이 바로 이 장에서 야고보가 우리에게 들려줄 말이다. 믿음을 볼 수 없다면, 어쩌면 믿음이 없기 때문이고, 그 믿음은 진짜가 아닐 수도 있기 때문이다.

마가복음에는 중풍병에 걸린 사람이 예수님이 계신 집의 지붕을 뚫고 예수께 내려지는 이야기가 나온다. 먼지가 쏟아지고 흙과 지푸라기, 진흙이 땅으로 떨어진다(막 2:1-12). 정말 놀라운 이야기다. 친구 몇 명이 자신들이 사랑으로 돌보는 사람을 데려왔지만, 문으로는 그를 예수님께 데려갈 수 없었기 때문에 지붕을 통해 그를 예수께로 데려간다. 친구들이 그를 싣고 올라가서, 지붕을 뚫고 그를 밧줄에 매달아 방으로 내려 보낸다. 마가는 "예수께서 그들의 믿음을 보시고"라고 기록한다(막 2:5). 그렇다. 예수님은 그들의 믿음을 **보셨다**. 그 믿음이 그들로 하여금 행동하도록 이끌었다.

야고보는 예수님의 동생이었기 때문에, 어쩌면 무리 가운데 있으면서 그 장면을 직접 목격했을 수도 있다. 내 생각에, 야고보는 예수님의 사역 중에 이 사건을 떠올리고서 그 친구들의 믿음이 죽지 않고 살아 있다고 말한 것 같다. 이것이 바로 야고보가 이 이야기를 설명하는 방식이다. 진짜 믿음은 살아 있는 믿음, 행동하는 믿음이다.

이번 장을 마칠 때쯤이면 여러분의 믿음의 손과 발이 성장한다는 사실을 알게 되기 바란다. 믿음은 계단을 오르고, 밧줄을 묶으며, 무릎을 구부린다. 땀을 흘리기도 하고 이메일을 보내기도 하며, 음식을 요리하고 교회를 개척하고 병원을 세우고 지구 반대편으로 날아가서, 종의 모습으로 생활한다. 이것이 바로 예수 그리스도 안에서 구원의 믿음이 갖는 의미다.

이번 장을 시작하면서 여러분에게 묻고 싶다. 여러분은 복음이 얼마나 실제적이기를 바라는가?

이번 장에서는 여러분과 함께 고민하고 분투할 두 가지 경고와 한 가지 문제, 그리고 우리가 살아내야 할 세 가지 실천 사항을 제시하고자 한다.

경고 1: 말만 하고 행함이 없으면 안 된다

"내 형제들아, 만일 사람이 믿음이 있노라 하고 행함이 없으면 무슨 유익이 있으리요. 그 믿음이 능히 자기를 구원하겠느냐"(2:14). 야고보는 이 한 절에서 두 가지의 수사적 물음을 던진다. 선행을 동반하지 않는 믿음은 우리를 구원하지 못한다. 그런 믿음이 무슨 소용인가? 아무 소용없다. 그런 믿음이 구원할 수 있는가? 그렇지 않다. 성경에서 이 부분을 읽을 때는 너무 서두르지 말고 세부 내용을 집중해서 자세히 봐야 한다. 로버트 플러머Robert Plummer가 지적하듯이, 야고보는 이 가상의 인물이 실제로 행위 대신 믿음을 갖고 있다고 말하지 않는다. 오히려 그 사람이 스스로 믿음이 있노라 하고 '말하는' 것이다. 야고보는 그 사람의 말이 실은 거짓이라고 암묵적으로 평가하고 있다.[1] 14절 끝에서 "믿음"이라는 단어 앞에 나오는 "그"that라는 단어가 이 점을 강조한다. **이런** 형태의 믿음은 자의적인 것에 불과할 뿐, 궁극적으로 거짓 믿음이다.

> 만일 형제나 자매가 헐벗고 일용할 양식이 없는데 너희 중에 누구든지 그에게 이르되 평안히 가라, 덥게 하라, 배부르게 하라 하며 그 몸에 쓸 것을 주지 아니하면 무슨 유익이 있으리요(약 2:15-16).

여러분은 누군가에게 "도울 일이 있으면 알려 주세요"라고 말한 적이 있는가? 그렇게 말 한 마디만 해도 상대방의 짐을 어느 정도 덜어 줄 수 있을 것이라고 생각하면서 말이다. 나는 그런 적이 있다. 물론 이런 말 자체가 항상 잘못된 것은 아니다. 하지만 보통은 그냥 도와주는 게 더 낫지 않을까? 이런 말을 할 때는 대개 어떤 필요가 있음을 입으로는 인정하지만 실제로 그 필요를 해결하기 위해 어떠한 행동도 하지 않는 경우다. 16절에 나오는 이 사람처럼, 우리는 어떤 사람에게 복을 빌어 주는 말을 함으로써 그 사람이 처한 어려움

보는 것

에 대해 무관심하다는 사실을 감출 수 있다고 생각한다. "당신을 위해 기도하고 있습니다"라고 말하기는 아주 쉽지만, 실제로 잠깐이라도 시간을 내어 기도하기는 훨씬 어렵다. 그런데 야고보는 그런 것은 값싼 말에 불과하다고 말한다. 우리가 한 일이란, 다른 사람들을 향해 혀를 놀린 것에 지나지 않는다.[2]

따라서 말만 하는 믿음은 죽은 믿음이다.

경고 2: 생각만 하고 행동이 없으면 안 된다

둘째 논점은 첫째와 매우 비슷하지만 약간 다르다. 죽은 믿음은 우리의 말에서만 나타나는 것이 아니라 우리의 생각 속에 있을 수도 있다.

"어떤 사람은 말하기를 너는 믿음이 있고 나는 행함이 있으니 행함이 없는 네 믿음을 내게 보이라. 나는 행함으로 내 믿음을 네게 보이리라 하리라"(2:18). 어떤 사람이 이렇게 말한다고 해보자. "자, 보세요, 야고보 선생님. 세상에는 다양한 유형의 그리스도인들이 있습니다. 성령파 그리스도인도 있고 말씀파 그리스도인도 있지요. 교리적이고 신학적인 사람도 있고, 실제적이고 실천적인 사람도 있습니다. 믿음파 그리스도인, 실천파 그리스도인, 행위파 그리스도인도 있답니다. '콩팥'도 맞고 '신장'도 맞는 말 아닌가요? 우리는 모두 달라요."

야고보는 곧장 이 말을 중지시킨다. 다시 말하지만 우리는 본문을 자세히 살펴야 한다. 야고보는 믿음에 행위를 **더하는** 문제가 아님을 명확히 밝힌다. 행함 없는 진정한 믿음이란 존재할 수 없다는 것이다. "야고보는 우리가 구원받기 위해 믿음에 행함을 더해야 한다고 말하는 것이 아니다. 대신, 야고보가 명료하게 표현하는 바는 믿음에 행함이 '있다' 혹은 '없다'는 것이다(17절)."[3] 즉, 야고보는 그 누구도 자신에게 행함과 분리된 믿음을 보여줄 수 없다고 말한다. 왜냐하면 믿음과 행함을 분리하려고 하면 오직 신학적 진술만이 남게 되기 때문이다. "네가 하나님은 한 분이신 줄을 믿느냐. 잘하는도다. 귀신들도 믿고 떠느니라"(2:19). 참되고 살아 계신 한분 하나님이 계신다는 것은 위대한 진리다. 하지만 만일 그 진리를 단순히 믿기만 하는 것이 살아 있는 믿음이라고 말한다면, 누가 그렇게 믿는지 보라. 바로 귀신들이다. 귀신들도 여러분과 똑같은 믿음을 가졌지만, 그 믿음은 귀신들을 그리스도인으로 만들지 못한다는 것이 핵심이다! 그런 믿음은 구원하지 못한다. 사실, 귀신들은 그 진리를 믿고 있고, 실제로 그 진리를 가지고 무언가를 한다. 즉, 귀신들은 '떤다.' 엄청난 표현 아닌가! 그 진리는 귀신들의 등골을 오싹하게 만든다. 귀신들은 하나님이 실재하심을 알고 있고, 그래서 두려워한다.

여기서 야고보서의 몇 가지 내용이 하나로 연결된다. 우리가 분리시키려고 하는 두 가지(믿음과 행함)를 야고보는 가장 깊은 차원에서 어떻게 연결하는지 눈여겨보자. 또한 그 과정에서 야고보는 신명기 6장의 쉐마를 위대한 신앙고백으로 다시 한 번 명확히 염두에 둔다. 다만 한분 하나님이시라는 믿음은 악마적 존재도 공유한 것이기에, 핵심은 이것이다. 즉, 신명기 6장의 쉐마 전체에 대한 응답으로 우리의 전 존재를 다한 사랑의 순종이 뒤따르지 않는다면, 주님이 한분이시라는 단순한 지식을 갖거나, 그것을 듣는 것만으로는 진정한 믿음이라고 증명하기에 충분하지 못하다. 이것은 탁월한 논리 전개다. 참 하나님이 한분이시라는 지식과 사랑이 분리될 수 없듯이, 그리스도인의 삶에서 믿음과 행위는 분리될 수 없다.

여러분은 연구 과정을 마치고 학위를 취득했으며, 모든 신학적 질문에 정확하게 대답했고 더없이 정통적이며 더없이 해박하다. **하지만, 그렇다고 해서 여러분이 어떤 쓸모 있는 믿음을 가졌음을 보여주기에는 충분하지 못하다.** 신학이나 정보는 구원하는 능력을 갖고 있지 않기 때문이다. 누군가를 구원할 수 있는 것은 사랑과 순종, 신실함, 기쁨 속에서 눈으로 직접 볼 수 있는 예수 그리스도를 믿는 믿음, 곧 실천하는 믿음이다. "정밀한 신학을 소유하는 것은 훌륭한 일이지만, 그 좋은 신학도 우리를 사로잡지 못한다면 아무 쓸모 없을 것이다."[4]

그러므로 말만 하고 행함이 없는 사람이 되지 말아야 한다. 생각만 가득하고 행함이 없어서도 안 된다.

그런데……문제가 하나 있지 않은가?

씨름해야 할 문제

이로 보건대 사람이 행함으로 의롭다 하심을 받고 믿음으로만은 아니니라(약 2:24).

문제는 분명하다. 야고보는 복음을 제대로 이해하고 있는가? 우리는 다름 아닌 믿음으로만 구원받은 것 아닌가? 야고보는 사도 바울의 말을 들어 본 적이 있는가?

야고보서 2:24을 염두에 두고 바울의 말을 들어 보자. "그러므로 사람이 의롭다 하심을 얻는 것은 율법의 행위에 있지 않고 믿음으로 되는 줄 우리가 인정하노라"(롬 3:28). 이 구절 때문에 우리는 **오직** 믿음으로 칭의를 얻는다고 믿는다. 사도 바울은, 사실 성경 전체는 구원받는 유일한 길이 오직 그리스도를 믿는 믿음이라고 명확히 천명한다. 이것은 개신교 종교개혁의 핵심이자 하나님의 백성들이 그 역사가 시작되는 순간부터 소중히 여겨온 아름다운 진리다. 야고보는 창세기 22장에서 아브라함이 자기 아들 이삭을 제단에 바친 믿기 힘든 이야기를 꼭 집어 예로 들지만, 우리는 창세기 15장과 17장에서 아브라함이 다른 무언가를 하기 전, 심지어 할례를 받기도 전에 하나님을 믿는 구원의 믿음을 갖고 있었음을 알고 있다.

오직 그리스도를 믿는 믿음의 영광은 교회에서 매주일 부르는 찬양 가운데 소중히 간직되어 있다. 우리는 이런 가사를 기쁘게 노래한다.

> 세상과의 어떤 결별도,
> 내가 하는 어떤 행위도, 내가 드리는 어떤 선물도,
> 내 양심과 내 손을 정결하게 할 수 없네.
> 나는 내 영혼을 살릴 수 없네.
> 하지만 예수가 죽었다가 다시 살아나셨으니
> 죽음의 권능은 무너졌네!

하나님이 내게 긍휼을 베푸시되,

그리스도 안에서만 긍휼을 베푸시네.[5]

그런데 야고보는 말한다. "이로 보건대 사람이 행함으로 의롭다 하심을 받고 믿음으로만은 아니니라"(2:24). 그렇다면 우리는 이 문제를 어떻게 해결해야 하는가?

많은 사람들이 여기서 걸려 넘어지곤 했다. 당연한 일이다. 야고보가 틀렸고 바울이 옳은가? 아니면 바울이 틀렸고 야고보가 옳은가? 이런 이유로 위대한 마르틴 루터는 야고보서가 실제로 성경에 어울리지 않는다고 여겼다. 야고보서가 종교개혁 신앙의 위대한 대의를 훼손하는 것 같았기 때문이다.

그런데 야고보서를 읽는 더 나은 길이 있다. 성경에는 이곳저곳 서로 모순된 듯 보이는 부분들이 있다. 때로는 저자가 다른 책들이 아니라 동일한 책 안에서, 심지어 같은 장 안에서 명백한 모순이 공존하는 경우도 있다. 다음 구절을 살펴보자.

미련한 자의 어리석은 것을 따라 대답하지 말라.

두렵건대 너도 그와 같을까 하노라.

미련한 자에게는 그의 어리석음을 따라 대답하라.

두렵건대 그가 스스로 지혜롭게 여길까 하노라(잠 26:4-5).

우리는 미련한 자의 어리석음을 따라 대답해야 할까? 그러지 말아야 할까? 물론 대답은 둘 다. 그들의 미련함이 어떤 유형인지에 따라 대답은 달라진다. 어떤 미련한 자들에게는 말을 붙이느라 시간을 낭비할 필요조차 없다. 또 다른 경우에는 시간을 내서 그들에게 직접 어리석은 행위를 일깨워 주는 것이 진정 지혜로운 행동일 수도 있다. 우리가 대하는 사람이 어떤 유형인지에 따라 다르게 행동해야 한다는 것이다. 그러기 위해서는 맥락을 잘 파악해야 한다.

나는 바울과 야고보의 경우가 정확히 이와 일치한다고 생각한다. 사도 바울은 종종 자신의 글 중 가장 논쟁적인 부분에서 영생을 얻는 데 행함이 필수적이라고 믿는 사람을 염두에 두곤 한다. 그런 사람은 믿음이 필요하긴 하지만, 믿음만으로는 충분하지 않다고 여기는 것이다. 더 필요한 것이 있다. 처음에는 할례를 받고 이어서 음식법을 지킨다. 교회를 한두 곳 개척하고 선교사가 된다. 그리고 평생 교회를 돌본다. 그러면 영생을 얻게 될 것이다.

이런 식의 착각에 대해 바울은 언제나 아주 간단히 대답한다. "아니요. 틀렸습니다." 바울은 종종 아브라함을 자신의 논거로 사용한다. 아브라함은 할례를 받기 **전에** 의롭다고 인정받은 것이 분명하기 때문이다. 순서가 중요하다. 아브라함은 그의 행함이 드러나기 전에 믿음을 가졌고, 이는 오직 믿음으로 구원을 받음을 의미한다.

하지만 야고보는 다른 유형의 문제, 다른 유형의 사람을 상대하고 있다. 야고보는 이렇게 말하는 사람과 대화하고 있다. "저에게는 믿음이 있기 때문에 발 뻗고 잠을 잘 수 있습니다. 자신 있게 말할 수 있고 확신하고 있습니다. 따라서 제 나머지 육신은 상관없습니다. 예수님을 믿는 믿음요? 당연히 갖고 있지요. 그래서 저는 마음대로 살 수 있어요. 그리스도를 믿는 그 믿음 때문에 제 삶에 다른 어떤 변화를 줄 필요는 없습니다. 이 믿음은 '죽은 뒤에 가는 천국행' 티켓이기 때문에, 이제 저는 내키는 대로 여생을 보낼 수 있지요."

이런 식의 착각에 대해 야고보는 아주 간단히 대답한다. "아니요. 틀렸습니다." 오직 믿음으로 의롭다 하심을 얻는다는 위대하고 영광스러운 교리는 그 자체로는 진리다. 그러나 의롭게 하는 믿음은 단독으로 존재하지 않는다. 야고보의 초점은 사람이 어떻게 하나님 앞에서 의롭다고 인정받느냐에 있지 않다. 야고보는 사람들이 의롭다고 인정받았다는 사실을 어떻게 **볼** 수 있느냐에 초점을 두고 있다. 야고보의 입장에서 볼 때, 살아서 움직이는 구원의 믿음을 볼 수 있어야 의롭다 하심을 얻었다는 사실을 확인할 수 있는 것이다.

이는 곧 야고보가 아브라함을 논거로 삼을 때 바울과는 다른 방식을 사용한다는 뜻이다. 크리스 브루노Chris Bruno는 이렇게 설명한다.

> 야고보는 창세기 22장에 발을 딛고 서서, 아브라함의 계속되는 순종을 통해 확인된 하나님의 언약의 약속에 대한 아브라함의 믿음을 **돌아본다**look back. 그런데 바울은 창세기 12장과 15장에 나오는 아브라함이 처음으로 가졌던 믿음에 초점을 맞추고서, 아브라함의 믿음의 행위를 **내다본다**look forward.[6]

켄트 휴즈는 이렇게 표현한다. "바울은 우리가 행함으로 그리스도께 나아갈 수 없다고 말한다. 야고보는 우리가 그리스도께 나아간 후에 반드시 행함이 있어야 한다고 말한다."[7]

야고보는 24절의 첫 두 단어를 통해 논점을 명확히 밝힌다. "여러분이 보시다시피"You see(새한글). 처음에는 아마 여러분도 내가 이 표현을 사용할 때와 같은 의미로 읽을 것이다. "보시다시피, 내가 하려는 말은 이것입니다." 혹은 "보시다시피, 핵심은 이렇습니다." 그런데 야고보는 그런 의미로 말하는 것이 아니다. 그는 "여러분이 보시다시피"You see 뒤에 쉼표를 붙이려고 하지 않는다. 오히려 문자적 의미 그대로를 의도하고 있다. 지금 손에 책을 들고 있다는 사실을 아는 것처럼, 의자에 앉아 있음을 아는 것처럼 말이다. 여러분은 어떤 사람이 의롭다 하심을 받았음을 안다. 어떻게 가능한 일일까? 그 사람의 말이나 생각을 통해 알 수 있을까? 그렇지 않다. 그들의 **행동**을 통해서다.

야고보는 이런 그리스도인들에게 말한다. "여러분은 예수 그리스도에게 속해 있습니다. 믿음으로 의롭다 하심을 받았습니다. 그렇습니다. 내가 여러분이 그분께 속해 있음을 알 수 있는 까닭은 여러분이 그분과 닮았기 때문입니다. 여러분은 이웃을 자기 몸처럼 사랑합니다. 여러분은 형제와 자매들을 돌봅니다. 저는 여러분이 돈과 시간, 음식으로 해온 일들을 알고 있습니다."

몇 해 전, 올림픽 양궁 금메달리스트 대럴 페이스는 뉴욕 센트럴 파크에서 양궁 전시회를 개최했다. 주요 뉴스 방송국들이 그곳을 찾았다. 그는 금속으로 된 촉이 달린 사냥용 화살을 실수 없이 하나씩 연이어 과녁에 명중시켰다. 그러고는 페이스는 자원자를 요청했다.

"그저 이 사과를 허리 높이로, 손에 들고 있기만 하면 됩니다." 페이스가 말했다. ABC 기자 조슈아 하웰이 용감하게 앞으로 나섰다. 그는 두근대는 가슴을 안고 작은 사과를 손에 들고 섰다. 전 세계가

숨을 죽이고 지켜보는 동안, 페이스는 30야드(27미터) 떨어진 곳을 겨냥했다. 화살이 허공을 날아갔다. 페이스가 쏜 화살은 사과를 뚫고 나가 뒤에 있는 과녁에 정확히 꽂혔다. 놀라운 광경이었다(여담이지만, 이 일이 끝나자마자 조슈아 하웰의 카메라맨이 겸연쩍어 하면서 뷰파인더에 문제가 있어서 이 장면을 촬영하지 못했다고 한다면, 그들이 그 일을 처음부터 다시 할 수 있었을까?).[8]

질문은 이것이다. 여러분은 조슈아 하웰의 믿음을 볼 수 있는가? 현장에 있던 사람들 가운데 몇 사람이나 대럴 페이스가 사과를 맞출 수 있을 것이라고 믿었을까? 아마 몇 명 있었을 것이다. 하지만 우리는 그들의 믿음을 어느 정도나 볼 수 있었는가? 오직 한 사람만 앞으로 나왔고, 자기 말을 실제 행동으로 보여주었다. 우리는 한 사람의 믿음만 볼 수 있었다. 조슈아 하웰은 단순히 믿기만 한 것이 아니다. 혹은 믿는다고 말만 한 것도 아니다. 그는 일어나서 행동했고, 목숨을 걸고 대럴 페이스에 대한 신뢰를 직접 실천했다.

우리가 자신의 믿음을 볼 수 없다면, 어쩌면 우리의 믿음이 실재하는 것이 아니기 때문일 것이다. 여러분이 볼 수 없고 내가 볼 수 없고 다른 사람들이 볼 수 없다면, 믿음은 실제로 존재하는 것일까?

묵상해야 할 세 가지 적용

1. 모든 독자들을 향한 조언

이 본문의 전체 주제는, 믿음과 행함 간에 깨질 수 없는 연합에 관한 것이다. 하나님이 하나되게 하신 것을 교회가 갈라놓지 못할 것이다. 그런데 여러분은 하나님이 짝지어 주신 것을 나누고 있지는 않은가?

"영혼 없는 몸이 죽은 것 같이 행함이 없는 믿음은 죽은 것이니라"(약 2:26). 몸과 영혼을 나눠 버리면 시체만 남게 될 것이다. 몸과 영혼을 서로 분리하면 생명은 끝나 버릴 것이다. 몸 안에 영이나 영혼과 같이 몸을 움직이게 하는 원동력이 없다면 몸은 살아 움직일 수 없다. 믿음과 행위를 나눠 버리면 기독교의 껍데기만 남아 있게 된다. 행함이 따르지 않으면 믿음은 죽은 것이다. 구원하는 믿음의 열매와 증거가 여러분의 손끝과 발끝에서 흘러나와 교회의 출입문을 통해 흘러 나가지 않으면, 여러분의 믿음이 살아 있는 것인지, 아니면 죽은 것인지 알 수 없다고 야고보는 말한다.

진짜 핵심은 이것이다. 우리는 사람의 몸을 다루는 것보다 말에 더 능숙하지 않은가? 우리는 그럴듯한 **말**만 하지는 않은가?

"너희 중에 누구든지 그에게 이르되 평안히 가라, 덥게 하라, 배부르게 하라 하며 그 몸에 쓸 것을 주지 아니하면"(약 2:16). 우리는 추운 겨울날 따뜻한 옷을 나눠주거나 따뜻한 수프를 대접하기 보다는 그저 말 한 마디 하는 것을 더 좋아할 때가 있다. 그런데 다른 사람에게 그가 필요한 무언가를 준 것은 언제였는가? 그리스도인은 절대로 영혼만이 중요하다고 여겨서는 안 된다. 우리는 영원한 영적 세계만을 위해 살고 있다고 오해할 수 있지만, 오히려 야고보는 우리가 오늘 아침식사로 무엇을 먹었는지, 가진 것이 없는 사람들을 위해 어떤 일을 할 계획인지 알고 싶어 한다.

우리는 인간학보다 신학에 더 능숙하지 않는가? **믿는다**고 말만 그럴 듯하게 하는 것은 아닌가? 올바른 신학은 이미 책장에 가득 꽂혀 있지 않은가? 교회 질서에 관한 교단 안내서에는 좋은 사례들이 나열되어 있지만, 실제로 관심을 기울일 시간은 전혀 없다. 이런 식으로 살아가면서 우리 믿음이 살아 있다고 여길 수는 없다.

야고보는 이 점을 깊이 각인시키기 위해 두 가지 실제적인 예를 제시한다.

"우리 조상 아브라함이 그 아들 이삭을 제단에 바칠 때에 행함으로 의롭다 하심을 받은 것이 아니냐"(2:21). 핵심은, 하나님에 대한 신뢰는 항상 하나님께 대한 순종으로 이어진다는 것이다. 아브라함은 하나님을 믿었고 오직 믿음으로 의롭다고 인정받았지만, 바로 그 신뢰는 아브라함이 살아 있고 행동하는 믿음이 있음을 보여주는 순종으로 이어졌다.

"또 이와 같이 기생 라합이 사자들을 접대하여 다른 길로 나가게 할 때에 행함으로 의롭다 하심을 받은 것이 아니냐"(2:25). 라합은 자기 집에 도착한 정탐꾼을 받아들였다. 라합은 그들을 보호하고 구원했으며, 실제로 우리는 라합의 믿음을 볼 수 있었다. 라합의 행함으로 라합이 의롭다 하심을 받았음을 알 수 있다.

나는 야고보가 자신의 논거로 라합을 선택한 것은 신중하게 고려한 결과라고 생각한다. 하나님에 대한 신뢰는 언제나 하나님을 위한 섬김으로 이어지고, 그분의 백성들을 섬기는 것으로 나타난다. 야고보는 일상 속 삶의 현실에 관심을 두고 있다. 즉 허름한 옷을 입은 춥고 배고픈 사람들, 피난처와 보호가 필요한 사람들 말이다. 야고보는 본문에 단순히 목록을 써 놓은 것이 아니라, 각각 구체적인 사례를 제시하고 있다. 원리는 이것이다. 능력과 자원을 가진 사람들은 그렇지 못한 형제나 자매를 도와야 한다. 풍족한 신자는 궁핍한 신자를 도와야 한다. 우리는 이것을 묵상하고 우리 삶의 구석구석에 세밀하게 새겨야 한다.

젊은 독자들이여, 여러분은 하나님이 여러분의 삶에 두신 노인들의 육체적 필요를 알고 있는가? 그들은 어떻게 교회에 가는가? 그들은 쇼핑을 할 수 있는가? 그들은 외로운가? 우리는 머리로는 그들의 필요를 알고 있다고 생각할지 모르지만, 야고보는 우리가 알고 있다고 말하는 그것을 다른 사람들이 실제로 볼 수 있느냐고 묻는다. 보는 것이 곧 믿는 것이다.

교회 가족 구성원 전체에게 묻고 싶다. 우리 공동체의 '건강 체크' 분석은 무엇을 보여줄까? 내 짐작에, 많은 필요들이 간과된다. 우리가 돕지 않으려고 하기 때문이 아니라, 더 이상 주위에 신경을 쓰지 않기 때문이다. 야고보는 우리가 믿음과 행위를 조용히 분리시킨 뒤에, 우리가 가진 믿음을 드러내려고 적극적으로 행하지 않는 것은 아닌지 의문을 품는다.

2. 자기만족적인 사람들을 향한 조언

목회 사역에서 경험하는 커다란 비극적 현실 중 하나는, 다툼이 있는 부부가 너무 늦은 시점에 나를 찾아온다는 것이다. 그들은 오랜 세월 동안 서서히 분리되어 왔다. 그들은 이제는 죽어 버린 부부 관계의 흔적을 두고, 나와 상대방 앞에서 '이혼'이라는 단어를 말할 기회를 엿보고 있다. 여전히 이혼을 고려하고 있을 수도 있고 하나님의 은혜 가운데 아직 이혼을 피할 기회가 있을 수도 있다. 하지만 그들은 함께 살면서 이미 오랜 시간에 걸쳐 갈라져 왔다.

하나님이 하나되게 하신 것을 나누는 것이 이와 같다. 우리가 미처 알아차리기도 전에 영향을 미치기 시작한다. 십중팔구 우리는 하나님을 믿는 믿음을 하나님이 말씀하신 온전한 믿음에서 분리시켜버린 채 살아가고 있거나, 미처 그 사실을 깨닫지 못했거나 일부러 모른 체했다.

우리는 하나님을 신뢰한다고 말하지만, 하나님께 순종하지는 않는다. 야고보는 우리의 불순종이 하나님을 믿는 믿음에 대한 진정한 척도라고 말한다.

"저는 예수님을 믿지만, 예수님의 말씀에는 순종하지 않습니다." 야고보는 그런 믿음은 죽은 믿음이라고 말한다. 진짜가 아니다. 그 믿음은 구원하지 못한다.

우리는 스스로 점검해 보아야 한다. 과연 성경에 담긴 주님의 음성에 순종하지 않고 있다는 사실을 알고 있으면서도, 그것은 별로 중요한 문제가 아니라고 치부해 버리고 있지는 않은지 말이다. 만약 그렇다면, 우리는 하나님이 하나되게 하신 것을 나누고 있고, 우리가 스스로에게 생명이 있다고 말하는 곳에서 죽음을 드러내고 있다. 예수님은 마지막 날에 많은 사람들이 믿음을 고백하겠지만, 결국 그들은 천국에 들어가지 못한다는 말을 듣게 될 것이라고 말씀하셨다. 천국에 들어가는 사람은 "하늘에 계신 내 아버지의 뜻대로 행하는 자"다(마 7:21).

3. 예민한 이들을 향한 조언

이번 장을 마무리하면서 선한 양심을 가진 이들에게 하고 싶은 말이 있다. 이 대목에서 많은 이들이 이렇게 생각할 것이다. "내 믿음이 살아 있다는 것을 어떻게 알 수 있을까? 선행을 얼마나 해야 할까?" 혹은 "나는 헐벗은 이에게 옷을 주거나 주린 이에게 먹을 것을 준 적이 없는데, 내가 진정한 그리스도인이라고 할 수 있을까?"

우리는 야고보서가 잘못된 방향으로 아주 멀리 간 교회에게 보내진 글임을 기억해야 한다. 이들은 주 예수를 사랑하기 때문에 선행을 실천하려고 애쓰는 신자들이 아니다. 오히려 그들은 더 이상 선행을 하려고 노력조차 하지 않을 위기에 빠진 가짜 신자들이다. 야고보는 우리가 매순간마다 모든 이들을 위해 모든 일을 할 수 없음을 잘 알고 있다. 우리도 그 사실을 잘 알고 있다. 하나님은 온 교회나 온 세상을 어깨에 짊어지라고 요구하시는 것이 아니다.

하지만 그동안 다른 이들의 필요와 고통을 못 본 체하며, 그것을 다른 누군가에게 떠넘기기만 했다면 문제가 있다. 이 구절들을 읽어 보면, 그리스도를 향한 사랑이 여러분의 마음의 끈을 잡아당겨서, 여러분으로 하여금 이웃을 사랑하고 그분의 말씀에 순종하며 그분의 백성을 섬김으로 그분을 위해 살아가는 사람이 되도록 할 수 있음을 깨닫게 될 것이다. 여러분에게 이런 일들을 하고 싶다는 생각이 들어도 부족할 수 있고, 어린 자녀나 직장생활 때문에 어느 정도 제약이 있을 수도 있다. 그래도 주님은 아신다. 얼마나 많이 하는지, 혹은 얼마나 자주 하는지는 중요하지 않다. 우리가 이런 일을 해본 적이 있는지, 기꺼이 하고자 하는지, 하고 싶은지가 중요하다.

보는 것

나는 우리 모두 바로 지금 당장 변해야 할 것, 시작해야 할 것이 있다고 생각한다. 어쩌면 시간이 걸릴 수도 있다. 하지만 그리스도를 향한 사랑이 마음속에서 자라감에 따라 그리스도를 믿는 살아 있는 믿음은 길을 찾아낼 것이다. 그런 믿음은 언제나 길을 찾아낸다. 살아 있는 믿음은 삶에서 자연스럽게 흘러나온다.

살아 있는 믿음은 움직이고 걸으며 이야기하면서, 실제로 살아 있음을 보여준다.

토론과 개인 묵상을 위한 질문

1. 이번 장에 나오는 야고보의 두 가지 경고는 무엇인가? 삶에서 이 두 가지 유혹을 경험한 적이 있는가?

2. 믿음과 행함에 대한 야고보의 관점과 바울의 관점을 어떻게 조화시킬 수 있는가?

3. 주변의 이웃들은 우리를 보면서, 우리의 믿음에 대해 무엇을 알 수 있겠는가?

4. 주 예수처럼 사랑하고 살기 위해 그분에 대해 무엇을 알아야 하는가?

5. 여러분이 돈과 시간, 음식, 자원을 어떻게 다루는지 생각해 보고 기도하라. 지금까지 여러분이 간과해 온 주변의 필요를 볼 수 있도록 하나님의 도움을 구하라.

5
말

어떤 상황에서든 자기 자신이 하는 말에
스스로 탄복하게 하는
자의식 과잉에 빠져 버릴 위험이 있다.
자신의 말에 귀를 기울일수록 자신 외에
다른 사람에게서 배울 수 있는 기회는 적어진다.

R. 켄트 휴즈, 『야고보서: 행동하는 믿음』

¹ 내 형제들아, 너희는 선생된 우리가 더 큰 심판을 받을 줄 알고 선생이 많이 되지 말라. ² 우리가 다 실수가 많으니 만일 말에 실수가 없는 자라면 곧 온전한 사람이라. 능히 온 몸도 굴레 씌우리라. ³ 우리가 말들의 입에 재갈 물리는 것은 우리에게 순종하게 하려고 그 온 몸을 제어하는 것이라. ⁴ 또 배를 보라. 그렇게 크고 광풍에 밀려가는 것들을 지극히 작은 키로써 사공의 뜻대로 운행하나니 ⁵ 이와 같이 혀도 작은 지체로되 큰 것을 자랑하도다.

보라, 얼마나 작은 불이 얼마나 많은 나무를 태우는가. ⁶ 혀는 곧 불이요 불의의 세계라. 혀는 우리 지체 중에서 온 몸을 더럽히고 삶의 수

레바퀴를 불사르나니 그 사르는 것이 지옥 불에서 나느니라. 7 여러 종류의 짐승과 새와 벌레와 바다의 생물은 다 사람이 길들일 수 있고 길들여 왔거니와 8 혀는 능히 길들일 사람이 없나니 쉬지 아니하는 악이요 죽이는 독이 가득한 것이라. 9 이것으로 우리가 주 아버지를 찬송하고 또 이것으로 하나님의 형상대로 지음을 받은 사람을 저주하나니 10 한 입에서 찬송과 저주가 나오는도다. 내 형제들아, 이것이 마땅하지 아니하니라. 11 샘이 한 구멍으로 어찌 단 물과 쓴 물을 내겠느냐. 12 내 형제들아, 어찌 무화과나무가 감람 열매를, 포도나무가 무화과를 맺겠느냐. 이와 같이 짠 물이 단 물을 내지 못하느니라.

야고보서 3:1-12

1 태초에 말씀이 계시니라. 이 말씀이 하나님과 함께 계셨으니 이 말씀은 곧 하나님이시니라. 2 그가 태초에 하나님과 함께 계셨고 3 만물이 그로 말미암아 지은 바 되었으니 지은 것이 하나도 그가 없이는 된 것이 없느니라.

요한복음 1:1-3

하나님은 말씀이신 예수님을 통해 만물을 창조하셨다. 하나님은 말씀으로 온 우주를 지으셨으니, 이 세계는 하나님 말씀이 전부라고 할 수 있다. 말은 최악의 악을 더할 수도 있고, 최고의 복을 선사할 수도 있다.

2021년 도쿄 올림픽에서 영국은 마침내 남자 다이빙 종목에서 금메달을 획득했다. 수년간 기대를 모은 끝에 톰 데일리와 그의 동료가 10m 플랫폼 싱크로나이즈 다이빙 종목에서 우승을 거둔 것이다. 그는 개인적인 고통 속에서 승리를 이뤘다. 2012년 런던 올림픽에서 데일리와 그의 동료가 4위를 차지했을 때, 웨이머스의 어느 열일곱 살 소년이 트위터로 이런 메시지를 보냈다. "당신은 당신의 아버지를 실망시켰어요. 그 사실을 잊지 않았으면 해요." 톰의 코치이자 가장 큰 영감의 원천이던 아버지는 이 올림픽 경기가 열리기 직전 뇌종양으로 사망했다.

"당신은 당신의 아버지를 실망시켰어요. 그 사실을 잊지 않았으면 해요."

스스로 목숨을 끊은 로스앤젤레스의 한 여성은 유서에 단 두 단어만 남겼다. "사람들이 말했다."

잠언은 "죽고 사는 것이 혀의 힘에 달렸나니 혀를 쓰기 좋아하는 자는 혀의 열매를 먹으리라"고 말한다(잠 18:21). 언제, 어디서든 무슨 일이 잘못되었다면, 말이 말썽이다. 진상을 파악해 보면 반드시 누군가가 무슨 말이든 했음을 알 수 있다. 이메일을 보냈거나 문자를 보냈을 것이다. 그리고 참사가 벌어진 것이다.

야고보서 3장은 잠언과 매우 비슷하다. 야고보가 우리의 입과 말, 특히 혀에 관해 그림을 그리듯이 생생하게 묘사하기를 좋아하기 때문이다. 이번 장에서는 혀에 관한 야고보의 세 가지 관찰을 살펴볼 것이다. 그런 다음 야고보가 왜 이런 측면을 강조하는지, 우리는 어떻게 해야 하는지를 살펴볼 것이다.

야고보는 혀를 작은 것, 불, 샘으로 묘사한다. 이 세 가지 그림을

139   말

보면, 야고보가 어떤 의미를 부여하려고 하는지 쉽게 알 수 있다.

1. 혀는 작지만 강하다

우리가 다 실수가 많으니 만일 말에 실수가 없는 자라면 곧 온전한 사람이라. 능히 온 몸도 굴레 씌우리라. 우리가 말들의 입에 재갈 물리는 것은 우리에게 순종하게 하려고 그 온 몸을 제어하는 것이라(약 3:2-3).

혀는 작다. 야고보는 이 작은 혀가 온 몸을 제어하지만, 정작 가장 제어하기 어려운 신체 기관이라고 말한다. 절제해서 말하는 법을 배우는 것은 무척 어려운 일이지만, 제대로 해내기만 한다면 남은 생애 동안 완전함과 온전함으로 나아갈 수 있을 것이다. 야고보는 혀를 제어할 수 있어야 "온전한 사람"ₐ perfect man이 될 수 있다고 말한다(3:2). 혀를 제어할 수 있다면, 온 몸을 제어할 수 있다. 여러분은 이성을 향해 음욕을 주체하기 힘들다거나 손버릇이 나쁘다고 생각는가? 놀랍게도, 야고보는 우리 내면에서 일어나는 일들이 말로 표현되어 나오기 때문에 자신의 내면을 변화시키라고 권면한다. 그러면 나머지 몸 전체가 이를 따를 것이다. 매우 작은 것이 매우 큰 것을 제어한다. 야고보는 세 가지 예를 제시한다. 즉 힘센 말의 온 몸을 이끄는 작은 재갈, 전함 전체를 이끄는 작은 키rudder, 거대한 숲을 불태울 수 있는 작은 불씨다.

또한 야고보는 신체의 매우 작은 일부분이 몸의 움직임 전체에 영향을 미친다고 경고한다. 성경의 다른 부분에서 혀가 할 수 있는 일들을 묘사하는 동사들을 살펴보면, 혀가 온 몸에 끼치는 영향을 확인할 수 있다. 혀 그리고 혀가 내뱉는 말은 훔치고, 감추고, 쌓고, 들어올리고, 초대하고, 환호하고, 짓누르고, 휘젓고, 퍼뜨리고, 양육하고, 꿰뚫고, 치유하고, 견디고, 덫을 놓고, 만족시키고, 꾸짖고, 해를 끼치고, 상처를 입히고, 때리고, 쏘고, 속이고, 아첨하고, 자랑하고, 모욕하고, 나누고, 비방할 수 있다. 이러한 혀의 행동이 그 대상에게 얼마나 엄청난 영향을 미치는지 생각해 보라. 따라서 온전함으로 가득한 삶에 이르는 길을 만들어 내고 싶다면, 그 여정은 혀를 어떻게 다루느냐에 따라 판가름 날 것이다.

여러분 몸에는 작디작은 기관이 하나 있다. 그러나 그 기관은 크기에 전혀 비례하지 않는 어마어마한 힘을 지니고 있다.

2. 혀는 불과 같이 파괴적이다

"보라, 얼마나 작은 불이 얼마나 많은 나무를 태우는가. 혀는 곧 불이요 불의의 세계라"(3:5-6). 여러분은 지금 대량 살상무기를 몸에 지닌 채 이 책을 읽고 있다.

본문을 자세히 살펴보자. 혀는 "불의의 세계"라고 말한다. 이 말은 혀가 온갖 잘못된 것에 몰두하는 자신만의 고유한 생태계를 갖고 있다는 뜻이다. 혀는 우리의 내적인 분열을 드러내는 몸의 대표적 기관이다. 혀는 단순히 악한 것이 아니라 "쉬지 아니하는 악"이다

(3:8). 혀는 가만히 앉아 있거나 침묵할 수 없다. 혀는 단순히 스스로 주체하지 못할 뿐만 아니라, 그 안에 독을 지니고 있다. 니코틴이 치아를 오염시키듯 혀는 온몸을 더럽히고(6절), 신경계에 침투한 독처럼 온몸에 스며들어 상처를 주며, 불구로 만들어 어쩌면 누군가를 회복 불가능한 상태로 무너뜨릴 수 있다.

혀는 작지만 작은 불꽃에서 불길이 일어나듯, 혀는 크기에 전혀 비례하지 않는 파괴력을 가질 수 있다. 마치 박테리아나 에볼라 혹은 코로나19 바이러스처럼 말이다. 그 피해는 걷잡을 수 없이 늘어날 수 있으며, 그럼에도 혀는 전혀 길들일 수 없다. 큰 그림을 그려보자. 맹수와 조류, 파충류와 포유류, 육지 동물과 바다 동물, 무엇이든 좋다. 어딘가에는 코브라를 훈련시켜 음악에 맞춰 춤을 추게 하는 사람이 있다. 또는 사자의 입에 조련사의 머리를 집어넣어도 해를 입지 않도록 가르치기도 하고, 범고래를 훈련시켜 아이들을 태우도록 하기도 하며, 맹금을 길들여 뻗은 팔 위에 앉게 만들기도 한다. 하지만 그 어떤 사람도, 심지어 솔로몬 왕 조차도, 매일같이 일과를 마치고 잠자리에 들면서 이렇게 생각하지 않는 사람은 없다. "아까 그 말을 하지 않았으면 좋았을 걸. 그 말을 좀 다르게 했어야 했는데." 죽기 전까지 그런 생각을 전혀 해본 적 없는 사람은 아무도 없다. 왜 그런가? 혀를 길들일 수 없기 때문이다.

언젠가 도끼에 손가락을 찍힌 사람을 본 적이 있다. 단지 몸의 작은 부분인 손가락에 불과했는데도 고통과 피해는 어마어마했다. 또한 나는 자신에 관한 거짓말 때문에 삶이 산산조각난 사람을 본 적이 있다. 거짓말 때문에 평판이 무너지고 경력은 끝장났으며, 결혼 생활은 큰 상처를 입었다. 한 사람이 혀를 제어하지 못해서 교회 전체가 분란에 휩싸이는 것을 본 적도 있는데, 차분하게 세상에 있는 어떤 말을 동원해도 분노에 사로잡힌 말을 되돌릴 수 없을 것 같았다.

여기서 길들인다는 이미지는 혀에 아주 적절하다. 길들여지지 않은 것은 야생적이고 위험하며 파괴적이기 때문이다. 혀는 찢고, 꿰뚫고, 마비시키고, 독살하는 힘을 갖고 있다. 몸에서 사지를 잘라내는 도끼, 뼈에서 살을 발라내는 칼, 혹은 영혼에 황산을 주입하는 주사와 같다.

혀가 할 수 있는 일 몇 가지를 떠올려 보자. 먼저 험담이 있다. 대개 험담은 '용납할 만한' 죄로 여겨진다. 야고보는 본문에서 혀가 온몸에 미치는 영향력과 혀가 힘을 얻는 방식을 다루고 있다. "남의 말 하기를 좋아하는 자의 말은 별식과 같아서 뱃속 깊은 데로 내려가느니라"(잠 18:8). 우리는 별식과도 같은 이 달콤한 소문을 입 안에 간직한 채 언제든 꺼낼 준비를 하고 있는 것이다. 우리는 알 권리가 없음에도 일단 알게 되면 어떤 힘을 갖게 만드는 것들을 몹시도 알고 싶어 한다. 그런 즐거움에 필적할 만한 감정은 거의 없다. 소문이란 본질적으로 부적절한 때에 부적절한 사람들에게 전해진 부적절한 소식이다. 떠도는 이야기들은 실제로 사실일 수 있다. 실제로 우리는 대개 그것이 사실임을 알고 있기 때문에 그 소식을 주고받는다. 그러나 때로는 사실이 아님을 알고 있을 때도 있다. 근거가 불확실한데도, 다른 사람이나 어떤 일에 대해 부정적인 말을 떠벌리며 소문을 퍼뜨리는 것이다.

야고보는 우리 입에서 나가는 말이 매번 불을 지르게 된다고 말

말

한다.

여러분은 남에 대한 험담을 하는 것뿐만 아니라 듣는 것조차도 도덕적 문제에 해당한다는 사실을 알고 있는가? "악을 행하는 자는 사악한 입술이 하는 말을 잘 듣고 거짓말을 하는 자는 악한 혀가 하는 말에 귀를 기울이느니라"(잠 17:4). 이 구절은 이렇게 풀이할 수 있다. "어쩌면 당신 스스로는 남에 대한 소문을 퍼뜨리고 다니지 않을 수도 있습니다. 하지만 당신이 소문이나 험담 따위를 기꺼이 듣고 싶다는 것이 얼굴 표정에 나타나 있을 수도 있습니다." 사람들은 대개 우리가 소문을 퍼뜨릴 만한 사람인지 아닌지 알아본다. 성경은 남을 비방하는 데 귀를 기울인다면 우리도 거짓말쟁이가 된다고 말한다. 혀는 말하는 사람만이 아니라 듣는 사람도 비인간화하는 힘을 갖고 있다.

이 모든 것에는 긍정적인 반대 측면이 있다. 야고보는 여러분이 오늘 세상을 바꿀 수 있다고 말한다.

나는 우리 아이들이 점토로 물건을 만드는 모습을 지켜보곤 했다. 아이들은 손가락으로 볼품없는 흙덩어리에서 다양한 모양을 빚어 냈다. 아이들이 자르고 붙이고 누르면, 무언가 새로운 것이 생겨났다. 우리는 서로에게 말로 하는 것도 이와 마찬가지다. 우리는 모두 살아가면서 다른 사람들의 말에 영향을 받는 수용력을 갖고 있기에 귀에 들려오는 말에 따라, 좋게 빚어지거나 나쁘게 망가질 수도 있다. 우리는 언제나 폐부를 찌르는 말의 힘에 눌리거나 휘둘리기도 하고, 상처를 입거나 치유되기도 한다.

우리가 내뱉은 말이 어떤 사람의 하루를 완전히 망쳐버릴 수도 있다. 또한 어떤 말로 그 사람에게 훨씬 나은 하루를 선물할 수도 있다.

3. 혀는 마음속에 있는 것이 솟아나는 샘과 같다

이것[혀]으로 우리가 주 아버지를 찬송하고 또 이것으로 하나님의 형
상대로 지음을 받은 사람을 저주하나니 한 입에서 찬송과 저주가 나
오는도다(약 3:9-10).

우리 교회의 주일 오전예배는 대개 오전 11시 45분에 끝난다. 교
인들은 대부분 한 시간쯤 후에 집으로 돌아간다. 야고보는 우리가 직
전에 고백한 신앙을 그 한 시간 안에 부인하는 것이 완벽하게 가능하
다는 사실을 잘 알고 있다. 어쩌면 그런 일은 그보다 빨리 일어날 수
도 있고, 좀 더 오래 걸릴 수도 있다. 폐회 찬송을 하면서 입을 열어
하나님을 찬양하고는, 입을 다문 채 예배당을 나와서, 곧바로 그 입
으로 남을 혹평하고 비난하고 헐뜯는 말을 내뱉을 수 있다. 여러분은
그런 적이 있는가? 사람들은 주일 오후의 자신과 주일 아침의 자신을
비교해 보고는 놀라게 되지 않을까?

야고보의 논리를 눈여겨보자. 우리는 하나님을 드높이는 말을
하다가도, 한순간에 돌변하여 하나님의 형상으로 만들어진 다른 누
군가의 가치와 존엄성을 무너뜨리는 말을 할 수도 있다.

인정하기 부끄럽지만, 팬데믹 때문에 격리 중이던 어느 주일에 집
에서 온라인 예배를 드리는 외중에 아내와 매우 심각한 말다툼을 벌

였던 적이 있다. 그렇다, 예배 중이었다. 제대로 읽은 것이 맞다. 한 가족으로서 함께 참회의 기도를 드리고 난 직후, 인도자가 기도문을 너무 빠르게 읽느냐, 느리게 읽느냐를 놓고 말다툼이 시작되었다. 물론 우리는 실제로 그 문제를 놓고 말다툼을 한 것은 아니었다. 긴장이 팽팽하게 고조된 가운데 사소한 일 하나가 불을 붙였고, 모든 것이 한꺼번에 터져 나왔다. 아이들이 보는 앞에서 말이다. 나중에 우리 부부는 그런 모습을 보여주어 미안하다고 말함으로써 우리 아이들에게 즐거움을 안겨 주었지만, 그날 아침 일을 떠올리면 너무나 부끄럽다. 정말 끔찍했다. "한 입에서 찬송과 저주가 나오는도다"(3:10).

항상 그렇듯이, 야고보의 말은 여기서 아주 깊숙이 파고든다. 그는 단지 한 입에서 두 가지 상반된 말이 나올 수 있다고 말하는 것이 아니다. 그것을 넘어, 두 가지 상반된 말은 그 근원에 있는 부패를 드러낸다. 우리의 입 밖으로 나오는 것은 그 아래에 있는 것, 샘의 바닥에 있는 것과 완벽한 조화를 이룬다. "샘이 한 구멍으로 어찌 단 물과 쓴 물을 내겠느냐. 내 형제들아, 어찌 무화과나무가 감람 열매를, 포도나무가 무화과를 맺겠느냐. 이와 같이 짠 물이 단 물을 내지 못하느니라"(3:11-12). 말은 마음을 드러낸다. 말이 신선하지 않으면, 마음이 건강하지 않은 것이다. 말은 영혼을 들여다보는 창문이다. 말은 표면 아래에서 무슨 일이 일어나고 있는지 밝혀 준다.

크레이그 트록셀은 눈과 귀는 마음의 문지기이며, 혀는 마음의 대변인이라고 말한다. 우리가 마음속에 쌓아 둔 것은 그 안에 머물 수 없다. "모든 것이 쏟아져 나온다. 거기에 무엇이 쌓여 있든, 귀한 보물이든 아니든, 우리의 입을 통해 표출될 것이다."[1] 이것은 강력한 이미지다. 혀는 마음의 발표자다. 주 예수님은 "마음에 가득한 것을 입으로 말"한다고 말씀하셨다(눅 6:45). 내 안에 있는 것은 내 안에만 머무를 수 없다.

내 마음이 넓다면, 여러분은 인내심 있는 말을 들을 것이다.

내 마음이 멍들었다면, 여러분은 아픔과 상처를 주는 말을 들을 것이다.

내 마음이 공허하다면, 여러분은 요란하지만 속이 텅 빈 말을 들을 것이다.

내 마음이 지혜롭다면, 여러분은 잘 정돈된 말을 들을 것이다.

우리의 마음이 나뉘어 있다면, 밖으로 나오는 말도 나뉘어 있다는 것을 야고보는 안다. 이것을 이렇게 멋지게 묘사(나의 독창적인 설명은 아니지만)할 수 있다. 즉, 혀는 우리 마음의 문을 여닫는 경첩이다. 여러분이 말을 할 때면, 세상을 향해 마음을 활짝 여는 것이다.

'진짜 자신'이 내면 깊은 곳에 드러나지 않게 감춰져 있어 자신이 하는 모든 말과 분리되어 있다고 생각해서는 안 된다. 우리가 어떤 사람인지는 우리가 인식하는 것보다 다른 사람들에게 훨씬 잘 드러나고, 그것은 우리가 하는 말에서 전부 나타난다.

따라서 이 문제에 대응할 수 있는 다양한 방법을 제안해 보려고 한다. 야고보서를 읽어 가면서, 먼저 각 단계마다 말씀이 우리 마음을 움직이도록 내어 드리자.

여러분의 말을 하나님께 가져가라

입을 고친다고 해서 말을 고칠 수 있다고 생각하지 말라. 그 대신 마음이 변해야 한다. 혀는 마음의 문을 여닫는 경첩이다. 따라서 우리는 무엇보다 우리 마음을 하나님께 열어야 한다. 그러고서 우리 입을 열면 상황이 달라질 것이다. 하나님 앞에서 올바른 마음이 의 인의 입을 만들고, 지혜로운 자의 말로 인도한다.

"그러나 더욱 큰 은혜를 주시나니 그러므로 일렀으되 하나님이 교만한 자를 물리치시고 겸손한 자에게 은혜를 주신다 하였느니라. 그런즉 너희는 하나님께 복종할지어다"(약 4:6-7). 야고보서는 우리 를 위한 은혜의 세계다. 나와 마찬가지로 여러분이 하는 말들도 이 세상과 다른 사람의 삶 가운데 자유롭게 돌아다닌다. 우리 모두에게 는 스스로 뿌듯하게 여기는 말, 할 수만 있다면 몇 번이고 반복해서 하고 싶은 말도 있고, 우리 이름이 꼬리표처럼 달려 있어서 무슨 수 를 써서라도 취소하고 주워 담고 싶은 말도 있다. 그런데 야고보는 우리에게 주시는 하나님의 말씀이 다른 어떤 말보다 중요하다는 것 을 일깨워 준다. 우리 입에서 나온 말 중에 하나님의 입에서 나온 말 에 굴복하지 않는 것은 하나도 없다. 우리의 말 중에 하나님 보시기 에 용서받지 못하거나 깨끗해지지 못할 것은 하나도 없다. 물론 말 의 결과는 이 땅에 남겠지만 말이다. 다른 사람이 우리에게 한 말 중 에 하나님이 기꺼이 용서하시지 않는 말도 없다. 우리 마음의 문은 용서를 향해 항상 열려 있어야 한다.

이 모든 것은 우리 자신과 세상, 우리의 말을 하나님 말씀에 비추 어 볼 때 가능하다. 겸손한 마음, 그리고 세상에 흔들리지 않는 마음은 언제나 우리의 말이 흘러나오는 샘이고, 그 샘을 변화시킬 수 있는 곳 은 오직 한 곳밖에 없다. 바로 하나님 앞에서 무릎을 꿇는 그곳이다.

여러분의 말이 일하게 하라

　여러분은 신중하게 마음을 써서 할 말을 골라 그 말이 이 세상과 다른 사람의 삶에 선한 영향력을 끼치도록 사용해 본 적이 있는가? 여기서 야고보가 우리에게 보여주는 그림은 선한 의도를 가지고 할 말을 고르는 사람들의 모습이다. 그들이 말을 할 때 신중한 까닭은, 그들이 말씀하시는 하나님께 속했기 때문이다. 본문에 단 물과 감람 열매, 무화과와 포도의 이미지가 나오는 것은 우연이 아니다. 잠언과 마찬가지로, 야고보는 말이 생명을 줄 수 있음을 보여준다.

　　사람은 입에서 나오는 열매로 말미암아 배부르게 되나니

　　곧 그의 입술에서 나는 것으로 말미암아 만족하게 되느니라.

　　죽고 사는 것이 혀의 힘에 달렸나니

　　혀를 쓰기 좋아하는 자는 혀의 열매를 먹으리라(잠 18:20-21).

　여러분은 자신의 말이 만들어 낸 음식을 먹어보고 싶지 않는가?

　잠시 멈추어 생각해 보자. 여러분이 마지막으로 자신의 말로 무언가를 건설하거나 무언가를 바꾸려고 했던 때는 언제인가? 오래전에 여러분이 계획을 갖고 뿌린 말 때문에 무언가를 수확했던 적이 있는가? 우리는 항상 우리가 깨닫는 것보다 훨씬 많은 말의 열매를 수확한다. 하지만 전혀 어쩔 수 없었다는 듯이, 그런 일이 여러분에게 일어나게 내버려 두지 말라. 여러분의 말을 어디엔가 심어 보고, 그것이 얼마나 강력한 영향을 미치는지 지켜보라.

성급하게 가르치지 말라

야고보서 3장의 첫 문장이 무엇인지 기억하는가? "내 형제들아, 너희는 선생된 우리가 더 큰 심판을 받을 줄 알고 선생이 많이 되지 말라"(3:1).

말과 혀에 관한 이 본문 전체가 다른 사람들을 가르치기 원하는 이들에게 주는 경고로 나온다. 말이 오락가락할 때 반드시 필요한 경고다.

몇 해 전, 영국 전역에서 고펀드미GoFundMe 캠페인이 시작되었다. 일반 대중들은 정치인들이 브렉시트Brexit에 대해 했던 모든 말을 광고판에 올리기 위해 크라우드펀딩에 참여했는데, 그 말들이 그들에게 되돌아와서 그들을 내내 따라다녔다. 당시 영국 총리인 데이비드 캐머런은 유권자들이 간단한 선택을 앞두고 있다고 말했다. "저와 함께 강력한 정부를 갖고 안정을 누리겠습니까? 아니면 에드 밀리밴드와 함께 대혼란에 빠지겠습니까?" 데이비드 캐머런이 없었다고 해도, 영국이 브렉시트 과정에서 상당한 불안정 속에서 끝이 보이지 않는 혼란을 헤쳐 나갈 때 이런 말은 얼마나 어리석어 보였던가. 우리가 내뱉는 말과 트위터 포스팅과 보내기 버튼을 눌러 버린 이메일은 모두 우리 손을 떠났고, 이제는 그것들을 거둬들일 수 없다. 내 지메일 계정에는 '전송'을 클릭하고 30초 이내에 이메일을 취소할 수 있는 '실행 취소' 기능이 있다. 덕분에 몇 차례 곤경에서 벗어난 적이 있다. 하지만 이 기능은 30초 동안만 활성화된다.

후회할 말을 하는 것도 문제지만, 만일 우리가 리더이거나 공동체의 교사라면, 말이 갖는 파괴력은 더 심각한 문제다. 네빌 체임벌

린은 "우리 시대의 평화"를 선언한 것으로 유명하지만, 몇 달이 못 되어 유럽은 제2차 세계대전에 돌입했다.

야고보는 시간이 흐르면서 이런 잘못된 말보다 훨씬 나쁜 것이 확산된다고 지적한다. 바로 혀를 통제하지 못하는 성경 교사들이다. 아주 냉정한 사실이다. 혀를 통제하지 못한다면, 다른 일도 통제하지 못할 것이다. 혀를 통제하지 못한다면, 교회 지도자는 엄청난 해를 입힐 수도 있다.

나는 젊은 시절 성경을 가르치는 법을 배우고 싶었고, 배우기만 하면 교회를 이끌 수 있을 것이라고 생각했다. 나는 길을 안내해 줄 일련의 주석과 신학적 기술을 배우고 싶었다. 고귀한 목표였다. 그 후에 하나님은 은혜 가운데 나에게 아내와 아이들을, 그리고 교회와 동료들을 주셨다. 시간이 흐르면서 나는 성경 말씀을 전하는 것은 내게 주어진 사역의 일부분이고, 절제해서 말하는 법을 배우는 것이 또 하나의 사역의 핵심임을 깨닫게 되었다. 하나님이 주신 모든 선한 관계의 선물 속에서 나는 하나님이 내 마음에 역사하셨고, 하나님 앞에 선 인간으로서 내 인격을 빚으셨음을 깨달았다. 하나님이 주신 여러 다양한 포럼을 통해 내가 하는 말이 나에 관해 아주 많은 것을 보여준다는 사실을 깨달았다. 마치 하나님이 오랫동안 이렇게 말씀해 오셨던 것 같다. "가르치는 일은 신경 쓰지 말아라. 네 마음속을 살펴보고 내면을 점검해라."

여러분은 지도자와 설교자가 되고 싶은가? 언젠가 가르치고 싶은가? 그렇다면 기억하라. "선생된 우리가 더 큰 심판을 받을" 것이다(3:1). 그것은 이 사역에 책임이 따르기 때문이다. 어떤 사람이 잘못된 야망 때문에 가르치고 싶은 마음을 먹을 경우 "그런 사람이 가르치는 위치에 서면 가르치는 직무가 그들 자신의 도덕적 위험으로 물들기 때문에, 그들은 더 심각하게 부패할 것이다"는 사실을 야고보는 알고 있다.[2] 하나님의 백성을 먹이기는커녕 도리어 강탈하는 목자들 때문에 자기 백성을 향한 예수님의 사랑은 그토록 강렬하게 불타오른 것이다. 구약 예언자들의 불길은 이스라엘에서 양 떼를 보호하기는커녕 오히려 학대하고 해치는 목자들을 향해 가장 맹렬하게 타올랐다(겔 34장을 보라).

하지만 우리는 여기서도 하나님의 은혜를 주목해야 한다. 야고보는 교사들이 완벽해야 한다고 말하지 않는다. "우리가 다 실수가 많"기 때문이다(3:2).

여러분을 위해 하나님의 말씀으로 수고하는 이들과 교사들을 은혜로 대하라고 당부하고 싶다. 나는 거친 말을 받는 쪽에 있는 것이 무엇인지 아는 목사의 자격으로 당부하는 것이다. 여러분의 목사는 이것을 잘 알 것이다. 강단은 지상에서 가장 외로운 장소일 수 있다. 말을 통해 여러분을 인도하는 이들은 가끔 자신들이 한 말 때문에 넘어지기도 한다. 야고보서는 그들을 향한 은혜의 모델이다.

아무도 혀를 길들일 수 없다. 나는 실수할 수 있고, 여러분도 실수할 수 있다. 야고보는 먼저 우리 모두가 실수한다고 말하고 나서(3:2), 다음 순간에 "형제들아, 이것이 마땅하지 아니하니라"고 말한다(3:10).

이번 장은 우리가 이런 내용을 개인의 삶 속에 어떻게 실천할 수 있는지 깊이 묵상하면서 마무리하는 것이 좋겠다. 야고보는 나중에

"형제들아, 서로 비방하지 말라"고 말할 것이다(4:11). 여러분이 들은 것이든 여러분이 한 것이든, 다른 사람을 비난했던 말 때문에 깨어진 관계가 말을 변화시킴으로써 어느 정도 회복될 수 있다. 모든 사람은 하루 평균 약 16,000개의 단어를 말한다고 한다. 그 가운데 다른 사람을 **비난**하는 말은 몇 개나 될까?

내 생각에, 소셜 미디어에는 '반대'against라는 단어를 부추기는 어떤 요소가 있다는 데 누구나 동의할 수 있을 것이다. 한 예로, 트위터가 존재함으로써 과거와 달리 많은 사람들이 극히 사소한 문제에 대해 너무 빠르게, 너무나 많은 말을 쏟아 내게 되었다. 그런데 트위터의 가장 큰 문제는, 트위터가 오만한 시선과 거짓말하는 입술로 가득한 세계이고, 가식에서 헤어나지 못하게 만드는 구덩이라는 점이다. 남들보다 우월해 보이려고 하거나 사람들의 관심을 끌려고 하면 남과 나를 비교하는 우를 범하게 된다. 이 모든 어리석음이 소셜 미디어에서 너무나 자주 드러난다. 소셜 미디어는 모든 것에 대해 신속한 반응을 요구한다. 소셜 미디어에서 이웃을 자기 몸과 같이 사랑하기는 무척 힘들다.

> 말이 많으면 허물을 면하기 어려우나
>
> 그 입술을 제어하는 자는 지혜가 있느니라(잠 10:19).

> 사연을 듣기 전에 대답하는 자는
>
> 미련하여 욕을 당하느니라(잠 18:13).

말

그런데 가상 세계만큼이나 현실 세계에서도 이렇게 하기는 힘들다.

우리는 야고보서에서 이 모든 행동이 일어나는 장소에 주목해야 한다. 우리가 서로 비난하는 곳은 형제와 자매, 교회 공동체 등 전부 가족 내부다. 이러한 사실은 우리가 집에서 말하는 방식에 대해 생각해 보는 데 도움이 된다. 한 그리스도인으로 성장해 가지만, 정작 가정 안의 영적 은혜는 등한시하기 쉽다.

남편이 아내에게, 아내가 남편에게 하는 말을 돌아보라. 여러분이 오늘 배우자에게 했던 말 중에 비난하는 말이나 칭찬하는 말이 얼마나 되는가?

청년들이 부모에게 하는 말을 돌아보라. 청년들은 "엄마와 아빠 잖아. 무슨 말이든 할 수 있어"라고 생각하기 쉽다. 부모님 앞에서든 뒤에서든, 여러분은 부모를 거역하는 말을 얼마나 많이 했는가?

부모가 자녀들에게 하는 말을 돌아보라. 자녀에게 말할 때 우리는 하나님의 율법 위에서 말해서는 안 된다. 우리는 대화할 때 자녀들에게 결코 하나님의 율법에 미치지 못하는 것을 주지 않아야 한다. 또한 하나님의 율법은 자녀들에게 더 많은 것을 주라고 가르칠 것이다. 즉, 우리는 온유하고 친절하고 자애롭고 너그럽게 말해야 한다.

선한 말은 꿀송이 같아서
마음에 달고 뼈에 양약이 되느니라(잠 16:24).

의인의 혀는 순은과 같거니와(잠 10:20).

온순한 혀는 곧 생명 나무이지만

패역한 혀는 마음을 상하게 하느니라(잠 15:4).

적당한 말로 대답함은

입맞춤과 같으니라(잠 24:26).

경우에 합당한 말은

아로새긴 은 쟁반에 금 사과니라(잠 25:11).

의인의 입술은 여러 사람을 교육하나(잠 10:21).

선한 말이 좋은 음식에 비유되는 경우가 얼마나 많은가. 야고보는 여러분이 이 부분을 읽는 이 순간, 오늘 여러분의 식탁에서 누군가 영양분을 얻고 있는지 궁금해 할 것이다. 바로 오늘 여러분은 다른 사람들이 먹을 수 있도록 풍성한 말의 성찬을 베풀 것이다. 아니, 이미 베풀었을 수도 있다. 그 식사는 풍성했는가, 아니면 먹을 것이 없었는가? 여러분의 말은 독이었는가, 아니면 생명을 주는 향유였는가?

여러분은 누구에게 새롭고 은혜로우며 관대하게 말하겠는가?

여러분이 격려하는 문자나 이메일, 트윗, 메시지, 편지를 보내거나 전화를 해야 할 사람은 누구인가?

이 부분을 읽는 이 순간, 말하려고 하지만 그렇게 해서는 안 될 말이 우리 안에 있지 않은가? 그것을 하나님께 가져가라.

하지 말았어야 할 말을 우리에게 한 사람이 있는가? 그것을 하나님께 가져가라.

야고보는 우리의 말이 어떠해야 하는지 알고 있다. 우리 입에서 나오는 말은 경건한 교훈과 겸손함으로 가르쳐야 하고, 우리 마음에서 자라나기를 갈망하는 그런 성숙을 다른 사람들 안에서도 형성하고 인도하고 일으켜야 한다.

우리의 말은 열매를 맺고, 건강을 가져오고, 아름다움을 선사하고, 의의 씨앗을 뿌리고, 위로부터 오는 지혜를 드러내야 한다.

토론과 개인 묵상을 위한 질문

1. 여러분은 생명을 주면서 동시에 파괴하기도 하는 혀의 힘을 직접 본 적이 있는가?

2. 우리가 말을 다루기 전에 마음을 먼저 다루어야 하는 이유는 무엇인가?

3. "혀는 마음의 발표자다." 말씀을 통해 볼 때, 하나님은 여러분이 어떤 종류의 발표자라고 생각하시겠는가?

4. 여러분은 험담을 하려는 유혹을 더 많이 받는가? 아니면 들으려는 유혹을 더 많이 받는가? 왜 그런가?

5. 바로 오늘, 여러분은 여러분의 말로 누구에게, 어떻게 성찬을 베풀 수 있겠는가?

6

지혜

기독교는 깨어진 마음의 종교다.

J. 그레샴 메이첸, 『기독교와 자유주의』

¹³ 너희 중에 지혜와 총명이 있는 자가 누구냐. 그는 선행으로 말미암아 지혜의 온유함으로 그 행함을 보일지니라. ¹⁴ 그러나 너희 마음 속에 독한 시기와 다툼이 있으면 자랑하지 말라. 진리를 거슬러 거짓 말하지 말라. ¹⁵ 이러한 지혜는 위로부터 내려온 것이 아니요 땅 위의 것이요 정욕의 것이요 귀신의 것이니 ¹⁶ 시기와 다툼이 있는 곳에는 혼란과 모든 악한 일이 있음이라. ¹⁷ 오직 위로부터 난 지혜는 첫째 성결하고 다음에 화평하고 관용하고 양순하며 긍휼과 선한 열매가 가득하고 편견과 거짓이 없나니 ¹⁸ 화평하게 하는 자들은 화평으로 심어 의의 열매를 거두느니라.

4:1 너희 중에 싸움이 어디로부터 다툼이 어디로부터 나느냐. 너희 지체 중에서 싸우는 정욕으로부터 나는 것이 아니냐. 2 너희는 욕심을 내어도 얻지 못하여 살인하며 시기하여도 능히 취하지 못하므로 다투고 싸우는도다. 너희가 얻지 못함은 구하지 아니하기 때문이요 3 구하여도 받지 못함은 정욕으로 쓰려고 잘못 구하기 때문이라. 4 간음한 여인들아, 세상과 벗된 것이 하나님과 원수 됨을 알지 못하느냐. 그런즉 누구든지 세상과 벗이 되고자 하는 자는 스스로 하나님과 원수 되는 것이니라. 5 너희는 하나님이 우리 속에 거하게 하신 성령이 시기하기까지 사모한다 하신 말씀을 헛된 줄로 생각하느냐. 6 그러나 더욱 큰 은혜를 주시나니 그러므로 일렀으되 하나님이 교만한 자를 물리치시고 겸손한 자에게 은혜를 주신다 하였느니라. 7 그런즉 너희는 하나님께 복종할지어다. 마귀를 대적하라. 그리하면 너희를 피하리라. 8 하나님을 가까이하라. 그리하면 너희를 가까이하시리라. 죄인들아, 손을 깨끗이 하라. 두 마음을 품은 자들아, 마음을 성결하게 하라. 9 슬퍼하며 애통하며 울지어다. 너희 웃음을 애통으로, 너희 즐거움을 근심으로 바꿀지어다. 10 주 앞에서 낮추라. 그리하면 주께서 너희를 높이시리라.

11 형제들아, 서로 비방하지 말라. 형제를 비방하는 자나 형제를 판단하는 자는 곧 율법을 비방하고 율법을 판단하는 것이라. 네가 만일 율법을 판단하면 율법의 준행자가 아니요 재판관이로다. 12 입법자와 재판관은 오직 한 분이시니 능히 구원하기도 하시며 멸하기도 하시느니라. 너는 누구이기에 이웃을 판단하느냐.

야고보서 3:13-4:12

여러분이 싫어하는 것은 무엇인가?

브로콜리, 추위나 더위, 야간 근무, 눈, 바람, 언덕, 버섯, 캠핑 마지막 날, 연휴 마지막 날, 삶은 완두콩, 연말 정산, 슈퍼마켓에서 계산대 기다리는 줄을 잘못 선택한 것.

한 걸음 더 나가 보자. 여러분이 싫어하는 것은 무엇인가?

슈퍼마켓 주차장에서 자동차가 파손되었는데 범인은 보이지 않을 때, 에너지 요금 인상 및 세금 고지서, 여러분이 적립한 연금의 가치, 늙어가는 것, 65세에도 여전히 일하는 것.

여러분이 싫어하는 것은 무엇인가?

성범죄, 아동 학대, 인종 차별, 낙태, 차별, 일상적인 불공평과 불공정, 죽음, 암으로 일찍 죽은 착한 사람과 건강하면서 장수하는 악인.

스펙트럼을 넓혀 보면, 분명 여러분이나 나에게 싫어하는 것의 목록이 있겠지만, 그중에 어떤 것도 하나님이 가장 싫어하시는 것, 곧 교만에는 미치지 못한다.

우리는 하나님이 죄와 악을 미워하신다는 사실을 잘 알고 있다. 그런데 교만을 향한 하나님의 미움은 성경 모든 곳에 나타난다. 교만에 대해 하나님의 미워하심은 순수하다. 그 미워하심은 거룩하고, 가장 맹렬하게 불탄다.

"여호와께서 미워하시는 것 곧 그의 마음에 싫어하시는 것이 예닐곱 가지이니"(잠 6:16). 이 목록의 첫째 항목이 "교만한 눈"이다(잠 6:17). 이 어구의 문자적인 의미는 '치켜뜬 두 눈'이다. 우리는 놀라움을 나타낼 때 눈썹을 치켜세운다고 말하지만, 성경은 교만을 암시할 때 눈을 치켜뜬다고 말한다. 예언자 이사야는 "그러므로 주께서 주의

지혜

일을 시온 산과 예루살렘에 다 행하신 후에 앗수르 왕의 완악한 마음의 열매와 높은 눈의 자랑을 벌하시리라"고 말한다(사 10:12). 이것은 거만한 침략자, 교만한 왕, 피조물의 영역에 있으면서 자신이 미치지 못할 신적 위엄의 위치로 자신을 높이는 사람의 눈이다. 피조물이 창조주가 계신 위치에 오르려는 것은 결코 사소한 일이 아니다. 자기 백성 안에서 이런 교만한 눈에 대한 하나님의 반응은 특히 강경하시다. 하나님은 교만을 미워하신다(암 6:8).

이번 장에서 우리는 교만한 마음을 치료하는 야고보의 치료제에 대해 숙고하려고 한다. 하나의 문구로 표현하자면, "지혜의 온유함"이다(3:13). 야고보서 전체는 지혜를 얻는 것과 관련 있다. 야고보서는 어리석은 그리스도인과 어리석은 교회를 위한 지혜서다. 우리에게 문제를 야기하는 것을 고치려고 한다면 우리는 말이나 행동만 고쳐서는 안 되고, 지혜로 우리의 마음을 다시 설정해야 한다.

교회나 세상에서 어떤 일이 잘못되면 우리는 종종 신속한 해결책을 찾는다. A를 하고 B를 하지 말라. 이런 일을 중단하고 저런 일을 시작하라. 우리는 상황을 바로잡을 방법을 찾지만, 야고보의 확고한 신념은 외적인 행동은 지혜로운 마음에서 흘러나와야 한다는 것이다. "너희 중에 지혜와 총명이 있는 자가 누구냐. 그는 선행으로 말미암아 지혜의 온유함으로 그 행함을 보일지니라"(약 3:13).

우리가 읽고 있는 본문 맨 처음과 맨 마지막에서, 야고보는 교만이 하나님께 너무 큰 문제이기 때문에 교만이 우리를 파괴하기 전에 교만을 파괴해야 하고, 온갖 형태의 교만에서 달아나야 한다고 말한다. "그러나 더욱 큰 은혜를 주시나니 그러므로 일렀으되 하나님이 교만한 자를 물리치시고 겸손한 자에게 은혜를 주신다 하였느니라"(4:6). 이것은 분명한 명령으로 이어진다. "주 앞에서 낮추라. 그리하면 주께서 너희를 높이시리라"(4:10).

따라서 우리가 이번 장에서 다루는 주제는 온유한 지혜와 하나님과의 겸손한 관계다. 이 두 가지는 우리 안의 분열된 자아를 치유하려고 할 때 복음의 의학이 우리의 삶에서 나타내는 특징이다. 지혜가 없을 때 우리는, 우리의 본래 모습과 근본적으로 상충되는 어리석은 말과 행동을 계속할 것이다. 겸손이 없을 때, 우리가 주인이라고 고백하는 영광의 주님과 생각이 일치하지 않는다는 것을 계속 보게 될 것이다.

기독교 세계관에서 지혜는 지적이고 실제적인 범주 이전에 윤리적인 범주에 속한다. 지혜는 하나님 앞에서 우리가 어떤 종류의 사람인지와 관련 있다. "지혜는 궁극적으로 겸손의 열매다. 지혜로운 사람이 되는 것, 훌륭한 결정을 내리는 사람이 되는 것은 하나님이 누구이시고 우리가 누구인지 이해할 때만 주어진다"는 것은 고귀한 진리다.[1] 우리가 주님 앞에서 겸손하다면, 우리 영혼은 온전함을 살찌우는 활기찬 지혜를 성장시킨다.

야고보는 이 본문에서 우리에게 네 가지 분리를 제시하는데, 이는 우리가 서 있는 곳을 점검하기 위한 도구다. 우리는 이 네 가지 영역 중 어디에 둥지를 틀었는가? 우리는 어느 쪽 줄에 서 있는가? 우리는 다른 사람들과의 관계에서 어떤 태도를 견지하는가?

지혜

분리 1: 위와 아래 사이에

야고보는 이미 하나님이 주시는 지혜를 언급했고(1:5), 그런 은 사는 "위로부터" 온다고 말했다(1:17). 이제 3:13-18에서 이와 같은 공간적 이미지를 발전시켜 위와 아래 사이, 곧 서로 다른 두 가지 삶의 방식 사이에 분리가 있다고 말한다. 물론 야고보는 이를 분리라고 명시하지는 않지만, 이것은 서로 다른 두 가지 형태의 지혜 사이의 분리다.

세상에는 하늘에 의해 형성된 존재 방식이 있다. "오직 위로부터 난 지혜는 첫째 성결하고 다음에 화평하고 관용하고 양순하며 긍휼과 선한 열매가 가득하고 편견과 거짓이 없나니"(3:17). 세상에는 이것과 극명한 대조를 이루면서 "땅 위의 것"이고 "정욕의 것"인 아래로부터 형성된 생활 방식이 있다. 이런 유형의 "지혜"는 사실 "귀신의 것"이다(3:15).

이 둘 사이에 존재하는 격차에 유의하자. 그 사이에 얼마나 높고 넓은 차이가 있는지 보라. 위로부터 난 지혜의 아름다움이 아래로부터 온 지혜의 추함 및 공포와 대비된다. "시기와 다툼이 있는 곳에는 혼란과 모든 악한 일이 있음이라"(3:16). 그런데 무질서와 반대되는 결실을 거두는 것도 가능하다. "화평하게 하는 자들은 화평으로 심어 의의 열매를 거두느니라"(3:18).

다른 많은 곳과 마찬가지로, 인간의 형통에 대한 야고보의 비전은 다시, 산상수훈에 나오는 예수님의 가르침을 고스란히 되비춘다. "화평하게 하는 자는 복이 있나니 그들이 하나님의 아들이라 일컬음을 받을 것임이요"(마 5:9). 하나님과 비슷해지는 길이 있는데, 그것은 하나님이 행하신 일을 하는 것이고, 아낌없는 은혜와 자비로운 겸손함으로 다른 사람들을 대하는 것이다. 사실 "하늘에 계신 너희 아버지의 온전하심과 같이 너희도 온전하라"는 명령(마 5:48)은 원수를 사랑하라는 명령 바로 다음에 나온다. 그렇게 할 때 우리는 "하늘에 계신 너희 아버지의 아들"이 될 것이기 때문이다(5:44-45).

하나님은 당신께 반대하는 자들을 철저히 관대하게 대하시는데, 이것이 바로 야고보서의 분위기다. 선인과 악인은 분명히 구분된다. 그렇다고 해서 예수님을 따르는 우리가 그들을 대하는 태도를 다르게 해서는 안 된다. 즉, 어떤 이들에게는 친절하게 대하고 또 어떤 이들에게는 무례하게 대해서는 안 된다는 것이다. 그 대신 우리가 복음 때문에 그리고 복음을 통해 모든 사람과 평화롭게 살기 위해 할 수 있는 모든 일을 시도하는 사람이 될 때, 우리의 마음이 하나님께 온전히 헌신되어 있음을 보여준다.

우리 교회의 사역 훈련 목사 벤 트레이너가 교회에서 이 본문으로 설교했을 때, 그는 자신이 자란 에딘버러의 교회에 다니던 한 나이든 신사에 관한 예화로 우리를 사로잡았다.[2] 벤은 이 남성을 여덟 살 때 처음 만났고, 십대가 되어서야 그 남성이 자기 이름으로 많은 책을 저술한 유명한 그리스도인이라는 것을 알게 되었다. 그는 건강한 교회를 목회했고, 중요하고 의미 있는 사역을 이끌었다. 벤은 이 남성과 몇 마디 대화만 나눈 것이 전부였지만 그는 엄청난 인상을 남겼는데, 벤은 야고보서 3:13-18을 발견하기 전까지는 그것을 어떻게 표현해야 할지 몰랐다. 갑자기 벤은 이 본문에서 이 나이든 성

지혜

도의 모습을 보고 있음을 깨달았다. 그는 지혜로움과 경건함이라는 인상을 남겼다. 위로부터 오는 지혜의 모든 속성이 그에게서 흘러나와 회중 안의 작고 여린 학생에게까지 닿았다. 그 남성은 순수했다. 죄가 없다는 의미에서가 아니라 하나님을 온전히 헌신적으로 사랑했기에 다른 사람들을 헌신적으로 사랑할 수 있었다는 의미에서다. 그는 온유했으며, 가치 있는 것으로 되갚을 수 없는 사람들에게도 몸을 굽힐 줄 알았다. 그는 진실했다. 그가 사역의 장에서 살았던 한 평생의 삶은, 온갖 다양한 하나님의 백성과 어울려 살던 삶과 다르지 않았다.

분리 2: 하나님과 세상 사이에

3장 끝부분에서 야고보는 강경한 언어를 사용하지만 4장의 첫 열 절의 강도와는 비교할 수조차 없다. 우리는 이 책을 시작하면서 불륜 문제에 초점을 맞추었는데, 이 문제가 이 구절의 중심에 있다. 우리는 이 본문에서 여러 방식으로 두 마음을 가진 신자와 그와 정반대인 신자, 곧 겸손하고 통회하는 마음을 가진 이들을 향한 야고보의 관점인 핵심에 도달하게 된다.

선line이 있는 곳에는 거의 예외없이 분리가 나타난다. 신자들은 싸움과 다툼으로 서로에게서 분리된다. "너희 지체 중에서 싸우는 정욕"으로 인해 신자들의 내면 안에 혼란이 존재한다(4:1). 악한 열망은 실현될 수 없으며, 이로 인한 갈등은 더욱 심각하게 고조된다

(4:2). 본문에서 사람들은 구하는 것을 얻지 못하고 있다. 하나님께 전혀 구하지 않거나 잘못된 것을 구하기 때문이다(4:2-3). 또한 모든 면에서 이런 행동은 2장의 아브라함과 극명한 대조를 이룬다. 아브라함이 하나님의 벗이라고 불린 이유는, 바로 그의 신실한 행위를 통해 나타났던 것처럼, 아브라함의 믿음이 살아서 활동했기 때문이다(2:22-23). 그런데 여기 본문에서 언급하는 신자들은 하나님께 대한 충성을 맹세할 때조차 하나님의 벗이 아니라 세상의 벗이다. 이렇게 사는 그리스도인들 곧 하나님께 고백하는 말과 반대로, 하나님의 원수들에게 속한 행동과 그분을 닮지 않은 행동을 수용하는 사람들이 간음하는 자들이다.

우리는 야고보서에서 이미 이런 내용을 아주 명확히 보았기 때문에 이 내용을 이해하려고 애쓸 필요는 없을 것이다. 그 대신 나는 하나님의 영광스럽고 은혜로운 반응에 대해 더 많이 말하고 싶다. 4:5 이후로 야고보가 우리에게 알려 주려고 하는 바가 있다. 옛 언약 백성들이 수백 년간 그 길에서 벗어나 "모든 높은 산 위에서와 모든 푸른 나무 아래에서……몸을 굽혀 행음"했을 때와 마찬가지로(렘 2:20), 부정한 하나님의 백성들에 대한 하나님의 반응은 오늘날에도 깜짝 놀랄 만큼 우리의 예상을 넘어선다. 예레미야와 야고보의 언어가 이처럼 강한 이유는, 바로 이 죄가 너무 끔찍하고도 비극적이기 때문이다. 그래서 하나님의 반응은 대단히 드라마틱하다. "너희는 하나님이 우리 속에 거하게 하신 성령이 시기하기까지 사모한다 하신 말씀을 헛된 줄로 생각하느냐"(4:5). 이것은 불륜에 마땅히 내려져야 할 거절의 언어가 아니다. 사실 이것은 관계를 다시 온전

지혜

하게 회복할 방도를 찾는 시기하는 사랑의 언어다.

"시기"jealous라는 단어는 주의 깊게 다루어야 한다. 이 단어가 우리를 묘사할 때면 부정적인 의미를 지닌다. 이 단어는 이기적인 자기 보존의 세계를 묘사하기 때문이다. 바로 "독한 시기"다(3:14). 하지만 여기서 이 단어는 하나님 자신에게 사용되고, 따라서 그분의 완벽한 존재 안에 있는 어떤 악한 것에 대한 표현일 수 없다. 오히려 이 단어는 우리를 향하신 하나님의 사랑의 소유권과 내주하시는 성령을 통해, 예수 안에서 형성된 우리와 하나님의 연합의 현실을 나타낸다. 우리는 **하나님의 것**이다. 바로 이 사실로 인해 우리의 죄는 그토록 끔찍하고, 그분의 사랑은 그토록 엄청난 것이 된다. 하나님은 우리를 포기하지 않으신다. 우리를 향하신 사랑으로 인해 하나님은 우리의 죄를 능히 용서하실 수 있고, 다시 우리를 환대하실 수 있다. "그러나 더욱 큰 은혜를 주시나니"(4:6).

우리의 방종에도 불구하고 회개하라, 긍휼하신 하나님께 돌아오라는 야고보의 부름은 잃어버린 두 아들에 관한 예수님의 아름다운 비유를 생각나게 한다(눅 15:11-32). 둘째 아들은 상한 심령의 회개, 자기를 제대로 평가함으로써 하나님께 돌아가는 귀환의 장면을 보여준다. 반면에 역시나 잃어버린 첫째 아들은 교만한 마음으로 하나님의 자애로운 호의를 받아들이지 못하는 거절의 장면을 보여준다. 은혜에 대한 서로 다른 두 반응으로 한 가족이 나뉜다. 은혜를 향해 달려가거나 은혜를 거부한다.

둘째 아들의 태도는 바로 여기서 우리가 받아들여야 할 태도다. 누가는 둘째 아들이 "스스로 돌이켰다"라고 말한다(눅 15:17). 이것은 그가 정신을 차리고 자신의 이중성을 깨달았다는 표현이다. 회개란 우리가 자신을 제대로 바라보면서 자신을 발견하는 것인데, 마치 밖에서 보는 것처럼 우리 영혼 안의 균열을 보는 그 순간에 일어난다. 회개는 "내가 무슨 생각을 하고 있었지? 내가 어떻게 그런 일을 할 수 있었지?"라고 묻는 순간이다. 그런 이유로 야고보는 "두 마음을 품은 자들아, 마음을 성결하게 하라"고 요청한다(약 4:8). 너희의 나누어진 영혼을 다시 온전하게 하라. 우리가 무엇을 잘못했는지 깨달을 때만 우리는 이렇게 할 수 있다.

둘째 아들은 고백한다. "내가 하늘과 아버지께 죄를 지었사오니"(눅 15:21). 회개란 진실을 고백하는 것이다. "죄인들아, 손을 깨끗이 하라"(약 4:8). 이것은 회개가 아주 간단하지만 또한 아주 힘들다는 의미다. "나는 죄를 지었습니다." 어떤 조건도, 어떤 변명도, 어떤 단서도, 치밀하게 다듬어진 어떤 처세용 진술도 덧붙지 않는다. 둘째 아들은 자기에게 치료가 아니라 구출, 참으로 회복된 관계가 필요하다고 생각한다.

회개는 "만일……했다면 죄송합니다"라고 말하는 것이 아니다. 우리의 사과에, 우리의 회개에 "만일"이라는 작은 단어가 언제든 덧붙는다면, 그것은 진정한 회개가 아니다.

"만일 상처가 되었다면 죄송합니다."

"만일 제 행동에 마음이 상했다면 죄송합니다."

"만일"은 책임을 우리에게서 옮겨다가 우리가 말하는 상대에게 전가하고, 그 과정에서 사과의 진정한 효과를 떨어뜨린다. 진정한 회개는 우리의 행동이 잘못이었음을 아는 것이고, 다른 누구도 동원

지혜

하지 않은 채 잘못했다고 말하는 것이다. 그것으로 끝이다. "만일", "하지만", "혹시"도 붙지 않는다. 우리가 어떤 그림자도, 어떤 속임수도, 어떤 위장도 없이, 빛 속에서 우리 자신에 관해 진실을 말할 때 하나님은 기뻐하신다. 핵심은 바로 이러한 태도가 하늘 아버지의 넓은 품으로 돌아가는 길을 연다는 것이다. "하나님을 가까이하라. 그리하면 너희를 가까이하시리라"(4:8). 은혜의 세계는 이런 종류의 겸손을 기다리고 있다.

이 부분에 대해서는 이후에 조금 더 자세히 다루고자 한다.

분리 3: 여러분과 동료 그리스도인들 사이에

교만의 본질은 태도와 관련이 있다. 거만은 높은 자세이고 겸손은 낮은 자세다. 우리는 10절에서 이것을 명확히 볼 수 있다. 우리가 낮추면 하나님이 높이실 것이다. 관계에서 우리가 겸손하지 않을 때, 우리의 태도도 잘못된다. 11절에서 태도와 관련된 단어를 보라. "서로 **거슬러** 악한 말을 하지 말라." 우리가 얼마나 겸손한지 판단하는 방법 중 하나는, 우리가 말할 때 얼마나 많은 사람을 거스르는지 헤아려 보는 것이다.

"여호와께서 미워하시는 것 곧 그의 마음에 싫어하시는 것이 예닐곱 가지이니"(잠 6:16). 앞서 언급했듯이, 첫 번째는 "교만한 눈"이고, 두 번째는 "거짓된 혀"다(잠 6:17). 교만한 눈 다음에 거짓된 혀가 나오는 것은 우연이 아니다. 교만한 눈은 말의 속임수로 이어지기 때문이다. 나누어진 마음의 교만은 나누어진 악한 말로 표출된다. 그럴 수밖에 없다.

영어 성경에는 11절에 "악한"evil이라는 단어가 있지만 헬라어 본문에는 이 단어가 없다. 이 구절은 간단히 "서로 거스르는 말을 하지 말라"이고, 이런 말은 아주 다양한 형태를 취할 수 있다. 우리는 서로 악한 말을 할 수 있다. 우리는 사실이 아니거나 친절하지 않은 말을 할 수 있고, 그런 말은 누군가를 거스른다. 그런데 마찬가지로, 어떤 사람에 관한 진실을 말할 때도 거스르는 말이 되기 쉽다. 이렇게 말할 때를 생각해 보자. "글쎄, 이런 저런 일에 대해 이런 저런 말을 들어봤어요?" 단어는 전부 진실이지만, 동시에 누군가를 거스른다. 따라서 우리는 진실, 곧 온전히 우리 안에만 담아두고 말할 필요가 없는 진실을 말함으로써 악한 말을 할 수 있다. 우리가 말하는 진실이 형제나 자매를 몰아세운다.

누군가를 모함할 때 혹은 아첨할 때 우리는 악한 말을 할 수 있다. 모함과 아첨의 차이에 대해 잘 알려진 설명이 큰 도움이 된다. 모함이란 우리가 누군가의 면전에서 결코 하지 않을 말을 그 사람 뒤에서 말하는 것이고, 아첨이란 우리가 누군가의 뒤에서 결코 하지 않을 말을 그 사람 면전에서 말하는 것이다. 두 가지 종류의 말이 모두 다른 사람을 거스른다.

여기서 야고보는 누구에게 얘기하고 있는가? 그가 어떤 단어를 사용하는지 살펴보자. "형제들아"(4:11). 가족은 무엇을 위해 존재하는가? 가족은 팔을 붙들어 주면서 곁에, 주위에, 앞에, 함께 있기 위해 있는 것이지 **거스르기**against 위해서 존재하는 것이 아니다. 소중한 독자들이여, 거스르기 위해서가 아니다. "서로 거스르는 말을 하지 말라."

추상적 신학 개념은 모두 훌륭하고 유익하다. 다만 우리의 삶을 실제로 방해하지 않도록 중요한 성경 개념과 적당한 거리를 유지하는 것이 어떤 것인지 우리 모두 알고 있다. 교만하지 말라. 겸손하라. 우리는 이렇게 말할 수 있다. "훌륭합니다. 알겠어요. 야고보 선생님, 고맙습니다. 다음 주 설교를 기대할게요." 하지만 이미 깨달았듯이, 야고보는 그냥 그렇게 하도록 놔두지 않을 것이다.

야고보서는 여러분이 교회에서 예배당 문을 나서는 순간 새가족 환영팀의 어느 멤버가 길을 막고 서서 대뜸 이렇게 묻는 것과 비슷하다. "성도님, 오늘 무엇을 변화시키려고 하나요? 말씀에는 '자랑하지 말라. 진리를 거슬러 거짓말하지 말라'(3:14), 그리고 '하나님은 교만한 자를 물리치고 겸손한 자에게 은혜를 주신다'(4:6)고 되어 있습니다. 이런 말씀을 어떻게 적용하실 건가요?"

"글쎄요, 제가 아직 교회가 좀 낯선데요, 말씀이 조금 지나친 것 같군요."

"그렇지 않습니다. 얘기해 보세요. 무엇을 변화시키려고 하나요?"

그렇게 다그치면서도 해맑은 얼굴을 하고서 여러분을 커피 테이블에 앉히려고 한다.

그 불편한 새가족 환영팀 멤버가 바로 야고보다. 그는 겸손이란 우리가 누군가와 커피를 마시면서 나누는 말에서 혹은 우리가 차를 운전하면서 다른 사람에게 하는 말에서 구체적인 형태를 띤다는 사실을 계속 상기시킨다. 위로부터 오는 지혜와 아래로부터 오는 이기적 야망은, 내일 아침 일정을 정할 때 또는 점심을 먹으면서 은행 잔고를 체크할 때 구체적으로 나타난다. 참된 경건은 바로 **거기**, 우리 삶의 모든 구석구석에서 살고 있다.

분리 4: 여러분과 하나님의 율법 사이에

야고보는 4:11에서 한 걸음 더 내딛는다. 이렇게 할 때 우리는 형제들만 거슬러 말하는 것이 아니다.

여러분보다 두세 살 많은 큰 형이 있다는 것을 알면서 학교 불량배와 운동장에서 마주치는 상황을 생각해 보자. 여러분은 3학년 때 괴롭힘을 당하고 있고, 불량배는 여러분의 큰형이 6학년이라는 것을 모른다. 아마도 여러분은 무릎을 내리치면서 불량배에게 말할 것이다. "나를 괴롭히면, 우리 형도 괴롭히는 거야. 우리 형과 정말로 맞서고 싶지 않겠지?"

야고보는 우리가 비방하는 모든 사람에게 무언가 덧붙어 있음을 깨닫기를 바란다. 우리가 그 사람을 비방한다면, 다른 것까지 비방하는 것이다. "형제를 비방하는 자나 형제를 판단하는 자는 곧 율법을 비방하고 율법을 판단하는 것이라"(4:11). 우리는 이것이 왜 그토록 심각한 문제인지 알기 위해, 야고보가 이 말을 통해 무엇을 지적하려고 하는지 기억해야 한다. "너희가 만일 성경에 기록된 대로 네 이웃 사랑하기를 네 몸과 같이 하라 하신 최고의 법을 지키면 잘하는 것이거니와"(약 2:8). 이웃에 대해 악한 말을 하면 여러분은 이웃을 거스르는 것인데, 이것은 율법을 거스르고, 궁극적으로는 하나님 자신을 거스른다는 의미다. 여러분은 여러분을 사랑하고 비방하지 말라고 나에게 말씀하는 하나님의 선한 율법이 악하다고 말하고 있다. 한술 더 떠서 우리가 율법을 거슬러 악한 말을 한다면, 우리는 율법을 판단하고 있는 것이다. 우리 자신을 하나님의 율법 위에 둔다면, 이것은 어떤 것과도 비교될 수 없는 심각한 태도 문제다.

몇 해 전 나는 벨파스트에서 친구가 운전하는 자동차에 동승한 적이 있다. 친구에게 시속 50킬로미터 구역에서 시속 65킬로미터 이상으로 달리고 있다고 지적하자, 그 친구는 이렇게 말했다. "나도 알아. 하지만 매일 이렇게 해. 항상 그래. 경찰에게 제지당하면, 이 도로 구간은 시속 65킬로미터여야 한다고 말할 참이야. 경찰이 바꿔야 해. 시속 50킬로미터라니 말도 안 돼."

만일 뒤에서 사이렌이 울리고 경찰관이 다가온다면, 내 친구에게 어느 정도 승산이 있다고 생각하는가? 내 생각에는 아주 희박하다.

우리는 율법을 판단할 수 없다. 다만 율법을 행할 뿐이다. 우리는 율법을 준행해야 한다. 야고보는 이것이 전부 태도 문제와 관련 있다고 더없이 명확하게 지적한다. "네가 만일 율법을 판단하면 율법의 준행자가 아니요 재판관이로다"(4:11). 법정에서 판사는 어디에 앉는가? 아주 높은 곳, 우리보다 위에 앉는다. 율법은 우리보다 위에 있고, 우리는 율법 아래 있다.

하나님의 율법에는 조항 자체만으로는 그 뜻을 곧바로 알아차리기 힘들 수 있어도, 그 조항을 자세히 들여다보면 매우 아름다운 속성을 지닌 경우가 있다. 이를테면, 성경이 한 가지를 금지하면 그 반대 행위를 권장한다는 것이다.

"살인하지 말라"는 생명을 사랑하라는 의미다.

"우리를 시험에 들게 하지 마소서"는 우리를 의로 인도하신다는 뜻이다.

"간음하지 말라"는 부부의 정절을 소중히 여기고 사랑하라는 뜻이다.

"서로 비방하지 말라"는 의미도 분명하다. 곧 서로를 위해, 서로에게, 서로와 서로에 대해 선한 말을 하고, 서로 좋게 말하라는 뜻이다.

핵심은 이것이다. 우리가 실제로 율법의 반대를 실천하지 않는다면, 율법을 문자적으로 지킬 수 있을지 모르지만, 율법을 주신 하나님께 온전히 순종하는 가운데 사랑의 삶을 살라는 율법의 본래적 원리를 깨닫지 못한 것이다.

하나님의 거룩한 율법에 대한 이러한 깊은 이해의 유쾌한 예가 『웨스트민스터 대교리문답』에 나온다. 십계명 중 제9계명은 이렇다. "네 이웃에 대하여 거짓 증거하지 말라"(출 20:16). 『대교리문답』은 아주 놀라운 방법으로 이 계명의 의미를 파고든다.

문 144: 제9계명에서 요구되는 의무는 무엇인가?

답: 제9계명에서 요구되는 의무는 사람과 사람 사이의 진실과 이웃의 좋은 평판을 우리 자신의 것과 같이 보호하고 고취하는 것이다. 진실을 위해 나서서 옹호하고, 재판과 정의의 문제에 있어서나 다른 모든 일에 있어서 마음으로부터 우러나와 성실하고 자유롭고 분명하고 충분하게 진실, 오직 진실만을 말하는 것이다. 우리 이웃을 관대하

게 평가하는 것이고, 이웃의 좋은 평판을 사랑하고 열망하고 기뻐하는 것이며, 그들의 결점을 슬퍼하며 덮어 주는 것이고, 이웃의 재능과 미덕을 너그럽게 인정하면서 그들의 결백을 옹호하는 것이고, 이웃에 관한 좋은 소문을 기꺼이 받아들이고 나쁜 소문을 흔쾌히 인정하지 않는 것이다. 고자질하는 자와 아첨하는 자와 중상하는 자들에게 맞서고, 우리 자신의 좋은 평판을 사랑하며 보호하고, 필요할 때 이를 옹호하는 것이고, 정당한 약속을 지키는 것이며, 무엇이든 참되고 정직하고 사랑스럽고 좋은 평판을 가진 것을 연구하고 실천하는 것이다.[3]

이것은 하나의 계명에서 나온 한 가지 예일 뿐이다! 우리가 하나님의 율법의 명령에 능동적으로 불순종하면서 율법이 요구하는 책임을 수동적으로 외면한다면, 자신을 하나님의 율법 위에 두는 것임을 깨달아야 한다.

"네 이웃을 네 몸과 같이 사랑하라." 맞는 말이다. 하지만 나는 이 말씀을 들은 후 어느 날 길을 걷다가 하나님이 걸음을 멈추게 하신다면, 그 이웃이 너무 멀리 있어서 사랑하기 힘들다고 말씀드릴 계획이다. 야고보가 우리를 어디로 데려가는지 눈여겨보자. 형제들과 같은 수준에서 시작하여 형제들을 비난하는 곳으로, 그다음에 형제들보다 위로, 이제는 하나님보다 높은 곳에 있다.

하나님이 "네 이웃을 네 몸 같이 사랑하라"고 말씀하실 때 그렇게 말씀하실 권리가 하나님께 있고, 그런 행동이 나와 이웃을 위한 최고의 태도라고 말씀하실 권리가 하나님께 있다. 내가 누구라고 감히 "아니요, 사양합니다. 친애하는 하나님, 자리에 앉아 계시면 제가 결정할게요!"라고 말할 수 있는가? 내가 누구라고 감히 하나님의 자리를 차지하고 이웃을 판단할 수 있는가? 교만의 본질 자체가 살신殺神이다. 하나님을 살해하는 행위이고, 하나님을 대신하는 행위다. 교만은 궁극적 쿠데타이고, 결정적 반역 행위다. 단순히 규범집, 율법을 찢는 것이 아니라 그것을 주신 분을 대신하려는 행위다.

어느 유명 배우가 개인적으로 버킹엄 궁전을 관람한 적이 있다. 전하는 바에 의하면, 그가 알현실로 안내되었을 때 그는 사진을 찍으려고 여왕의 왕좌에 앉았다. 그것은 왕실 예법을 심각하게 위반하는 행위였다. 그는 무엇으로 왕위를 넘보았는가? 오만한 눈이다.

에덴 동산에서 금지된 열매를 맛보았을 때 아담과 하와에게는 어떤 특이한 점이 있었는가? 바로 기세 등등한 시선이다.

우리는 자기 자신을 높이지만 하나님은 그것을 싫어하신다. 하나님의 영광은 서로에게 나누어지고 공유된다.

다시 예수께 돌아오라

이웃을 판단할 권한을 가진 유일한 분은 하나님이시다. 이것이 바로 야고보가 하는 말이다. "입법자와 재판관은 오직 한 분이시니"(4:12). 하나님은 나를 판단하실 신적 권한을 가진 유일한 분이시다. 그런데 하나님은 나에게 어떤 일을 하셨는가? 하나님은 나의 죄에 합당하게 나를 대하셨는가? 아니면 은혜와 긍휼로 나를 대하셨

175   지혜

는가?

하나님이 우리를 꾸짖으며 말씀하셨던 모든 것을 생각해 보자. 그분은 진리의 하나님이시다. 알다시피, 하나님은 악한 것을 말씀하실 수 없고 오직 진실만 말씀하신다. 하지만 만일 하나님이 여러분에 관한 모든 진리를 내가 들을 수 있도록 큰소리로 말씀하신다면 어떨까? 아마 대부분은 여러분에게 불리한 말들이 딸려 나올 것이다. 하나님이 나에 관한 진리를 선포하시더라도 마찬가지일 것이다. 나의 모든 생각과 죄와 교만, 이 모든 것을 큰 소리로 말씀하신다면 수치심과 죄책감으로 쌓은 참담한 성이 될 것이다.

은혜의 복음이 여기 있다. 하나님은 결코 다른 사람에게 우리에 대해 굴욕적으로 말씀하지 않으신다. 그 대신 하나님은 우리의 죄를 용서하시고, 우리의 범법 행위를 덮으신다. 그분의 은혜와 긍휼하심은 무한한 바다와 같다. 우리의 모든 죄와 범법 행위는 갈보리로 옮겨져 처벌되었고, 주 예수의 죽으심으로 제거되었다. 하나님은 우리의 모든 죄를 망각의 바다에 묻으신다. 하나님은 겸손하게 회개하는 죄인들에게 은혜를 베푸신다. 엄위로우신 여러분의 재판관이 구주와 친구, 형제가 되신다.

이것을 우리가 하는 일과 비교해 보자. 우리는 이웃의 죄를 가져다가 그중에서 골라내 들추고, 그런 다음 큰소리로 말한다. 우리는 은밀하게 즐기면서, 다른 사람들의 더러운 빨랫감을 가져다가 모두가 볼 수 있도록 말로 전시한다.

야고보는 우리가 누구라고 생각하는지 알기 원한다. 재판관인가, 형제인가? 현실에서 우리는 그토록 형편없는 재판관이자 거친 비판자, 무자비한 이웃이 된다. 미로슬라브 볼프Miroslav Volf가 말했듯이, 사실 "용서를 간신히 해내는 이유는……죄인들의 공동체에서 나를 제외하기 때문이다."[4]

이 책을 읽으면서 우리가 할 수 있는 최고의 일은, 다만 그분을 경탄하고 경배하는 일일 것이다. 하나님이 우리에 관한 진실을 가져다가, 주 예수의 죽음을 통해 십자가 위에서 그 대가를 전부 지불하셨기 때문이다. 겸손은 여기서부터 자라난다. 겸손은 예수님 안에서 우리에게 베푸신 하나님의 은혜에서 나온다. 우리는 교만을 죽이지 않은 채 말을 바꿀 수 없다. 또한 우리는 그리스도에게서 멀리 떨어져 있으면서 교만을 죽일 수 없다. 그러므로 주님 앞에서 스스로 겸손하라. 그러면 하나님이 높이실 것이다.

여러분은 오토 폰 합스부르크 대공의 아름다운 장례식 이야기를 아는가?

2011년에 사망한 오스트리아의 마지막 황태자, 오토 폰 합스부르크의 유해는 빈에 있는 카푸친 교회의 황실 묘지에 안치되었다. 그는 조상들과 함께 눕기 위해 그곳으로 옮겨졌다. 황실의 일원을 위한 장례 행렬이 진행되는 동안 교회 입구에서 대화가 오간다.

의전관이 문을 세 번 두드린다.

수도원 원장 누가 여기 들어오기 원하는가?

의전관 오스트리아의 오토입니다. 그는 한때 오스트리아-헝가리의 황태자요, 헝가리와 보헤미아, 달마티아, 크로아티아, 슬라보니아, 갈리시아, 로도메리아와 일리리아의 왕자요, 토스카나와 크라쿠프의 대공

177

이요, 로렌느와 잘츠부르크, 스티리아, 카린시아, 카르니올라, 부코비나의 대공이며, 트란실바니아의 대군, 모라비아의 후작이요, 상부와 하부 실레지아, 모데나, 파르마, 피아첸차, 구아스탈라, 오시비엥침과 자토르, 테셴, 프리아울, 두브로브니크와 자다르의 공작이요, 합스부르크와 티롤, 키부르크, 고리치아와 그라디스카의 백작이며, 트렌트와 브릭센의 왕자요, 상부와 하부 루사티아와 이스트리아의 후작이요, 호에넴스, 펠트크릭, 브레겐츠, 손넨버그 등의 백작이요, 트리에스테, 코토르와 윈딕 마치의 군주, 세르비아 왕실 소유지의 대장군 등이었습니다.

수도원 원장 우리는 그를 모른다.

의전관이 다시 세 번 두드린다.

수도원 원장 누가 여기 들어오기 원하는가?

의전관 오토 폰 합스부르크 박사입니다. 그는 범유럽 연합 의장이자 명예 의장이고, 유럽 연합 의회의 의원이자 이전 의장이며, 여러 대학교의 명예 박사이고, 중앙 유럽의 많은 도시들의 명예 시민이며, 유서 깊은 수많은 학술원과 연구소의 회원이고, 정의와 인권, 인류의 자유를 위한 그의 오랜 투쟁을 치하하여 여러 국가와 교회가 수여한 고귀한 명예와 상, 메달의 수상자입니다.

수도원 원장 우리는 그를 모른다.

의전관이 세 번 더 두드린다.

수도원 원장 누가 여기 들어오기 원하는가?

의전관 유한한 죄인, 오토입니다.

수도원 원장 이제 그를 들여보내라.[5]

우리 자신을 죽음만이 아니라 온전한 생명 속에서 볼 수 있는 한 가지 길이 있다. 그 길이 우리를 온전하게 만들 것이다.

토론과 개인 묵상을 위한 질문

1. 하나님이 교만을 그토록 싫어하신다는 것이 놀랍지 않은 가? 야고보는 하나님이 교만을 싫어하시는 이유가 무엇이라고 설명하는가?

2. 교만은 최근 여러분의 말이나 행동에서 구체적으로 어떻게 나타났는가?

3. 형제나 자매를 "비방하는" 것이 하나님의 율법을 판단한다는 의미인 이유는 무엇인가?

4. 은혜의 복음은 어떻게 우리를 겸손하게 만드는가?

5. 하나님이 우리에게 말씀하시는 방식은 우리가 말하는 방식과 얼마나 다른지 여러분 자신의 말로 설명해 보라.

지혜

7

예단 豫斷

누군가 스무 살의 나에게 인생은 아주 짧고
순식간에 지나갈 것이라고 말했다면, 나는 믿지 않았을 것이다.
만일 내가 여러분에게 그렇게 말한다면, 여러분도 믿지 않을 것이다.
젊은이들에게 인생이 얼마나 짧은지,
인생이 얼마나 빨리 지나가는지 이해시킬 재간이 나에게는 없다.

빌리 그레이엄, 채플 설교, 남침례교 신학교, 1982년

[13] 들으라. 너희 중에 말하기를 오늘이나 내일이나 우리가 어떤 도시
에 가서 거기서 일 년을 머물며 장사하여 이익을 보리라 하는 자들
아, [14] 내일 일을 너희가 알지 못하는도다. 너희 생명이 무엇이냐. 너
희는 잠깐 보이다가 없어지는 안개니라. [15] 너희가 도리어 말하기를
주의 뜻이면 우리가 살기도 하고 이것이나 저것을 하리라 할 것이거
늘 [16] 이제도 너희가 허탄한 자랑을 하니 그러한 자랑은 다 악한 것이
라. [17] 그러므로 사람이 선을 행할 줄 알고도 행하지 아니하면 죄니라.

야고보서 4:13-17

181   예단

몇 해 전, 나는 처음으로 야고보서 전체를 설교했다. 나를 비롯한 다른 사람들에게 이 본문만큼 깊은 영향을 끼친 부분은 거의 없었다. 우리는 나이든 세대의 신자들이 편지나 이메일에 "하나님의 뜻이라면"이라는 어구를 자주 넣는다는 사실에 대해 깊이 생각했다. 많은 사람들은 훨씬 더 오래된 전통의 라틴어 형태인 *D.v.*를 사용하는데, 이는 '데오 볼렌테'*Deovolente*, "하나님의 뜻이라면"의 축약형이다. 우리는 어째서 그토록 성급하게 인생의 주인이라고 생각하는지 교회 공동체 전체가 곰곰이 따져 보았다. 하나님의 말씀을 함께 경청하면서 우리는 삶의 모든 영역에서 하나님의 손 아래서 겸손하기로 다짐했다.

낯익은 교훈 아닌가?

곧이어 2020년 3월, 코로나19 바이러스가 나의 주변 세계를 무너뜨렸다. 여러분도 마찬가지였을 거라고 짐작한다. 결국 "하나님의 뜻이라면"이라는 생각을 정말로 믿고 깊이 사랑해야 할 순간이 왔는데, 일상의 상실에 그토록 엄청난 충격을 받은 이유가 무엇일까? 내 계획의 대대적인 변경은 어째서 그토록 엄청난 충격으로 다가왔을까?

팬데믹은 우리 모두에게 그렇게 찾아왔다. 충격과 놀라움이 분노와 슬픔으로 바뀌던 처음 몇 주간을 돌아보자. 우리는 다이어리에서 일정을 지우기 시작했고, 그 해를 위해 그리고 우리 인생을 위해 세운 최상의 계획은 볼링핀처럼 우수수 쓰러졌다. 우리가 그토록 어이없이, 완전히 허를 찔린 이유는 무엇일까?

내 생각에 그 대답은, 우리가 인생을 살아갈 때 세상은 거짓 이야기를 믿도록 마냥 우리를 계속 속이기 때문이다. 우리는 우리 자신과 세상의 존재 방식에 관한 거짓 관점에 사로잡힌다. 우리의 머리와 성경은 "하나님의 뜻이라면"이라고 말할지 모르지만, 우리는 "나의 뜻대로. 내가 주인이니 내가 결정하겠어"라고 말하는 세상의 공기에 젖어 산다. 그때 2020년은 건물을 부수는 쇳덩이처럼 우리의 삶에 들어와 우리가 얼마나 쉽게 그 거짓말을 믿었는지 보여주었다. 우리는 자신이 주인이라고 예단하고, 그래서 계획을 세울 수 있다고 예단한다.

단언컨대, 우리는 여기서 근본 문제를 쉽게 볼 수 있다. 바로 교만이다. 이런 태도는 다른 누구도 아닌 바로 내가 내 운명의 주인이라고 말한다. 그래서 야고보서 4:10부터 마지막까지 야고보는 정말로 한 가지 주제만 다루는데, 그것은 바로 겸손한 삶의 내용과 특징이다. 야고보는 우리에게 겸손한 사람의 말을 보여주었다(4:11-12). 이제 그는 겸손한 사람의 다이어리를 보여주려고 한다(4:13-17). 다음에는 겸손한 사람의 지갑을(5:1-6), 그리고 마지막에는 겸손한 사람의 고난을(5:7-20) 보여줄 것이다.[1]

이 장에서 야고보서 4:13-17을 숙고하면서, 나는 교만의 명맥을 유지하기 위해 끊임없이 애쓰는 세상의 공기 파이프를 두 개의 무거운 모루로 내리칠 것이다. 우리가 여기서 읽는 내용이 그 파이프를 차단하는 역할을 할 수 있기를 바란다. 야고보는 그 대신 우리가 실재에 관한 하나님의 말씀의 진리를 호흡하기를 바란다. 그 진리는 매우 단순하고 심지어 냉정하지만, 그 단순함 속에서 온전함이 발견될 것이다.

우리 자신이 하나님의 손 안에 있는 것을 보면서 그 진리가 위로와 생명을 준다는 것을 깨닫기 바란다.

자신이 누구인지 잊은 채 여러분의 삶을 계획하지 말라

이 단락은 우리가 일상적으로 다이어리에 쓰는 말들로 시작된다. "오늘이나 내일이나 우리가 어떤 도시에 가서"(13절). 어디를 갈지, 무엇을 할지, 언제 그 일을 할지 등은 누구나 맞닥뜨리는 매일의 일정과 일상적인 결정이다. 우리는 날마다 희망과 계획과 꿈을 품는다. 야고보는 우리 모두 잘 알고 있는 월간 계획표에서 우리를 데리고 나와 우리가 항상 잊고 지내는 큰 그림 하나를 보여줌으로써 우리의 거품을 터뜨려 버린다. "내일 일을 너희가 알지 못하는도다. 너희 생명이 무엇이냐. 너희는 잠깐 보이다가 없어지는 안개니라"(4:14).

여러분에게 묻고 싶다. 지금 이 책을 읽는 동안, 여러분은 자신이 누구인지 잊었는가? 여러분은 잠깐 동안 여기 머무는 안개다. "잠깐 보이는"이라니, 놀라운 표현 아닌가? 하나님의 뜻이라면 아마 우리는 이 세상에 7, 80년 정도 머물 수 있다. 그 뒤에 우리는 모두 사라질 것이다. 이 사실을 잊는 이유는 우리가 실제로 자기 자신보다 더 훌륭하다고 여기기 때문이다.

2007년 3월 4일로 돌아가 보자. 여러분은 그날 밤에 안개가 끼었는지 기억하는가? 나도 기억나지 않는다.

여러분은 2015년 9월 13일 아침에 맺혀 있던 풀잎의 이슬을 기억하는가? 보기만 해도 경이로운, 신선하고 매력적이며 신비로운 이슬이었다. 기억나는가? 정말로 여러분은 그 이슬, 특별했던 그 이슬을 기억하는가? 물론 아닐 것이다. 아마 여러분은 눈여겨보지도 않았을 것이다. 그리고 이미 사라지고 없다.

야고보는 우리가 누구인지 알기를 바란다. 안개다! 이곳에 단 1분간 있다가 다음 순간 사라지는 안개와 같다. 우리가 사라져도 세상은 우리 없이 계속될 것이다.

최근에 나는 꼭대기 층이 안개로 둘러싸인 아주 높고 웅장한 고층 건물의 사진을 보았다. 이것은 우리가 누구인지 보여주는 훌륭한 시각 이미지다. 우리는 이 두 가지를 거꾸로 뒤집어서 살고 있기 때문이다. 우리는 자신이 고층 건물이라고 생각하지만, 하나님은 우리가 안개라고 말씀하신다. 우리는 우뚝 서 있다고 생각한다. 우리는 여러 곳에서 중요한 인물이 되고자 일을 성취하고, 무언가를 하려고 한다. 나는 참나무이고, 섬이고, 화강암으로 만들어진 성이요 요새다. 우리는 주인과 지휘관, 파트너 혹은 회사 대표가 되기 원한다. 책임을 맡은 사람 말이다.

분노와 눈물의 이 땅 너머에서
어둠의 공포만이 어스름하다.
또한 오랜 재앙의 세월이 흘러도
나는 두려움에 떨지 않으리라.
비록 문이 좁을지라도,

아무리 많은 형벌이 기다릴지라도 중요치 않다.

나는 내 운명의 주인,

나는 내 영혼의 선장.[2]

그런데 하나님은 무엇이라고 말씀하시는가? 너는 안개요, 수증기다.

인생은 그 날이 풀과 같으며

그 영화가 들의 꽃과 같도다.

그것은 바람이 지나가면 없어지나니

그 있던 자리도 다시 알지 못하거니와(시 103:15-16).

여러분의 고조할아버지의 성함은 무엇인가? 그분은 무엇을 사랑했고, 무엇을 싫어했는가? 그분은 무슨 일을 했고, 무엇을 성취했는가?

우리 중에는 이 내용을 이해하기 무척 힘든 사람이 있을 것이다. 젊은 시절에는 자신이 영원히 죽지 않을 것처럼 느낀다. 나는 결코 죽지 않을 거야. 여러분은 학생이나 대학생일 수도 있고, 직장을 구하거나 결혼을 하려거나, 어쩌면 얼마 전 가정을 꾸렸을 수도 있다. 세상은 나의 둥지다. 그런데 야고보는 사실 우리가 시간을 떠다니다가 순식간에 사라질 안개라고 말한다.

우리 중에는 이 글을 읽으면서 이렇게 생각하는 사람도 있을 것이다. "눈을 감았다가 떴을 뿐인데, 이제 늙은 몸이 되었습니다!"

야고보는 우리를 우울하게 만들려고 하는 것은 아니다. 야고보는 우리를 겸손하게 하려는 것이다. "주 앞에서 낮추라. 그리하면 주께서 너희를 높이시리라"(4:10). 짧은 인생은 피조물 안에 겸손함을 기르시는 하나님의 가장 효과적인 도구 중 하나다.

여러분은 세상에서 죽음보다 더 비참한 일이 있음을 아는가? 죽는 것보다 더 비참한 일은, 내가 죽는다는 사실을 깨닫지 못한 채 살아가는 것이다. 나는 세상에 왔다가 갈 테지만 세상은 내가 여기 있었다는 것조차 기억하지 못한다는 사실을 깊이 깨닫지 못한 채 말이다.

우리가 이 말에 분노하거나 우울해진다면, 아마도 그것은 교만이 추악한 머리를 쳐들고 있기 때문이다. 어쩌면 이것은 피조물이 일어나 창조주처럼 되려고 하면서, 살아 계신 유일한 한분 하나님만이 불멸의 왕이신데도 하나님처럼 되려고 하는 것이다. 하나님의 보좌에 앉으려고 하는 것은 나 자신의 한계를 벗어나는 일이다.

이 책을 저술하는 동안 팝 스타 세라 하딩은 "나는 한 번 더 크리스마스를 맞지 못할 것"이라는 비극적인 말을 남김으로써 뉴스 헤드라인을 장식했다. 과거 걸스 얼라우드의 싱어가 유방암을 진단받았고, 암은 몸의 다른 부위로 전이되었다. 세라 하딩의 진단과 치료는 팬데믹으로 인해 중단되었고, 그녀는 짧은 여생을 받아들이는 법을 배우고 있었다. 세라 하딩은 2021년 9월 5일에 사망했다.

세라 하딩의 이야기를 듣고 보니 만일 내가 내년까지 살지 못한다는 사실을 알게 된다면, 올해 나에게 어떤 변화가 생길지 궁금하긴 하다. 솔직히 말해서 내가 내년까지 살지 못할 수도 있다는 가능

예단

성은 거의 상상이 되지 않는다. 나는 삶이 중단되지 않고 앞으로 계속 펼쳐질 거라고 예단한다. 야고보는 나를 일깨우기 위해, 그리고 이것은 내가 받은 선물이 아니라는 것을 일깨우기 위해 이 말씀을 기록했다.

여러분은 몸의 호흡을 당연하게 여기고 있지 않은가? 친구들이여, 덧없는 사소한 것에 낭비하기에 인생은 너무 짧다. 여러분은 여러분의 삶으로 무엇을 하려고 하는가? 여러분 자신에게서 또는 여러분의 소유물 중에서 무엇을 다른 사람들에게 기쁘게 주겠는가? 여러분의 시간과 돈, 자원으로 여러분이 하겠다고 선택한 일 때문에, 올해 하나님의 영원한 나라에 어떤 차이가 생길까?

자신이 누구의 것인지 잊은 채 내일을 계획하지 말라

"너희가 도리어 말하기를 주의 뜻이면 우리가 살기도 하고 이것이나 저것을 하리라 할 것이거늘"(4:15). 물론 야고보는 계획에 반대하지 않는다. 우리가 이 일이나 저 일을 하겠다고 말하는 것은 여전히 신앙생활의 한부분이다. 계획은 좋은 것이다. 계획에 실패하면 실패를 계획하는 것이고, 그러면 끝이다. 성경이 반대하는 것은 다이어리 때문에 우리 모두가 무신론자가 되는 것이다. 야고보는 하나님을 위해 주일을 지키지만 월요일부터 토요일까지 나를 위해 생활하는 그런 종류의 자기만족에 반대한다. 이런 식의 계획을 세운다는 것은, 그 일이 일어나지 않을 때 나의 계획에 어떤 차이가 생길지 전혀 고려하지 않는다는 의미다.

15절에 있는 결정적 요소에 주목하자. 우리 모두가 혼자서 내일을 계획할 때 우리가 누구를 잊는지 살펴보자. 바로 주님이다. "주의 뜻이라면……"이라는 고백에 어긋난다.

야고보는 우리를 오만함에서 낮은 곳으로 끌어내린다. 야고보의 목적은, 하나님이 쓰고 계신 세상의 이야기에서 우리는 등장인물일 뿐, 우리 자신이 극작가가 아니라는 깨달음을 영혼 깊숙이 심어 주는 것이다. 하나님이 작가, 극작가, 모든 세계사의 영광스러운 그림을 그리는 화가이시다. 이 그림의 중심에 보좌가 있고 그 위에 한 왕이 계신데, 그 왕은 여러분이나 내가 아니다. 바로 영광의 주님, 주 예수 그리스도가 왕이시다. 세상은 우리가 아닌 그분을 위한 것이고, 그분에 관한 것이다.

나는 여러분이 이러한 겸손을 알고 있는지 궁금하다. "하나님의 뜻이라면"이라고 얼른 말하는 그런 겸손이 아니라, 내가 사라지지 않는 것은 주님의 긍휼 때문이라고 고백하는 그런 겸손 말이다. 오늘 아침 침대에서 나오면서 내 발이 바닥에 닿았다면, 그것이 긍휼이다. 또한 오늘 내 주위에 있는 모든 것은 내가 헤아릴 수 있는 것보다, 더 나아가 내가 가진 자격보다 훨씬 큰 긍휼이다.

트리니티 교회에서 우리는 매년 새해를 시작하면서 『하이델베르크 교리문답』에 있는 첫째 주일의 질문 1과 2를 다 함께 고백한다. 여러분이 이 내용을 모른다면, 성심껏 암송할 만한 가치가 있다. 우리가 함께 고백할 때마다 나는 매번 강단에서 큰소리로 외치고 싶다.

문 1: 사나 죽으나 당신의 유일한 위로는 무엇입니까?

답: 나는 사나 죽으나 나의 것이 아니고, 나의 몸과 영혼이 모두 신실하신 나의 구주 예수 그리스도의 것이라는 사실입니다. 주님은 보배로운 피로 나의 모든 죗값을 온전히 치르셨고, 마귀의 권세로부터 나를 자유롭게 하셨습니다. 하늘에 계신 아버지의 뜻이 아니고는 내 머리에서 머리카락 하나도 떨어지지 않을 만큼 주님은 나를 지켜보십니다. 실로 모든 것이 나의 구원을 위해 협력합니다. 내가 그분의 것이기 때문에 그리스도께서는 성령을 통해 나에게 영생을 보증하시고, 이제부터 내가 전심으로, 기꺼이, 선뜻 주님을 위해 살게 하십니다.

문 2: 이러한 위로를 기뻐하면서 살고 죽기 위해 당신이 알아야 할 것은 무엇입니까?

답: 세 가지입니다. 첫째, 나의 죄와 불행이 얼마나 큰지, 둘째, 내가 어떻게 나의 모든 죄와 불행에서 자유롭게 되는지, 셋째, 이러한 구원을 주신 하나님께 내가 어떻게 감사드릴지 알아야 합니다.[3]

이 고백은 수백 년을 내려오면서 여러 세대 신자들에게 자양분을 공급했다. 그것은 이 고백이 몇 개의 짧은 문장을 통해 우리의 주인이신 주님의 영광의 구체적인 내용을 채우기 때문이다. 우리를 위한 주님의 돌보심은 지극히 포괄적이다. 우리의 모든 부분이 주님의 것이다. 이것은 구주이신 예수님, 곧 우리를 죄로부터, 악마로부터, 미래의 한 구석에 놓여 있을지 모르는 것에 대한 두려움으로부터 우리를 자유롭게 하신 궁극적 구원자에 대한 묘사다.

구원받는다는 것은 더없이 비길 데 없는 느낌이다. 최근에 우리는 큰 아이들과 함께 영화 「설리: 허드슨 강의 기적」을 보았다. 톰 행크스가 기장 체슬리 '설리' 설런버거로 출연했는데, 그는 새 때문에 양쪽 엔진이 모두 꺼진 뒤에도 US 에어웨이즈 1594편을 허드슨 강에 성공적으로 착륙시킨 조종사였다. 우리는 이야기의 결말을 알고 있었음에도 영화는 흥미진진했고, 아이들은 말 그대로 손에 땀을 쥐면서 영화를 보았다. 영화가 끝나고 엔딩 크레딧에서 사건의 실제 영상 클립이 나오자 눈시울이 뜨거워졌다. 거의 확실한 죽음에 정면으로 맞닥뜨렸다가 마침내 목숨을 건지고 온전한 삶을 되찾은 사람들을 보는 것은 더없이 놀라운 일이다. 이 영화는 이런 장면만으로도 볼만한 가치가 있다.

우리는 그리스도인으로서 예수님과 함께하는 삶이 이와 같다는 사실을 너무 쉽게 잊는다. 우리는 그 비행기에 탄 승객과 비슷하다. 비행기가 허드슨 강으로 하강할 때 얼음으로 뒤덮인 무덤에 들어갈 줄로만 알았다가 충돌로 인한 약간의 진동 후에 살아나게 되었음을 서서히 깨닫게 되는 것이다. 누군가 그들을 구원했다. 이것이 우리가 가진 "사나 죽으나 유일한 위로"다.⁴ 나의 위로는 나 자신의 계획이나 내가 인생에 대해 갖고 있는 허망한 통제에 있지 않다. 나의 위로는 나의 생명을 위해 자기 생명을 바치신 영광의 주님께 속해 있을 때 임한다. 내일 무슨 일이 벌어지든지 주님은 뜻을 가지고 계시고, 주님이 뜻하시는 바는 나의 유익과 그분의 영광을 위한 것이다.

확신하건대, 여러분의 삶에 바로 지금 여러 가지 상당한 불확실성이 있을 것이다. 어쩌면 불확실성이 미래에서 현재까지 길고 어두운 그림자를 드리우고 있을지 모른다.

어쩌면 불확실성은 직업과 관련된 것일 수 있다. 직업을 찾거나 직업을 유지하거나 직업에 만족하는 것이 불가능해 보일 수도 있다. 하지만 여러분은 주 예수의 것이고, 그분은 여러분을 지켜보신다.

어쩌면 어떤 관계가 막 시작되면서, 여러분은 낙관적 기대와 기쁨으로 가득하지만, 거기에 불안감이 도사리고 있을지 모른다. 어쩌면 아주 소중한 관계가 막 깨져 버려서 내일부터는 홀로 견딜 수 없는 외로움을 느끼게 될지도 모른다. 하늘에 계신 아버지의 뜻이 아니면 우리의 머리카락 하나도 땅에 떨어지지 않는다. 예수님이 우리를 지켜보고 계시기 때문이다. 예수님은 선한 목자, 인자한 주인, 온유한 구주, 우리를 사랑하고 잘 아는 분이시고, 우리에게 무엇이 최선이고 올바른지 잘 아신다.

우리가 어떤 불확실성에 맞닥뜨리고 있든지, 한 가지 건강한 영적 훈련은 우리 자신의 내적 감사 계측기를 점검하는 것이다. 우리는 모두 감사 계측기를 갖고 있다. 그것은 우리의 주요한 감정 통제 장치다. 나는 날카로운가? 아니면 감사하는가? 우리가 누구의 것인지 깊이, 온전히, 기쁘게 알 때 일어나는 한 가지 일은, 감사는 자라나고 자랑은 죽는 것이다.

우리는 삶의 모든 것이 우리에게 과분한 선물임을 깨닫고, 하나님의 긍휼하심과 인내, 친절에 경탄할 뿐이다.

1. 여러분은 삶에서 무엇을 잘 통제하고 있다고 생각하는가?

2. 여러분은 죽음보다 더 비참한 것이 있다는 데 동의하는가? 그 이유는 무엇인가?

3. 인생이 얼마나 짧은지 깨달을 때 오늘 우리에게 어떤 차이가 생기겠는가? 가능한 한 구체적으로 생각해 보라.

4. 앞날의 계획이 오만한 자랑으로 바뀌는 때는 언제인가?(4:16) 우리는 어떻게 그 선을 넘지 않을 수 있겠는가?

5. 우리가 주 예수의 것임을 알 때 (a)우리가 미래에 대해 숙고하는 방식과 (b)우리의 "내적 감사 계측기"의 설정에 어떤 변화가 생기겠는가?

8

부

우리가 가진 모든 것이 결국 우리를 지배한다.

작자 미상

¹ 들으라. 부한 자들아, 너희에게 임할 고생으로 말미암아 울고 통곡하라. ² 너희 재물은 썩었고 너희 옷은 좀먹었으며 ³ 너희 금과 은은 녹이 슬었으니 이 녹이 너희에게 증거가 되며 불 같이 너희 살을 먹으리라. 너희가 말세에 재물을 쌓았도다. ⁴ 보라, 너희 밭에서 추수한 품꾼에게 주지 아니한 삯이 소리 지르며 그 추수한 자의 우는 소리가 만군의 주의 귀에 들렸느니라. ⁵ 너희가 땅에서 사치하고 방종하여 살륙의 날에 너희 마음을 살찌게 하였도다. ⁶ 너희는 의인을 정죄하고 죽였으나 그는 너희에게 대항하지 아니하였느니라.

야고보서 5:1-6

말은 찌르고, 치유하고, 인내하고, 옥죄고, 만족시키고, 꾸짖고, 해치고, 상처를 내고, 때리고, 쏠 수 있다. 말이 늘 즐거운 것은 아니다.

야고보서의 이 부분에서 우리는 혀와 일정표에서 돈으로 옮아간다. 돈은 아주 많은 일을 할 수 있다. 사실 이 본문은 부가 중요한 일을 한다고 말한다. 부는 조용히 앉아 있지 않는다. 부는 말을 한다.

잠언은 돈이 속이고, 줄어들고, 자라고, 도망할 수 있다고 말한다. 돈은 도난당할 수도 있고, 생명을 앗아갈 수도 있다. 돈은 우리를 보호할 수 있지만, 가난은 일상을 한순간에 무너뜨릴 수 있다. 급여는 생명을 낳을 수 있지만, 소득은 도리어 처벌을 초래할 수도 있다. 돈은 우리가 흔히 인식하는 것보다 훨씬 많은 일을 한다. 돈은 우리를 자유인이나 노예로 만들 수 있다. 돈은 복음 사역자의 신뢰를 떨어뜨릴 수도 있고, 기독교 사역자를 탈선시킬 수도 있다. 돈은 하나님이 어떤 사람을 그리스도께 데려오기 위해 사용하는 것일 수도 있고, 어떤 사람을 영원히 하나님 나라 밖에 두는 원인이 될 수도 있다.

야고보는 돈이 어떤 사람의 교만을 부채질할 때, 정작 가장 중요한 것을 듣거나 보지 못할 수 있음을 보여주고자 한다. 다시, 겸손해지지 않는 방법은 이것이다. 어리석어 보이는 방법으로 돈을 저축하라. 마음의 교만은 엄청나게 불룩 튀어나온 지갑으로 이어진다.

사실 큰 겸손과 큰 부는 서로 공존할 수 있다. 나는 이것을 직접 목격한 적이 있는데, 이 두 가지가 나란히 공존하는 모습은 무척 아름답다. 하지만 그런 일은 매우 드물다는 데 여러분도 동의할 것이다. 또한 사치스럽게 살 것이라고 예상했는데 실제로 단순하게 사는 사람을 만날 때, 늘 큰 충격으로 다가온다.

몇 해 전에 나는, 후속 사역 훈련을 받는 동안, 캐나다에서 가족들을 데려온 어떤 목회자와 런던에 있는 집에서 함께 지낸 적이 있다. 이 기간 마지막에 그는, 무척 유명하고 엄청난 영향력을 지닌 성경 교사이자 랭함 플레이스 올소울즈 교회의 명예 목사인 존 스토트John Stott를 방문하게 되었다. 그 친구가 스토트를 방문한 이야기를 들려주었을 때, 스토트가 살던 곳이 매우 소박하고 단순하다는 사실에 그가 많이 놀랐다는 것 외에 별로 기억에 남는 것은 없다. 내 친구는 그 소박함에 깊은 인상을 받았다. 그는 기독교적 관점에서 그처럼 유명한 사람이 그토록 검소한 곳에서 살고 있다는 것을 믿을 수 없었다. 사람들은 절대로 당신의 영웅을 만나지 말라고 말한다. 그러나 그런 사람을 만나서 그의 가르침과 저술 사역에 드러난 것보다 그의 복음 이해가 더욱 깊이 있음을 깨닫는 것도 충분히 가치 있다.

우리가 돈으로 하는 일과 하지 않는 일은, 우리를 둘러싸고 있는 세상을 향한 눈에 보이는 설교다.

돈은 말을 하지만, 몇몇 부자들은 그 말을 듣지 못한다

내가 왜 '몇몇' 부자들이라고 말했는지 그 이유를 알아채는 것이 중요하다. 전부가 아니라 몇몇이다. 나는 이 대목에서 야고보가 자신의 교회를 염두에 두고 있다고 믿지 않는다. 지금까지 야고보는 자신이 누구에게 말하고 있는지 명확히 하려고 신경을 썼다. 4:11에서 야고보는 다시 한 번 "형제들"이라고 부르지만, 5:1에서는 그저

"들으라, 부한 자들아"라고 말한다. 이것은 지금까지 사용해 온 가족 언어와는 확연히 다른 의미심장한 변화다.

야고보는 형제자매들에게 말할 때 그들이 심각하게 오해하더라 도 회개하고 변하라고, 하고 있는 일을 중단하고 하나님께 돌아오라 고 계속해서 요청한다. "하나님을 가까이하라. 그리하면 너희를 가 까이하시리라"(4:8). 그런데 여기서는 야고보는 단지 부자들에게 일 어날 일에 대해 말하고 있는데, 나는 전체 부자가 아닌 몇몇 부자들 에 대해 말하고 있다고 믿는다. 그들은 불의한 부자, 믿지 않는 부자 다. 고의로 직원들을 억압하고(5:4) 착취하며, 그들의 연금을 착복하 여 자신의 모든 재산 위에 얹은 아이스크림처럼 먹어치우는 그런 부 자들 말이다. 이 내용을 올바로 이해하는 것이 중요하다. 야고보의 말은 아주 강력하고 단도직입적이기 때문에 야보고가 항상 우리에 게 직접 말하고 있다고 가정할 경우, 그가 의도하지 않은 포열선 안 에 우리 자신을 둘 수도 있기 때문이다. 하나님의 긍휼 가운데, 야고 보는 다른 사람들에게 하는 말을 우리가 가끔 엿듣게 한다.

나는 5:1-6이 구약 예언자들의 말씀과 아주 비슷하다고 믿는다. 예언자들은 가끔 주변의 이방 민족을 책망하지만, 실은 **하나님의 백 성에게** 그 말씀을 전달한다. 예언자 이사야를 생각해 보자. "너희는 애곡할지어다. 여호와의 날이 가까웠으니 전능자에게서 멸망이 임 할 것임이로다"(사 13:6). 이 대목에서 이사야는 바빌론에 **대해**about 말하고 있지만, 사실 그는 이스라엘**에게**to 말씀을 전한다. 이사야는 하나님의 백성들을 억압하고 해치려는 민족에게 파멸이 임하고 있 음을 이스라엘 백성에게 알리려고 한다.

이것은 중요한 관찰이다. "대체 방안에 있지도 않은 사람들에게 말하는 이유가 무엇인가?"라는 질문을 제기하기 때문이다. 과녁에 닿지도 못할 텐데, 무엇 때문에 치명적인 화살을 공중에 날려 보내는 이 모든 수고를 감행하는가? 부자들은 이 말을 듣고 있지 않다. 그들은 모나코에서 요트를 타고 있다! "자, 부자 여러분, 내 말이 들리나요? 여러분에게 닥치고 있는 불행에 대해 슬퍼하며 울부짖으세요." 그들은 당연히 듣지 못한다! 선크림을 바르고 있기 때문이다. 그런데 어째서 야고보는 수사적 열변을 토하고 있는가?

야고보는 우리가 교회에 앉아 있지만, 실은 우리도 모나코에 있고 싶어 한다는 것을 알고 있기 때문이다. 우리는 그렇지 않은가? 여러분은 그렇지 않은가? 이 문장을 읽을 때 여러분이 어디 있는지 모르겠지만, 점잖은 척하지 말라. 야고보는 노련한 영혼의 의사이기 때문에 사람의 마음을 안다. 야고보는 나의 마음을 알고 여러분의 마음을 안다. 장 칼뱅에 의하면, 야고보가 이처럼 부자들을 꾸짖는 이유는 "믿음의 사람들이 부유한 자들의 비극적인 파멸에 가담하지 않고, 그들의 형통을 부러워하지 않기를 참으로 바라기" 때문이다.[1]

바로 그것, 부러움이다. 여러분은 부자들을 부러워하지 않는가? "하나님, 더 큰 집과 더 좋은 학교, 개인 건강관리, 안정적인 미래, 더 멋진 휴일을 주세요. 마이너스 통장이나 저당, 대출, 돈으로 인한 가정 내의 불화, 이리저리 뒤척이는 밤들, 가계부 같은 것은 거두어가 주세요." 더 안락한 차와 여러 가지 걱정들, 아이들의 미래를 위한 대비, 이런 것들에 대해 전혀 염려할 필요가 없는 사람들이 부럽지 않는가?

여기서 이 본문은 믿지 않는 불경한 부자들을 부러워하지 말라고 당부한다. 사랑하는 형제자매 여러분, 우리도 그들을 부러워하지 않아야 한다.

그 이유는 이렇다. 즉, 돈은 말을 하지만 몇몇 부자들은 돈이 하는 말을 듣지 못하기 때문이다. 5:1-6을 다시 읽어 보자. 본문을 읽으면서 돈이 어떻게 말하는지 귀 기울여 보자. 본문은 돈이 말을 한다고 두 번이나 명확히 지적한다. 먼저 3절에서 녹슨 금과 은은 "너희에게 증거가" 될 것이다. 보다 문자적인 의미에서 녹슨 금과 은은 여러분에게 불리한 증언을 하고, 여러분에게 불리한 소리를 외치며, 여러분에게 불리한 증인이 될 것이다. 뒤이어 4절에서 품삯이 부자들을 향해 어떻게 "소리 지르는지" 주목하라. 부자들의 주머니 속 돈은 그 날이 지나가기 전에 지불되어야 한다. 그 돈이 부자들을 향해 소리 지르고 있다. "우리는 더 이상 당신의 돈이 아니다! 우리를 지불하라! 우리를 번 사람들에게 넘겨 주라! 몇몇 부자들은 돈이 하는 말을 듣지도 못한다.

한편 부자들은 돈이 무슨 말을 한다고 생각할까? 우리는 모두 돈이 우리에게 무언가를 말한다고 생각한다. 이 구절에서 부가 어떻게 묘사되는지 곰곰이 생각해 보자. 재물과 옷, 금, 은으로 묘사된다. 우리는 모두 돈이 이렇게 말한다고 믿는다. "오, 잘 어울려요, 주인님! 너무 좋아 보여요. 당신은 자격이 있어요. 당신은 중요한 분입니다. 정말 멋져요." 돈은 지위와 성공, 성취, 영향력, 명성에 대해 말한다. 우리는 우리가 모은 채권과 예금이 귀에 속삭이는 말을 들을 수 있다. 또한 돈은 반짝이는 온갖 최신 도구와 최신형 제품을 구비하고 항상 우리에게 속삭인다. 그런데 야고보는 부자들에게 이미 어떤 일이 일어났다고 말하는지 보자. "너희 재물은 썩었고 너희 옷은 좀먹었으며 너희 금과 은은 녹이 슬었으니"(5:2-3). 미래의 심판 날이 너무 확실하고 분명하기 때문에, 여러분의 손 안에 있는 것은 이미 먼지로 변한 것이나 다름없다.

부는 오래가지 못한다. 부자들도 죽는다.

그에 반해, 야고보는 부자들이 소유한 돈이 그들에게 하는 세 가지 말을 듣기를 바란다.

먼저, 나를 비축하지 말라. "너희가 말세에 재물을 쌓았도다"(5:3). 당신은 나를 저장했고, 나를 창고에 쌓았고, 나를 종합 금융 상품에 투자했고, 저축 계좌와 연금 기금에 넣었다. 여러분은 물건에 집착하는 영국의 가장 지독한 수집가들에 관한 리얼리티 TV 프로그램을 본 적이 있을 것이다. 그들의 집은 찬장마다 온갖 용품과 물건으로 가득한 진열대에 불과하다. 그런데 여러분의 집에 각 방마다 50파운드짜리 지폐나 금괴가 쌓여 있다고 가정해 보자. 경이로울까, 아니면 끔찍할까?

이 질문에 어떻게 대답하는지를 보면, 야고보가 하는 말과 우리가 일치하는지 알 수 있다. 주 예수님은 땅이 아니라 하늘에 보물을 쌓으라고 가르치신다. "네 보물 있는 그 곳에는 네 마음도 있느니라"(마 6:19-21). 우리는 지상의 보물을 쌓으면서 마음을 하나님께 온전히 지킬 수 없다. 지상의 보물이 우리의 애정에 균열을 만들 것이다. 야고보와 예수님의 말씀은 우리의 삶에서 동일하게 직접적 적용점을 갖는다. 여러분의 마음이 어디 있는지 알고 싶다면 여러분의 돈이 어디 있는지 보라. 여러분의 돈은 이 세상에서 복음의 위대한 유익을 위해 흩어져 있는가? 아니면 디지털 먼지 비슷한 것을 온라인 금고 안 어딘가에 모아 두고 있는가? 여러분은 돈을 둔 그곳에서 여러분의 마음을 발견할 것이다.

둘째, 나를 부당하게 다루지 말라. "보라, 너희 밭에서 추수한 품꾼에게 주지 아니한 삯이 소리 지르며 그 추수한 자의 우는 소리가 만군의 주의 귀에 들렸느니라"(5:4). 무엇보다도 돈으로 권력을 살 수 있다. 돈은 테이블의 상석에 앉을 수 있게 해주고, 우리에게 영향력을 준다. 우리는 많은 일을 할 수 있고 많은 곳을 갈 수 있다. 돈에 대한 의도적인 견제와 균형이 없다면, 권력에 접근하는 기회는 권력에 대한 사랑으로 발전할 것이고, 권력에 대한 사랑은 타인에 대한 미움으로 이어지는데, 이것은 타인을 압제하는 것으로 나타날 수 있다.

셋째, 나를 가지고 방종하지 말라. "너희가 땅에서 사치하고 방종……하였도다"(5:5). 돈은 자기에게 집착하게 만든다. 샤넬의 패션 디자이너 카를 라거펠트는 죽으면서, 고양이 슈페트에게 많은 돈을 남겼다. 이제 그 고양이는 가정부와 다이아몬드 목걸이, 인스타그램 계정까지 갖고 있다. 자기 자신에게 지독하게 몰두한 끔찍한 삶의 비극을 드러내지 않았다면, 이것은 재미있는 사건이었을 수도 있다.

우리는 대량 축적의 사회에서 살고 있다. 대량 축적은 우리가 사회 속에서 자신의 위치를 설정하는 방식이다. 물건이 더 많을수록, 차와 집이 더 많고 포트폴리오에 투자한 것이 더 많을수록, 우리는 더 많이 뽐내며 자랑한다. 하지만 이런 것들은 썩는다고 말함으로써 야고보가 얻은 결론은 이것이다. 즉, 비축은 돈의 목적이 아니다. 비축은 하나님이 우리에게 돈을 주신 이유가 아니다. 나는 장 칼뱅의 이 말을 좋아한다. "하나님은 금이 낭비되거나 옷이 좀에게 먹히도록 계획하지 않으셨고, 금이나 옷이 인간의 생명을 지탱하도록 의도하셨다."²

성경은 부와 돈을 반대하지 않지만, 돈에 대한 사랑에는 반대한다. 나는 종종 우리 교회 가족들에게 이렇게 말한다. 여러분이 부자가 될 수 있다면 있는 힘껏 부자가 되라. 다만 여러분이 부자가 되면, 하나님이 왜 여러분의 손에 돈을 두셨는지 잊지 말라. 바로 "인간의 생명을 지탱하기" 위해서다. 따라서 부자가 되어 많이 기부하라. 여러분이 벌 수 있는 한 많이 벌고, 많은 생명을 지탱하기 위해 할 수 있는 한 많이 기부하라.

여러분은 누구의 생명을 돕고 있는가? 얼마나 많은 생명을 돕고 있는가? 여러분은 다른 사람에게 어떤 도움을 주고 있는가? 여러분은 무엇을 투자하고 있는가? 누군가 이렇게 말했다. "우리는 우리가 버는 것으로 생계를 꾸리지만, 우리가 주는 것으로 삶을 일군다."

그래서 야고보는 들어야 하는 사람들—하나님의 백성—앞에서 듣지 않는 사람들—부자들—에게 말하고 있다. 돈이 무슨 말을 하는지 우리 모두 들어야 한다고 말하기 위해서다. 돈은 늘 우리에게 이렇게 외치고 있다. "나를 사용하고, 나를 기부하고, 나를 투자하고, 나를 사용하세요. 나를 가지고 그렇게 하면서 하나님의 세계에서 겸손하게 사세요. 그러면 여러분의 마음 안에 온전함이 자라날 거예요."

부에 대한 가장 인상적인 묘사 중 하나는 존 웨슬리에게서 나온다. 웨슬리는 돈과 관련하여 친히 개인적 관대함으로 놀라운 모범을 보인 유명한 그리스도인이다.

나는 왕이 의관을 갖춰 입는 동안 상원 의사당 옆에 있는 왕궁 의상실에 있었다. 왕의 이마는 나이 들어 주름이 많이 잡혔고, 근심으로 인해 깊은 그늘이 드리워져 있었다. 이것이 세상이 왕에게 줄 수 있는 전부인가? 세상이 제공할 수 있는 모든 위엄인가? 왕의 어깨를 두른 털가죽 담요는 너무 무겁고 육중해서, 왕은 그 아래서 거의 움직일 수도 없다! 빌려다 붙인 무거운 머리카락 더미에, 왕의 머리를 장식한 몇 개의 금 조각과 반짝이는 돌! 아아, 인간의 위대함이란 얼마나 싸구려 장식인가! 이마저도 오래가지 못할 것을.[3]

심판의 날이 손짓하지만, 몇몇 부자들은 시간을 분간하지 못한다

우리는 돈이 하는 말을 듣는 데서 머물지 않아야 한다. 우리는 시계가 몇 시를 가리키는지 봐야 한다. 이 구절은 시간의 측정값을 담고 있다. "너희가 말세에 재물을 쌓았도다"(5:3). "너희가……살륙의 날에 너희 마음을 살찌게 하였도다"(5:5).

야고보는 3절에서는 일정한 시기(말세)를 언급하지만, 5절에서는 그중 특정한 하루(살육의 날)를 가리킨다. 부자들은 시간의 측정값에 대해 무지하고, 지금이 어느 때인지 전혀 모른다. 지금은 말세다. 그런데 그들은 현재 호화롭게 살고 있고, 그렇게 생활하는 동안 살육의 날을 준비하면서 내일의 심판을 위해 스스로 살을 찌우고 있다.

성경의 가르침에 의하면, 주 예수 그리스도께서 죽었다가 다시 살아나서 하늘에 오르셨을 때, 하나님의 시계는 심판을 위한 카운트다운을 시작했다. 모래시계 속에 있는 모래가 떨어지기 시작했다. 예수님이 하늘에 계신다는 것은 지상의 마지막 날이 이미 진행되고 있다는 뜻이다. "말세"라는 표현은 우리가 언젠가, 종말 직전에 악한 좁은 시간대에 들어갈 것이라는 의미가 아니다. 오히려 이제 예수님이 구원하기 위해 오셨으므로, 예수님은 심판을 위해 다시 오시는 것, 온 땅을 다스리는 주님으로서 한 가지 일을 하시는 것만 남아 있다. 예수님은 이 일을 두 단계로 실행하신다. 예수님은 이전에 구원하기 위해 오셨고, 자기 백성의 구원을 완성하고 잃어버린 자를 심판하기 위해 다시 오실 것이다. 야고보는 여기에 불의한 부자들이 포함된다고 말한다. 억압하는 부자들, 사치스럽게 방종하는 부자들, 교만한 부자들 말이다.

"보라, 너희 밭에서 추수한 품꾼에게 주지 아니한 삯이 소리 지르며 그 추수한 자의 우는 소리가 만군의 주의 귀에 들렸느니라"(5:4). 이 구절에는 엄청난 반전이 들어 있다. 품꾼들을 학대하던 부자들은 뒷주머니에 넣어 둔 돈이 자신들을 향해 외치는 소리를 듣지 못하지만, 일꾼들도 외치고 있다. 돈의 외침은 외면당하지만, 사람들의 외침은 한 귀로 흘려 보내어지지 않는다. 결코 아니다. 그들의 외침은 "만군의 주의 귀에 닿았다."

이 말에 우리는 등골이 오싹해야 한다. 성경에서 "만군의 주"는 군대를 호령하는 하나님을 가리킨다. 가끔 그분은 지상의 군대의 하나님이 되시지만, 대개 이 어구는 그동안 세상이 알았던 가장 위대한 군대의 총사령관으로 하나님을 그리는 데 도움이 된다. 하나님은 앞장서서 하늘의 군단을 이끄신다.

여러분은 야고보가 하는 말의 위력을 감지할 수 있는가? 여러분의 밭에 있는 그 여성은 생존과 생계유지를 위해 뼈 빠지게 일하는 무가치한 흙덩어리처럼 보이고, 여러분은 그녀에게 별로 신경 쓰지 않는다. 그런데 그 여성이 누구에게 말하는지 아는가? 누가 그녀의 말에 귀 기울이는지 아는가? 그분은 가난한 자들을 억압하는 부자들을 미워하시고, 약자를 짓밟는 강한 자들을 싫어하시고, 겸손한 자를 무너뜨리는 교만한 자에게 분노하며 일어서시는, 하늘과 땅의 주님이시다. 그곳은 부자들에게 두려운 곳이다.

샘 올베리Sam Allberry는 자신이 살던 곳 근처에 있는 칠면조 농장 이야기를 들려준다. 칠면조 농장은 영국 시골의 완만한 목초지 언덕으로 둘러싸인 전원 공간이었고, 칠면조가 원하는 만큼 신선한 공기와 먹거리가 풍부했다. 칠면조가 다리를 뻗고 활보할 수 있는 여유가 있었고, 칠면조는 마음껏 자유롭게 돌아다닌다. 여러분이 10월에 울타리를 지나가면서 보면, 토실토실한 칠면조가 행복하게 노래한다. 하지만 1월에 농장을 지나가 보면 똑같은 들판이 황량해졌다. 칠면조는 보이지 않는다. 칠면조는 먹고 또 먹으면서 지금이 어느 때인지 몰랐다. 8월의 농장은 온화하고 아름다웠고, 9월에는 탄성이 절로 나왔다. 10월에 칠면조는 쌓인 음식을 마음껏 먹었다. 11월에는 더 많은 음식이 있었다. 하지만 12월이 지나갔고, 시간을 전혀 의식하지 못하던 칠면조에게 마침내 종말이 찾아왔다.[4]

이스라엘의 모든 예언자, 한때 이스라엘의 이야기에서 무대에 등장했던 구약성경의 모든 예언자는 한 사람도 빠짐없이 사라졌다. 이 세상에서 그들이 해야 할 일은 끝났다. 예언자들이 서서 심판이 다가오고 있다고 이스라엘 백성과 열방을 향해 경고했을 때, 대부분의 경우 이스라엘 백성은 우상 숭배에서 눈을 떼지 않았고, 열방은 귀 기울여 듣지 않았다. 그런데 어느 날, 말발굽 소리가 점점 커지더니 앗수르가 쳐들어오고 뒤이어 바벨론이 쳐들어와서 그들을 전부 쓸어버렸다. 예언자들이 일어날 것이라고 예고했던 일이 정말 일어났다.

목회자들은 주일이 정신없이 지나가는 것 같다고 말할 때, 그 말이 어떤 의미인지 안다. 가끔 설교를 준비하지 못했다고 느낄 때, 긴장의 끈을 늦추지 못한다. 우리는 매달, 매년, 끝없이 이 일들을 해왔다. 끝없는 반복으로 인해 가끔 우리의 일에 대한 자긍심과 균형 감각은 약화된다. 나는 인생이 얼마나 짧고 시간이 얼마나 빨리 손가락 사이로 빠져나가는지 염두에 두면서, 내가 전하는 설교의 일관성을 유지하는 것이 도움이 된다는 것을 깨닫는다. 사실 나에게는 우리 교회 가족의 목사로서 남은 시간이 많지 않다. 지금 당장은 그렇게 느끼지 않지만, 나의 사역은 곧 끝날 것이다.

어느 날, 모든 곳에 있는 모든 교회의 모든 강단은 침묵할 것이다. 맨 마지막에 모든 성경이 닫히고, 심판이 임할 것이다. 여러분이 이 문장을 읽을 때, 오늘 지금이 "심판이 손짓하는" 순간이다. 이 세상은 다가오는 역전을 볼 수 없다. "너희가 땅에서 사치하고 방종……하였도다"(5절). 야고보는 경건하지 않은 부자들에게, 지금은 그들이 지내는 날 동안 해가 비치지만 다가올 날에는 상황이 다를 것이라고 암시한다. 예수님의 비유에서 부자에게 했던 아브라함의 말이 떠오른다. "얘, 너는 살았을 때에 좋은 것을 받았고 나사로는 고난을 받았으니 이것을 기억하라. 이제 그는 여기서 위로를 받고 너는 괴로움을 받느니라"(눅 16:25).

어느 날 판이 뒤집힐 것이다. 자리가 뒤바뀌는 때가 다가오고 있다.

> 그러나 화 있을진저, 너희 부요한 자여, 너희는 너희의 위로를 이미 받았도다.
> 화 있을진저, 너희 지금 배부른 자여, 너희는 주리리로다.
> 화 있을진저, 너희 지금 웃는 자여, 너희가 애통하며 울리로다(눅 6:24-25).

우리가 예수님의 친구일 때, 항상 이와 같다. 그분의 나라에서의 삶은 역전된 삶이다.

> 너희 가난한 자는 복이 있나니 하나님의 나라가 너희 것임이요
> 지금 주린 자는 복이 있나니 너희가 배부름을 얻을 것임이요
> 지금 우는 자는 복이 있나니 너희가 웃을 것임이요(눅 6:20-21).

몇 해 전, 우리 가족은 아주 부유한 친구의 집에서 하룻밤을 묵었다. 그 집에 도착하여 집의 크기와 정원의 아름다움을 보았을 때 우리 아이들은 숨을 제대로 쉬지 못했다. 아내와 나는 사역의 책임과

압박감에서 벗어나, 좋은 친구들과 함께 맛있는 음식과 웃음, 짧은 휴식을 즐기면서 원기를 회복했다. 그들은 우리의 친구이기 때문에, 그들이 가진 모든 것이 우리의 것이었다. 우리는 그냥 좋았다.

그리스도는 우주의 왕, 영광의 주님이시고, 그분은 우리의 친구이시다. 예수님의 것은 우리의 것이다. 야고보는 어느 날 우리가 땅을 물려받을 것이라고 말한다.

토론과 개인 묵상을 위한 질문

1. 우리의 은행 잔고와 지출에서 우리의 마음은 어떻게 드러나는가?

2. 돈이 하는 말을 잘못 알아들었거나, 돈을 부당하게 사용했거나, 방종하게 사용했던 때가 있었는가?

3. "말세"라는 말을 들을 때 우리는 대개 어떤 생각을 하는가? 이번 장은 돈과 지출을 올바른 관점으로 바라보는 데 어떤 도움을 주는가?

4. 우리는 (또한 우리 가정은) 돈을 인간의 삶을 돕는 도구로 이해하고 사용하는 세계관을 어떻게 개발할 수 있겠는가? 돈을 그렇게 사용할 때 실제로 어떤 일이 일어나겠는가?

5. 여러분의 삶에서 경건한 돈의 사용으로 놀라움을 안겨 준 사람들에게 감사하라.

9
고난

만사가 잘 흘러가는 것 같을 때,
인간의 정신은 자신의 아집을 꺾으려는
시도조차 하지 않을 것이다.

C. S. 루이스, 『고통의 문제』

⁷ 그러므로 형제들아, 주께서 강림하시기까지 길이 참으라. 보라, 농부가 땅에서 나는 귀한 열매를 바라고 길이 참아 이른 비와 늦은 비를 기다리나니 ⁸ 너희도 길이 참고 마음을 굳건하게 하라. 주의 강림이 가까우니라. ⁹ 형제들아, 서로 원망하지 말라. 그리하여야 심판을 면하리라. 보라, 심판주가 문 밖에 서 계시니라. ¹⁰ 형제들아, 주의 이름으로 말한 선지자들을 고난과 오래 참음의 본으로 삼으라. ¹¹ 보라, 인내하는 자를 우리가 복되다 하나니 너희가 욥의 인내를 들었고 주께서 주신 결말을 보았거니와 주는 가장 자비하시고 긍휼히 여기시는 이시니라.

¹² 내 형제들아, 무엇보다도 맹세하지 말지니 하늘로나 땅으로나 아무 다른 것으로도 맹세하지 말고 오직 너희가 그렇다고 생각하는 것은 그렇다 하고 아니라고 생각하는 것은 아니라 하여 정죄 받음을 면하라.

¹³ 너희 중에 고난당하는 자가 있느냐. 그는 기도할 것이요 즐거워하는 자가 있느냐. 그는 찬송할지니라. ¹⁴ 너희 중에 병든 자가 있느냐. 그는 교회의 장로들을 청할 것이요 그들은 주의 이름으로 기름을 바르며 그를 위하여 기도할지니라. ¹⁵ 믿음의 기도는 병든 자를 구원하리니 주께서 그를 일으키시리라. 혹시 죄를 범하였을지라도 사하심을 받으리라. ¹⁶ 그러므로 너희 죄를 서로 고백하며 병이 낫기를 위하여 서로 기도하라. 의인의 간구는 역사하는 힘이 큼이니라. ¹⁷ 엘리야는 우리와 성정이 같은 사람이로되 그가 비가 오지 않기를 간절히 기도한즉 삼 년 육 개월 동안 땅에 비가 오지 아니하고 ¹⁸ 다시 기도하니 하늘이 비를 주고 땅이 열매를 맺었느니라.

¹⁹ 내 형제들아, 너희 중에 미혹되어 진리를 떠난 자를 누가 돌아서게 하면 ²⁰ 너희가 알 것은 죄인을 미혹된 길에서 돌아서게 하는 자가 그의 영혼을 사망에서 구원할 것이며 허다한 죄를 덮을 것임이라.

야고보서 5:7-20

악의 문제와 악이 우리의 삶에 가져다주는 고난의 문제는 기독교 신앙에 있어서 가장 큰 도전 가운데 하나다. 선하신 하나님이 어떻게 이처럼 악한 세상을 용인하실 수 있는가? 하나님이 존재하신다면, 하나님이 실재하신다면, 왜 망가진 것을 고치시지 않는가?

이런 질문은 무고한 고난의 영역을 다룰 때 특히 예리해진다. 무고한 고난은 완전히 무의미한 고난처럼 보인다. 사산아의 출산을 생각해 보자. 대체 무슨 소용이 있는가? 하나님은 왜 이러한 일을 허용하시는가? 기쁨과 희망과 기대로 출산일을 준비하던 부모의 품에서 죽은 아이를 떼어 낼 뿐이다.

이런 상실을 슬퍼하는 부모들에게 여러분은 무슨 말을 하겠는가?

그러한 슬픔 한가운데서 하나님은 어디 계시냐고 묻는 것은 당연한 일이다. 이것은 뜬구름 속에서 살아가는 어떤 사람의 의문이 아니다. 오히려 이러한 질문은 깊은 골짜기 같은 인생의 현실과 쓰라린 눈물이 계속 흘러내리는 냉엄한 현실로부터 등장한다.

나는 이것이 야고보가 대답하려고 애쓰는 질문이라고 생각한다. 대학교 전도 축제에서 누군가 이런 질문을 던진다면, 야고보는 가장 먼저 마이크 앞으로 나서는 사람일 것이다. 야고보는 이런 질문에 대한 대답을 갖고 있지만, 그는 질문자와 어깨동무를 한 뒤에야 답을 주고 싶어 한다. 야고보는 고난받는 그리스도인, 상처 입은 신자들, 마음속에 매우 실제적인 고통을 안고 주 예수를 따르는 사람들, 어깨 위에 무거운 짐을 진 채 예수의 발자취를 따르는 사람들에게 편지를 보내고 있기 때문이다.

첫 번째 절을 시작하는 명령의 일부로 등장하는 "그러므로"라는 단어에 주목하자. "그러므로 형제들아, 주께서 강림하시기까지 길이 참으라"(5:7). "그러므로"는 철끈과 같다. 이 단어는 야고보가 가난한 자들을 억압하는 부자들을 엄하게 꾸짖던 직전의 구절과 이 구절을

213   고난

이어 준다. 의로운 가난한 자, 소외된 신자들이 힘센 부자들의 손에 학대당하고 있다. 따라서 여기서 야고보는 고난받는 그리스도인과 나란히 어깨동무를 하고, 고난을 다룰 수 있는 길, 고난을 해석할 수 있는 길, 고난 아래 일어서서 하나님의 도움을 얻을 수 있는 길이 있다고 말한다. "인내"하며 고난을 잘 이겨낸 이들을 위해 마련된 하나님의 명예의 전당에 여러분이 오를 수 있는 길이 여기 있다.

이번 장에서 나는 5:7-12과 5:13-20이 하나의 주장이라고 생각할 것이다. 물론 이 두 본문은 흔히 분리된다. 대개 5:13-20에 있는 치유 기도에 관한 쟁점이 아주 미묘하고 목회적으로 복잡해서 특별한 관심을 기울여 달라고 손을 흔들기 때문이다. 하지만 사실, 전체로 받아들일 때, 사실 두 단락은 처음부터 끝까지 고난의 문제에 관심이 있음을 쉽게 알 수 있다. 두 본문을 함께 읽지 않으면 우리는 중요한 것을 놓친다.

5:7-12에서 야고보는, 고난이 주님 앞에서 우리의 태도에 관해 중요한 것을 말해 줄 수 있다고 생각한다. 즉, 고난은 우리 안에 인내를 키울 수 있다. 5:13-20에서 야고보는 고난이 우리와 주님의 관계에 대해 중요한 것을 말해 준다고 여긴다. 고난은 우리의 죄성과 반역을 드러낼 수 있다. 두 단락 모두에서 야고보는 고난이 나누어진 마음의 병을 치유하는 주님의 치료제가 될 수 있는 여러 가지 길에 주목한다.

그러므로 온전함의 이 두 가지 측면을 차례로 숙고해 보자.

온전함은 하나님의 백성들의 태도에서 드러날 수 있다(5:7-12)

야고보가 고통스런 고난에 비추는 빛은 아름다운 동시에 예상을 벗어난다. 나는 여러분의 개인적 고난이 구체적으로 어떤 모습인지 모르지만, 어떤 형태로든 여러분에게 고난이 있다고 확신한다. 아직 고난이 없다면, 어느 날엔가 고난에 맞닥뜨릴 것이다. 야고보는 여러분의 어깨에 팔을 두르면서 이렇게 말한다. "우리 함께 기다리는 법을 배웁시다." 여기서 야고보가 하는 일이 바로 그것이다. 이것은 우리가 가진 질문의 대답을 인내심을 갖고 기다리기 위해 필요한 도움이다. "당신은 때를 분간할 수 있나요?" 이것은 대학교 전도 대회에서 고난에 대해 질문하는 학생에게 야고보가 해줄 말이다. "당신은 지금이 어느 때인지 아나요?"

야고보가 하는 말을 포착하려는 나의 시도는 이렇게 요약될 수 있다. 예수님이 누구인지 안다면, 그분이 어디에 서 있는지 볼 수 있다면, 여러분은 고난 중에 인내하고 겸손하고 끈기를 발휘할 수 있을 것이다.

세상에서 가장 힘든 일 중 하나가 인내하라는 말을 듣는 것이다. 나 자신이 그런 말을 들을 때 아주 힘들다. 인내하는 것이 거의 불가능하다고 여기는 몇 가지 일들이 있고, 정서적 고통이나 육체적 고통 속에서 인내하라는 말을 들을 때 나는 정말 기대에 미치지 못한다. 코로나19 바이러스 위기로 지구촌 전역에서 중병에 걸린 환자들을 위한 중환자 관리에 차질이 빚어졌고, 그런 사람들에게 인내하라는 말을 한다면 사람들을 진정시키기보다 화를 불러일으킬 수 있다.

팬데믹은 어떤 일이 지나가기를 기다리는 것이 우리에게 거의 불가능하다는 사실을 드러냈다.

기다림에는 여러 가지 형태가 있다. 내가 들었던 것 중에 기다림을 가장 잘 설명하는 방법은 이것이다. 우리가 편지를 기다리고 있다고 가정해 보자. 문 안으로 편지가 떨구어지기를 기다리는 동안 우리가 할 수 있는 일은 많지 않다. 친구는 편지를 붙였고, 우체국은 자기 업무를 하고, 편지가 도착할 때까지 우리는 일상적 업무를 이어간다. 우리는 기다리고 있지만, 그 기다림은 우리 삶에 영향을 주지 않는다.

그런데 식기 세척기가 고장 났다고 가정해 보자. 우리는 수리 회사에 전화를 걸고, 전화기에 매달린 채 사흘을 버티면서 녹음된 음성 안내번호를 누른다. 드디어 화요일 오전 8시에서 오후 12시 사이에 기사가 오기로 예약이 됐다. 우리는 그때까지 어떻게 기다리는가? 현명한 사람이라면 기다리고 있는 그 일 때문에 다르게 살 것이다. 우리는 아침에 직장을 쉬거나 다른 사람이 대신하도록 약속할 수도 있다. 긴급하고 중요한 일이다. 빛나는 갑옷을 입은 훌륭한 백기사가 오고 있기 때문에 우리는 그 그림자 속에서 산다.

야고보는 이 구절들에서 분명 이 두 번째의 기다림에 대해 이야기하고 있다. 오늘 우리의 삶은 곧 닥칠 그 일 때문에 깊은 영향을 받는다.

고난 속에서 우리가 직면하는 가장 큰 문제는 우리가 누구를 기다리고 있는지, 또한 우리가 기다리는 동안 그분이 어디에 계신지 제대로 이해하지 못하는 것이다. 우리는 온갖 종류의 염려와 걱정에

짓눌린다. 우리의 눈물은 진짜이고, 우리가 받고 있는 고난은 참기 힘든 고통이다. 주님, 대체 무엇 때문입니까? 어떻게 이러실 수 있습니까? 왜 저인가요? 주님, 어디 계십니까? 우리가 이 같은 질문을 너무 많이 던지는 이유는, 예수님이 누구시고 그분이 어디 계신지가 우리의 현재 삶에 영향을 미치지 않기 때문이다.

예수님은 누구신가? 야고보는 이 구절들에서 예수님을 네 번이나 "주"라고 부른다. 이것은 우리가 모든 것을 주관하는 분을 기다리고 있음을 강조하는 단순한 표현이다. 참으로 온 땅에 있는 모든 것이 예수님의 손 안에 있다.

그뿐만이 아니다. 예수님은 누구신가? 그분은 주이실 뿐만 아니라 "심판주"이시다(9절). 단지 우리는 모든 것을 주관하는 분을 기다리는 것이 아니다. 우리는 모든 것을 고칠 수 있는 분을 기다리고 있다.

이것이 영광스러운 복음이다. 하나님은 만드셨고 우리는 망가뜨렸지만, 예수님은 고치신다. 만물을 고치시는 예수님의 회복은 두 단계로 임한다. 예수님은 먼저 죄를 해결하고 죄의 형벌을 대신 갚기 위해 오셨지만, 그분이 다시 오실 때까지 우리는 여전히 죄의 결과를 안고 산다. 우리 가정과 우리 내면, 우리 도시, 우리 나라, 우리가 사는 세계, 우리 자녀, 우리 부모, 정치인, 가난한 사람들을 짓누르는 부자, 약자를 파괴하는 강자, 우리의 생각, 우리가 보는 앞에서 사랑하는 이들을 앗아가는 알츠하이머, 완화되지 않는 우울증 등 모든 구석구석에 결함이 있다. 우리는 에덴 이편에서 뒤틀린 삶의 고통을 온몸으로 겪는다. 우리가 이 모든 것을 안고 살아가는 이유는,

예수님이 이미 주로 오셨고, 그분이 심판주로 오실 그날을 지금도 기다리고 있기 때문이다.

야고보는 주 예수가 어떤 분이시고 그분이 어디 서 계신지, 우리가 새롭게 보기를 원한다. 그분은 물리적으로 여기 계시지 않은 듯하고 우리의 고난은 매우 실제적일 수 있지만, 예수님은 한 순간도 자리를 비우지 않으신다. 예수님은 문 앞에 서 계신다. 이렇게 말하는 야고보의 의도는, 세계 역사의 문이 경첩 위에서 회전하려는 참이고, 우리는 온 땅의 심판주를 만날 것이라는 의미다.

나는 우리의 특별한 고통을 위로하기 위해 어깨동무를 한 야고보의 팔을 여러분이 느낄 수 있기를 바란다. 예수님이 어떤 분이시고 그분이 어디 서 계신지 안다면, 우리는 고난 중에 인내와 겸손과 끈기를 발휘할 수 있다.

여러분은 법정에서 재판을 받은 사람들을 본 적이 있을 것이다. 그들은 판사가 있던 법정을 나와 이제 외부에서 기다리는 기자들 앞에서 기쁨과 안도의 눈물을 흘린다. 그들에게 끔찍한 잘못이 가해졌고, 그들은 수년간 부당한 고통을 겪었다. 그런데 마침내 그들의 때가 왔고, 문이 열렸고, 판사가 법정에 들어왔다. 판사는 증거를 조사하고 증거를 전부 따져 본 뒤, 공정하고 진실하며, 균형 잡힌 판결을 내렸다. 아, 다행이다! 얼마나 값진 장면인가.

그러나 우리가 알다시피, 이런 일은 드물고 오늘날 정의는 엉망인 경우가 많다. 세상에는 죽은 정의의 끔찍한 잔해가 여전히 존재하며 저울이 항상 공정하게 무게를 재는 것은 아니다. 인간의 마음에는 예수님 외에 누구도 고칠 수 없는 고통이 있다.

이전 장에 나온 시간 용어를 기억하는가? 그리고 지금이 어느 때인지 기억하는가? 지금은 말세, 심판 전의 준비일이다. "주의 강림이 가깝다"(5:8) 혹은 몇몇 번역에서처럼 "임박해 있다." 바로 옆집에, 문 앞에 있다. 지금은 "심판이 임박한" 때다.

이것은 고난의 문제에 대해 선하고 경건하게 생각하도록 돕는 성경의 주요 방법이다. 우리는 하나님이 수많은 일을 허락하신 이유를 모르지만, 이 질문에 대한 기독교적 답변은 하나님이 우리에게 아직 답을 주지 않으셨다고 말하는 것이다. 하나님이 왜 고난을 허락하시는지 설명하려고 뒤를 돌아본다면 멀리 가지 못할 것이다. 오히려 기독교의 합당한 고난 신학은 앞을 내다보는 관점이다. 세상을 통치하는 의로운 심판관이 보좌에 앉아 계시고, 그분은 언젠가 우주를 바로잡으실 것이다. 그렇게 하실 때, 아무것도 주님의 시선을 피할 수 없을 것이다.

내 친구 앤디 겜밀은 이렇게 말했다. "우리는 하나님이 고난 속에서 무엇을 하시는지 고난을 통해 배우지 않는다. 우리는 하나님이 고난 속에서 무엇을 하시는지 성경을 통해 배운다." 우리는 우리에게 일어나고 있는 일을 바라봄으로써 하나님이 우리에게 무엇을 가르치시는지 알아낼 수 없다. 대신 우리는 하나님이 우리에게 하시는 말씀을 경청함으로써 우리가 무엇을 배워야 하는지 알아낸다. 그리스도의 백성들의 고난은 왕이신 그리스도께서 다시 오고 계신다는 것을 늘 상기시키기 때문이다.

나는 야고보의 가르침에서 이 큰 그림이 엄청난 도움이 된다고 생각한다. 이 그림을 통해 우리는 또한 많은 것을 제대로 이해할 수 있다. 그러므로 야고보는 우리를 돕기 위해 세 가지 예를 제시한다.

1. 농부

"보라, 농부가 땅에서 나는 귀한 열매를 바라고 길이 참아 이른 비와 늦은 비를 기다리나니"(5:7). 농사는 힘들다. 온갖 땀과 노동, 수고가 필요하다. 씨를 심기 위해 이른 비를 기다리고, 그 후에 모든 것이 성장하고 무성하게 자라나 무사히 수확에 이르는 것을 보기 위해 늦은 비를 기다린다. 땅의 소중한 열매는 공중에서 불쑥 등장하지 않는다. 인내 없이 살아남은 농부는 아무도 없다. 농부는 무언가 임하여 열매를 맺을 그때를 기다린다. 농부는 비를 기다리면서 함께 생명과 기쁨, 결실을 기다린다. 우리는 예수님이 다시 오시기를 기다리는데, 그분이 오실 때 정의와 기쁨, 하늘의 신령한 복이 함께 온다.

원리는 이것이다. 하나님은 그분의 섭리 안에서 어떤 일을 하고 계시기 때문에 자기 백성들에게 인내하면서 고통을 견디라고 요청하신다. 이것은 사산아의 비극 속에서 하나님이 어디 계시느냐는 질문에 대한 나의 대답에서 중요한 부분을 차지한다. 기독교 세계관의 한 부분은, 성경이 인내하며 눈물을 흘리라고 가르친다는 것이다. 내가 목적을 알아야만 목적이 존재하는 것도 아니고, 내가 하나님의 모든 대답을 알고 있어야만 하는 것도 아니다. 그래서 나는 기다리되 겸손함으로 기다린다. "주의 뜻이면 우리가 살기도 하고 이것이나 저것을 하리라"(4:15).

이 질문에 대한 또 다른 대답은, 가끔씩 하나님이 어떤 사람의 고통 가운데서 무엇을 하고 계신지 얼핏 볼 수 있게 하신다는 것이다. 나는 신생아를 입양 보내야만 했던 젊은 엄마를 알고 있다. 젊은 엄마는 아이를 돌볼 수 있는 형편이 아니었다. 그런데 젊은 엄마가 깊은 슬픔의 고뇌 속에 있을 때, 하나님은 누구를 양부모로 주셨을까? 몇 해 전 사산을 겪은 부부였다. 시간이 흐르면서 그 비통한 부부는, 나중에야 모든 상실의 트라우마 속에서 하나님이 그 젊은 엄마를 위로하고 도와줄 토대를 마련하고 계셨다는 확신을 갖게 되었다. 초기의 비통함은 몇 년 후 서로를 모르던 젊은 부부와 젊은 여성이 함께 울 수 있는 날로 이어졌다. 소중한 새 생명에게 가정과 미래를 마련해 주기에 적절한 새 부모의 손에 맡겨졌다. 인내하면서 깊은 고통을 겪어 낸 그 부부는 고통 중에 있던 한 여성을 위로할 수 있었다. 직접 슬픔을 겪은 두 사람이 젊은 엄마와 함께 있는 것만으로도 위로가 되었다.

이 예가 모든 상황을 설명하지는 못한다. 이 예는 특별한 상황 속에 있는 모든 개인의 복잡한 삶을 다루지도 못한다. 분명 이 예는 고난과 악에 관한 모든 질문에 답하지 못한다. 하지만 나는 여기서 겸손을 북돋우는 유용한 격려를 발견한다. 최소한 나의 고통에 대해 어느 정도 균형 잡힌 시각을 갖는 데 도움이 된다. 이 예는 하나님이 하고 계신 일의 흔적이 시간이 한참 지난 후에 나타날 수 있다는 것과 주님이시요 심판관이신 그분은, 당신이 무슨 일을 하고 있는지 아신다는 것을 보여준다. 하나님은 우리의 고통을 허비하지 않으신다.

때로 우리가 던지는 질문은 자기 주장을 펼치는 한 수단이 된다. 솔직히 말해서, 우리는 자신의 생각을 하나님께 내놓기를 좋아하기

고난

때문이다. 그런데 이렇게 할 때 어쩌면 우리는 30초 동안 영화를 시청한 뒤 플롯과 갈등, 인물의 발전에 관한 이해가 빈약하다고 감독에게 지적하려 드는 영화 평론가와 비슷하다. 여기에는 부조리한 면이 있다. 30초짜리 요약에서는 헷갈리던 내용이 전체 이야기에 비추어 보면 거의 언제나 납득이 되듯이 말이다.

우리가 눈물로 얼룩진 겸손으로 조금 더 기다리는 법을 배운다면, 심판관이신 예수님과 함께 소중한 열매가 앞에 있다고 신뢰할 수 있다.

따라서 농부와 같이 우리도 인내해야 한다.

2. 예언자

형제들아, 서로 원망하지 말라. 그리하여야 심판을 면하리라. 보라, 심판주가 문 밖에 서 계시니라. 형제들아, 주의 이름으로 말한 선지자들을 고난과 오래 참음의 본으로 삼으라(약 5:9-10).

야고보의 교회에서 아마도 외부인들의 손에 겪던 고난이 내부의 문제를 야기하고 있었던 것 같다. 그들은 서로 싸우기 시작했다. 복음을 위해 일어서는 신실한 교회는 소멸의 위협을 받지 않을 거라고 결코 생각하지 말자. 우리는 일상생활에서 이런 상황을 알고 있다. 여러분이 일터에서 압박을 받을 때 누가 그것을 겪는가? 여러분의 동료 아닌가? 여러분이 겪은 그날의 경험 때문에 남편이 고통스러워하거나 아내가 여러분의 실망을 견뎌야 한다. 우리는 주위의 스트레스로 인한 압박을 가장 가까운 사람들에게 터뜨린다. 그래서 야고보는 "형제들아, 서로 원망하지 말라"고 말한다(5:9). 서로에게 고통을 떠넘기지 말자.

예언자들은 누구에게서 가장 큰 고난을 받았는가? 자기 백성들이었다! "하나님을 믿는 믿음의 가장 큰 시험 가운데 하나는 다른 신자들의 행동이다"라는 말이 있다. 맞는 말이다. 어떤 사람들에게는 아주 이상한 말처럼 들리겠지만, 우리 중에는 다른 신자들의 행동으로 인해 고통을 겪는 사람들도 있다. 우리는 스스로 분쟁하는 지역 교회에 출석하지는 않을 것이다. 하지만 다른 신자로부터 상처를 입었다면, 우리가 받은 상처는 정말 쓰라리다. 우리는 결국 복음의 반대자들보다 몇몇 그리스도인들의 손에 더 많이 멍들고 환멸을 느낀다. 최근에 나는 신실한 목회자로 하나님께 특별한 은사를 받은 한 친구와 동석했다. 어느 교회에 부임하든 환영받을 만한 목자였는데, 그는 눈물을 글썽이며 말했다. "나는 그저 다음 성도가 와서 어떤 상처를 줄지 기다리고 있을 뿐이라네." 가끔 하나님의 백성들은 교회 밖에 있는 늑대보다 교회 안에 있는 다른 양들에게서 더 많은 상처를 받는다.

여기서 우리는 어깨동무를 한 야고보의 팔이 다정하지만, 이것은 엄격한 사랑이라는 것을 알게 된다. "형제들아, 서로 원망하지 말라." 서로 원망한다면, 우리는 예수님을 올바르게 기다릴 수 없다. 여러분은 바로 이렇게 말하지 않는가? 당신은 어떨지 모르지만, **나는** 항상 주와 심판관이 되고 싶어 한다. **항상** 그렇다. 나는 왕이신 예수님이 모든 것을 해결하실 때까지 기다리고 싶지 않다. 내가 전부 해결할 것이다. 나는 입을 열고, 손을 대고야 만다. 나는 인내하고 싶지 않다. 그렇게 할 때, 여러분은 심판관이신 예수님과 별로 비슷하지 않다. 그분이 어떻게 묘사되는지 보자. "자비하시고 긍휼히 여기시는 이"(5:11). 그렇다, 예수님은 심판관이지만, 자기에게 잘못한 사람들에게 자비와 긍휼을 베푸신다.

우리는 우리에게 잘못한 사람들을 어떻게 대하는가?

3. 욥

야고보는 연이은 예를 욥으로 마무리하는데(5:11), 역시 매우 타당한 이유가 있다. 욥의 고통에 모욕을 더하고 아린 상처에 소금을 뿌린 사람이 누구였는가? 친구들이었다! 욥은 그들의 비난이 사실이 아니라고 말했는데도, "위로자들"은 욥을 고문하다시피 억지로 죄를 인정하게 했다. 욥의 인생에 닥친 고난의 모든 트라우마는 하나님을 저주하도록 몰아가기에 충분했다. 물론 욥은 그렇게 하지 않았고, 끈기를 잃지 않았다.

십중팔구 나는 내 입으로, 내가 원하는 시간에, 내가 바라는 방식대로 모든 것을 정리하기 원한다. 이 본문이 12절에서 다시 말의 문제로 끝나는 이유가 그 때문이다. 고난과 오염된 말은 나란히 간다. 화가 나고 분노할 때 우리는 의도하지 않은 말을 한다. 친구에게 저주를 퍼부으면서 친구는 점차 적이 되어가고, 서로에게 또한 서로에 대해 성급하고 경솔하게 말한다. 상처 받은 사람들은 다른 사람에게 상처를 준다. 야고보는 그 대신 적은 말로 진실을 말하되 그 이상 덧붙이지 않는 사람이 되는 법을 배우라고 말한다.

오늘 이 글을 읽으면서 여러분은 너무 과중한 짐을 지고 있다고 느낄 수 있다. 우리는 종종 이런 지점에 이른다. 하나님의 말씀에서 이 부분이 여러분 안에 풍성하게 머물기를 기도한다. "너희도 길이 참고 마음을 굳건하게 하라. 주의 강림이 가까우니라"(5:8). 가능하다면 나는 명확히 지적하고 싶은 바가 있다. 하나님이 나누어진 우리의 마음을 치유하시는 한 가지 방법은, 다가오는 심판으로 우리의 마음을 확고히 다지시는 것이다. 다시 말해, 완벽한 온전함은 내세에만, 예수님이 심판관으로 다시 오신 뒤에야 가능할 것이라는 사실을 성숙하고 겸손하고 깊이 있게 받아들일 때 우리는 이생에서 가능한 온전함을 이루어 갈 수 있다. 복수는 올바른 일을 행하시는 하나님의 영역이라고 믿는 법을 배울 때, 이런 온전함이 주어진다. 장차 세계사의 손잡이가 돌아가고 문이 열리면서, 이제 모든 것을 바로잡기 위해 주님이요 심판관으로 예수님이 오실 것임을 알 때, 나의 상처는 치유될 수 있다.

이렇듯 내일 임할 것에 대한 확실한 신뢰는 오늘 나의 고통을 제거하지 못하지만, 내일 임할 것에 주목하게 하는 역할을 한다. 이로써 나는 나의 고뇌가 절대적인 것이 아니며, 나의 고뇌가 주 예수께 주목받지 못한 것이 아니라고 스스로 선포할 수 있다. 나의 고난을 보셨고, 나의 고뇌를 주목하신 예수님이 오고 계신다.

이러한 소망을 품을 때, 둘로 나뉘어 불안했던 마음은 인내하는 기다림을 위해 확고히 설 수 있다.

고난

온전함은 하나님 백성들의 현실 가운데 나타날 수 있다(5:13-20)

이 구절에서 초점은 여전히 고난 가운데 우리를 온전함으로 성장시키는 하나님의 계획에 확고히 맞춰져 있지만, 야고보는 이제 자신의 논증에서 놀라운 전환점을 맞는다.

이 본문은 아주 놀라워서, 많은 사람들이 오랫동안 붙들고 씨름하면서 제대로 이해하려고 노력했다. 나는 교회가 하나님께 아주 큰 의미를 지니고 있기에, 곧 우리와 우리 교회 가족들, 모든 교회 공동체, 전세계 신자들의 공동체가 하나님께 아주 소중하고 보배롭기 때문에, 우리의 파괴적인 교만을 낮추기 위해 하나님은 어떤 수고도 아끼지 않으실 것이라고 믿는다. 죄 때문에 질병의 고통을 허락하시는 것도 여기에 포함된다.

내가 다시 이런 말을 하는 이유는, 여러분이 전혀 예상치 못한 내용일 수도 있고 이전에 들어 본 적 없는 내용일 수도 있기 때문이다. 우리는 성경에서 우리의 질병과 병고가 우리의 죄에서 기인하지 **않는다**는 말에 훨씬 더 익숙해 있다. 물론 이것은 성경의 진리를 관통하는 중심 가닥이다. 그런데 성경은 가끔씩 아주 특별하고 구체적인 사례에서, 교회 가족 안의 질병이 죄에서 기인할 수 있다고 말씀한다. 두 마음을 가진 완고한 백성을 겸손하게 하여 온전함의 길로 회복시키기 위해 하나님이 어떤 수고도 아끼지 않으실 때, 실제로 이러한 질병을 보내시는 것도 포함된다.

너희 중에 고난 당하는 자가 있느냐. 그는 기도할 것이요 즐거워하는 자가 있느냐. 그는 찬송할지니라. 너희 중에 병든 자가 있느냐. 그는 교회의 장로들을 청할 것이요 그들은 주의 이름으로 기름을 바르며 그를 위하여 기도할지니라. 믿음의 기도는 병든 자를 구원하리니 주께서 그를 일으키시리라. 혹시 죄를 범하였을지라도 사하심을 받으리라. 그러므로 너희 죄를 서로 고백하며 병이 낫기를 위하여 서로 기도하라(약 5:13-16).

모든 목회자들은 이 구절에 묘사된 대로 행동하도록 요청받거나 누군가를 위해 이 말씀처럼 기도하기 위해 적극적으로 교회 장로들을 모았던 경험이 있을 것이다. 누군가 불치병이나 심신을 약화시키는 만성 질환에 걸렸을 때, 가끔 우리는 이런 요청을 받는다. 또한 이 것은 목회적 보살핌과 믿음에 의지하는 삶에 대한 아름다운 묘사이기 때문에 누군가를 위해 이런 식으로 기도하려는 열망은 충분히 납득이 된다. 하지만 나는 이 구절이 회중의 성도가 아프거나 심지어 위독할 때 우리가 해야 할 일에 대한 일반적인 묘사라고는 믿지 않는다.[1]

부담이 얼마나 큰지 주목하자. "믿음의 기도는 병든 자를 구원하리니 주께서 그를 일으키시리라"(5:15). 기도의 결과가 이처럼 확실하고, 기도는 아픈 사람을 회복시킬 것이라고 두 번이나 언급한다. 이 본문을 아픈 사람들을 위한 목회적 보살핌에 적용할 때, 이 구절대로 우리가 모든 것을 행하는데도 전혀 치유되지 않고 병이 지속된다면, 우리는 15절의 약속이 주는 위안을 놓치지 말고 계속 주목해야 한다. "주께서 그를 일으키시리라will." 이것이 본문의 핵심이다.

이것은 사소한 문제가 아니다. 실제로 어떤 사람의 믿음을 파선시킬 수도 있는 일이다. 모든 지시를 문자 그대로 실행했음에도, 환자들은 치유되지 않는다. 우리의 기도에 문제가 있는 걸까? 장로들이 문제일까? 우리가 잘못된 방법으로 기름을 발랐기 때문일까? 많은 사람들에게 이런 일이 일어났다. 주님, "의인의 간구는 역사하는 힘이 크다"(5:16)고 말씀하셨는데, 왜 치유되지 않습니까? 엉뚱하게 해석하면 이 같은 구절은, 기도가 응답되지 않은 이유가 우리가 충분히 의롭지 않기 때문이라는 상당히 건강하지 않은 자기 비판으로 이어질 수 있다.

하지만 나는 야고보의 의도가 다른 데 있다고 생각한다.

본문을 조금 더 깊이 살펴보자. 왜 환자를 위해 교회 장로들을 부르는가? 사람들이 아플 때 장로들에게 무언가 특별한 것이 있는가? 왜 기름을 바르는가? 기름은 무슨 역할을 하는가? 왜 그냥 기도하지 않는가? 결국 구원하는 것은 **기도**라고 명확히 말한다. 무척 이례적인 내용이 여기 있기 때문에, 우리는 자세를 바로 하고 눈을 크게 뜬 뒤에 혹시 다른 상황을 언급하고 있지 않는지 질문해야 한다.

이 구절에 사용된 단어들을 자세히 보면 야고보가 죄와 질병을 가리키는 일반적인 단어를 혼용하면서, 동시에 서로 다른 두 세계에서 나온 단어들을 놀라운 방식으로 활용하고 있음을 알아차릴 수 있다. 15절을 보자. 야고보는 "믿음의 기도는 병든 자를 구원하리니"라고 말한다. 우리는 야고보가 믿음의 기도가 병든 자를 "치유한다"라고 말할 것으로 예상하지만, 야고보는 대신 "구원하다", 곧 죄와 관련해서 사용하는 단어를 사용한다. 이처럼 질병과 죄의 밀접한 관계는 이 절을 마칠 때도 강조된다. "혹시 죄를 범하였을지라도 사하심을 받으리라." 16절도 마찬가지지만, 이번에는 반대다. 16절을 다시 읽으면서, 첫 문장의 마지막 단어로 무엇이 나올 것이라고 예상하는지 질문해 보자. 내 생각에 우리는 "용서받다"라는 단어가 나올 것으로 예상했을 것이다. 너희 죄를 서로 고백하고, "용서받기"를 위해 서로 기도하라. 그런데 야고보는 "병이 낫기를 위하여 서로 기도하라"고 말한다.

따라서 내가 이해하기로 이 본문은, 매우 이례적인 상황 곧 교회 구성원들 사이에 극심한 분쟁과 다툼, 파괴적인 행동들이 일어나서 하나님이 심판의 표시로 그들 가운데 질병을 보내신 상황을 다루고 있다. 이제 그들의 건강을 회복시킬 방법은 자신들의 죄를 서로에게 또한 교회 지도자에게 고백하는 것이다. 그들은 겸손하게 회개하고 하나님께 돌아와야 한다. 하나님은 그들의 교만을 깨뜨리고 계신다. 어떤 경우 질병은 어떤 사람에게는 이렇게도 일을 한다. 병을 얻기 전에 나는 매우 건강하고 능력 있으며 유능했다. 하지만 이제는 약하고 의존적이며 아이와 같아졌다.

때때로 하나님은 이처럼 놀라운 모습으로 그분의 교회를 돌보신다.

이것의 두 가지 실례가 고린도전서 11장과 열왕기상 17-18장에 나온다.

고린도전서 11장

그러므로 너희 중에 약한 자와 병든 자가 많고 잠자는 자도 적지 아니하니(고전 11:30).

고난

신약성경에서 야고보가 편지를 보내는 교회보다 상태가 더 나빴던 교회라고 하면 고린도교회를 꼽을 수 있다. "너희의 모임이 유익이 못되고 도리어 해로움이라"(11:17). 야고보의 훈계를 듣던 이들과 똑같이 고린도 교인들은 파벌로 분열되었고, 주의 만찬을 함께 먹을 때 추한 자기 관심이 공공연한 이기심으로 드러나고 있었다. 사도 바울은 그런 행위가 "하나님의 교회를 업신여기고 빈궁한 자들을 부끄럽게" 한다고 말한다(11:22). 자세한 내막은 분명하지 않고 이것이 어떤 상황이었는지 정확히 알 수 없지만, 바울은 이 모든 것으로 인해 주님의 심판으로 이어지면서, 징계의 한 형태로 연약함과 질병, 죽음이 교회 가족들 안에 발생했다고 명확히 지적한다(11:30-32). 하나님은 고린도 교인들의 죄를 이토록 심각하게 여기셨다.

우리는 사람들이 소중하게 여기는 어떤 사람이 피해를 당할 때 사람들이 어떻게 반응하는지 알고 있다. 몇 해 전, 래리 나사르는 미국 체조 대표팀에서 자신이 담당했던 어린 여자 선수들을 성추행한 혐의로 유죄 판결을 받았다. 나사르가 법정에서 재판을 받는 동안 피해자 선수들과 가족들은 고통스러운 기억을 다시 떠올리느라 끔찍하고 괴로운 시간을 보냈다. 마지막 재판 날, 피해자 중 한 명의 아버지는 더 이상 분노를 억누르지 못하고 법정에서 나사르에게 덤벼들었다. 딸을 보호하려는 의분과 사랑이 무엇인지 보여주는 예였다. 아버지라면 누구라도 그의 행동에 공감할 수 있을 것이다. 우리 같은 이들이야 멀찍이 떨어져 있으니 그가 자기 손으로 직접 처벌해서는 안 된다고 충고하고 싶을 수도 있겠지만 말이다.

우리는 이러한 인간의 사랑에서 하나님의 완벽한 사랑을 되비추는 빛바랜 잔상을 본다. 스가랴 2장에서 예언자는 백성들을 향한 하나님의 사랑에 대해 "너희를 범하는 자는 그의 눈동자를 범하는 것"과 같다고 말한다(슥 2:8). 우리는 하나님이 자기 백성을 얼마나 사랑하는지, 또한 하나님이 그들 가운데서 자신의 명예와 영광을 보호하기 위해 얼마나 시기하시는지 잊지 말아야 한다. 하나님의 사랑에는 악의가 전혀 없고, 우리와 달리 하나님은 격노하지 않으신다. 하지만 하나님은 자기 백성들이 자신을 파괴하고 하나님의 이름을 무너뜨릴 때 수수방관하지 않으신다. 하나님의 백성의 박해자인 사울이 다메섹 도상에서 부활하신 그리스도를 만났을 때, 주님은 놀랍게도 "사울아, 사울아, 네가 어찌하여 나를 박해하느냐"고 물으신다(행 9:4). 예수님은 자기 백성들에게 닥친 것을 자기에게 닥친 것으로 여길 만큼 자기 백성들과 긴밀하게 동일시하신다.

뉴스에는 매일같이 우리를 두렵게 만드는 많은 사건들이 등장한다. 우리는 언제나 끔찍한 일을 목도한다. 하지만 그리스도의 백성들이 세상에 의해 짓밟히는 것보다 간담을 서늘하게 만드는 일은 없을 것이다. 그리스도의 백성들을 학살하는 독재자와 폭군과 군벌들은 하나님의 눈동자를 범하는 것이다. 이것이 사실이라면, 온 땅에서 그리스도의 백성들이 서로를 짓밟을 때처럼 간담을 서늘하게 하는 일은 없을 것이다.

하나님은 명백하게 타인에게 무관심한 죄에 빠진 채, 서로 제 살을 깎아 먹는 이기심으로 가득한 교회를 징계로 다스리실 수 있다.

두 번째 예는 야고보가 직접 우리에게 제시하는 것으로(5:17-18), 열왕기상 17-18장의 엘리야 이야기에서 온 것이다. 엘리야는 이스라엘의 부패한 아합 왕에게 맞서 그 땅에 비가 내리지 않을 것이라고 말한다. 그리고 바로 같은 장에서 엘리야는 과부의 아들을 살려 낸다. 엘리야는 죽은 소년을 살려 주시도록 하나님께 기도하고 간청한다. 하나님은 엘리야의 기도에 응답하시고 죽은 소년을 살려 주신다.

그런데 5:17에서 야고보가 하지 않는 말이 무엇인지 보자. 그는 "엘리야는 우리와 성정이 같은 사람이로되 하나님께서 과부의 아들을 치유해 주시도록 간절히 기도했다"라고 말하지 않는다. 결국 이 사건은 야고보가 앞에서 언급한 것과 같이, 질병에서 벗어난 치유의 완벽한 예라고 할 수 있을 것이다. 그런데 어째서 야고보는 엘리야 이야기에서 다른 부분을 인용하고는 "비가 오지 않기를 간절히 기도했다(5:17)"라고 말할까?

그 이유는 이렇다. 열왕기상에서 땅에 비가 내리지 않는 것은 이스라엘 백성에 대한 하나님의 심판의 표시였다. 그들은 가뭄에 시달리고 있었고, 그들의 몸은 병들었다. 이 모든 것은 그들의 죄 때문이었다. 뿐만 아니라, 엘리야가 백성들의 죄를 어떻게 묘사하는지 기억해 보자. "너희가 어느 때까지 둘 사이에서 머뭇머뭇 하려느냐"(왕상 18:21). 야고보가 여기서 인용하는 사건의 전후 상황은 엘리야 시대에 살았던 하나님의 백성들과 야고보가 편지를 보내는 하나님의 백성들 사이를 이어 준다. 이들은 하나님께 속했지만 두 세계에 발을 딛고서 충성심이 나뉘어 있었고, 두 마음을 품고 있었다. "여호와가 만일 하나님이면 그를 따르고 바알이 만일 하나님이면 그를 따를 지니라"(왕상 18:21).

그러므로 야고보의 말뜻은 이것이라고 생각한다. 이스라엘의 경건한 지도자인 엘리야는 하나님의 백성들을 향해 하나님의 심판에서 돌이킬 것을 호소했고, 하나님께 회개하며 돌아오라고 외쳤다. 엘리야가 기도했을 때 하나님은 그의 기도를 들으셨다. 따라서 교회의 장로들은 경건한 목자가 되어 스스로 파괴하는 교회 구성원들을 향해 회개하고 하나님께 돌아와서, 서로 삼키는 일을 멈추라고 호소해야 한다. 그런 이유로, 아픈 사람들은 장로들에게 가야 한다. 기름을 바르는 것은 어떤 사람을 성별하기 위해, 그들을 거룩하게 구별하기 위한 일이다. 이것은 하나님의 눈동자를 범했으나 질병을 겪으면서 겸손해졌으며, 이제는 자기 죄를 고백하고 교회 안에 있는 예배와 사귐의 바른 길로 돌아와서 용서를 통해 회복되고 치유되는 어떤 사람의 모습이다. 더없이 아름다운 모습이다.[2]

이 메시지가 오늘 우리에게 주는 여섯 가지 적용

1. 질병으로 고통받는 예민한 신자들에게 주는 교훈

우리는 아주 신중해야 한다. 일반적으로 성경은 질병과 죄 사이에 아주 직접적이고 인과율적인 일대일 관계를 맺을 것을 권하지 않는다. 요한복음에서 예수님의 제자들은 태어날 때부터 눈먼 한 남성에 대해 예수께 질문한다. "랍비여, 이 사람이 맹인으로 난 것이 누구의 죄로 인함이니이까. 자기니이까. 그의 부모니이까"(요 9:2). 예수님이 주신 대답은 누구의 죄 때문도 아니라는 것이다(9:3). 욥의 위로자들은 욥에게 잘못을 인정하고 죄를 고백하라고 꾸짖었다. 하지만 욥이 죄와 고난 사이에 인과관계를 부인한 것은 전적으로 옳다.

내가 주장하고 싶은 것이 있다. 여러분이 아플 때 드는 첫 생각이 "나는 무언가 잘못한 게 틀림없어"라면, 아마 여러분은 여기서 야고보가 언급하고 있는 사람이 아닐 것이다. 우리 중에는 예민한 영혼을 가진 사람이 있어서, 자신의 아픔을 너무 빨리 자신의 죄 탓으로 돌리려고 한다.

그 대신 나는, 야고보가 구상하고 있는 상황을 좀 더 파헤치기 위해 몇 가지 진단 질문을 제안하고 싶다.

- 교회 안에 열띤 논쟁이 벌어질 때, 나는 악의적인 험담과 이기적인 주장으로 밀어붙이는 사람이 아니었는가?
- 나는 다른 사람들에게 가혹하게 행동해 왔고, 교회 생활에서 질투와 이기적인 야망으로 가득하지 않은가? 내 형제와 자매들에게 부끄럽게 행동하지 않았는가?
- 내가 자랑하는 나의 말과 계획, 재산 때문에 다른 형제와 자매들이 깊은 상처를 입거나 소외되고, 허기진 채 집으로 돌아가지 않았는가?
- 나는 적극적으로 교회 구성원들 안에 분열의 씨앗을 심고 있지 않았는가? 또한 다른 사람들을 의미 있고 가치 있는 존재로 보지 않음으로써 다른 사람들을 적극적으로 소외시키고 교회 생활의 주

내가 이처럼 강한 표현을 사용하는 이유는 우리의 사소한 죄를 변명하기 위해서가 아니다. 우리가 범하는 다른 형태의 죄는 심각하지 않다고 주장하려는 것도 아니다. 다만 공동체의 성도들이 교회를 파괴하는 교만을 공적으로 드러낼 때 그것이 얼마나 악한지 이해하는 것이 중요하기 때문이다.

내가 이 구절들에 관해 이 같은 깨달음을 얻게 된 계기가 있다. 우리 교회 교인 중 어느 성도가 내게 장로들과 함께 병상으로 와서 자기를 위해 기도해 달라고 부탁했던 적이 있다. 내가 심방이 주저된다고 말했을 때, 처음에는 그 성도가 크게 실망하거나 자신의 병이 자신의 죄와 직접적으로 연관되어 있다고 여기며 자책감에 빠지게 될 것이라고 생각했다. 그런데 그 성도는 이 본문에 대한 나의 해석을 통해 큰 위로를 받았다. 그는 자신의 믿음이 부족해서 병이 생겼다고 믿고, 지난 수년 동안 다른 교회 장로회에 자신에게 기름을 바르고 기도를 해달라고 요청했던 것이다. 이 본문이 다루는 내용이 그가 알고 있던 것과 약간 다르며, 그가 우리 교회 공동체에 해를 끼친 일이 전혀 없었다고 분명히 말해 주자, 그제서야 그는 큰 위로를 받고 그동안 지고 있던 무거운 짐을 내려놓게 되었다.

2. 건전하고 호기심 많은 이들을 향한 조언

반복하지만, 우리는 아주 신중해야 한다. 우리는 다른 사람의 질병과 죄를 결부시키지 않아야 한다. 나는 이것이 아픈 사람들이 하는 일이라고 믿는다.

교회의 장로들도 이렇게 하지 않아야 한다는 데 유의하자. 14절은 이렇게 말하지 **않는다.** "너희 중에 병든 자가 있느냐? 그는 병상을 방문한 장로들이 커튼을 친 다음 '자, 그런데 무슨 일 때문인지 말해 보세요'라고 말할 것이라고 예상하라." 아니다, "[그가] 장로들을 청하라"고 말한다. 병든 사람 자신이 자기 마음을 알고 교회 안에서 자기가 무슨 말과 행동을 했는지 알기 때문이다.

나는 어느 누구도 해결할 수 없을 만큼 아주 추하고 참담한 혼란에 빠진 교회를 본 적이 있다. 문제가 한창 불거질 때 하나님께서 그들에게 자신들의 마음을 읽고 회개하는 은혜를 주시지 않는다면, 혹은 약한 상태에서 자신들의 죄를 고백하도록 하나님께서 낮추지 않으신다면 말이다. 정작 교회를 파괴하던 사람들이 이기심과 교만에 완전히 눈이 멀어 자신들이 교회를 구하고 있다고 믿었다. 어떻게든 하나님이 그런 사람들을 낮추시고 겸손하게 하나님을 의지하는 새로운 곳으로 인도하지 않으신다면, 장로들이나 다른 누가 아무리 많이 방문하여 말하더라도 자신들의 죄를 깨닫지 못할 것이다.

3. 그렇기는 하나……

그렇기는 하지만, 우리는 이 구절을 과도하게 적용해서는 안 된다. 야고보에 의하면, 내게 갑자기 중병이 찾아온다면 내가 어떻게든 하나님의 눈동자를 범했던 것은 아닌지 자문해 보는 것도 잘못은 아닐 것이다. 무척 이상한 말처럼 들릴 수도 있다. 아마도 여태껏 자신의 건강과 하나님이 우리의 교만을 꺾으시는 것 사이에 어떤 연관성이 있을 수도 있다는 생각을 해본 적이 없을 것이다. 내 말에 오해가 없기를 바란다. 지금 다루고 있는 것은 교회를 파괴하는 교만이다. 언제나 다른 사람들의 자존심을 무너뜨리고, 약자들과 가난한 자들을 짓밟으며, 자신을 드높이는 행위 말이다. 이러한 태도는 모든 곳에 있는 **교회에서** 이미 소외된 사람들을 더욱 더 소외시킨다.

때때로 우리 삶에서 어떤 일이 일어나면 잠시 멈추고는 "내가 하나님의 교회에게, 곧 그리스도의 신부이자 그분의 몸인 교회에게 무슨 일을 했던 것인가?"라고 자문해 보는 것도 결코 나쁘지 않다.

4. 다른 그리스도인을 향해 부끄럽게 행동했다고 생각한다면, 야고보는 여러분에게 회개할 것을 요구한다

여러분이 교회에 해를 끼치는 역할을 했다고 생각한다면, 예수님께 돌아가라. 나는 여기에 특별한 은혜가 필요하다고 생각하지만, 하나님은 겸손한 이들에게 이런 은혜를 주실 수 있다. "하나님을 가까이하라. 그리하면 너희를 가까이하시리라. 죄인들아, 손을 깨끗이 하라. 두 마음을 품은 자들아, 마음을 성결하게 하라"(4:8).

지역 교회를 곤경에 빠뜨릴 수 있는 악한 불화의 소용돌이에서 적극적인 역할을 했다면, 교회 리더들에게 여러분의 죄를 고백하라. 하지만 5:16도 보라. "그러므로 너희 죄를 서로 고백하며……서로 기도하라." 마르틴 루터는 우리가 '서로의 목사'the Reverend One Another에게 자기 죄를 고백해야 한다고 말했다.

회개는 가정의 자산이고, 항상 우리 마음에 또한 우리 입술에 있어야 한다.

5. 어떤 형제나 자매가 여러분에게 수치스럽게 행동했다면, 기꺼이 용서하겠는가?

여러분은 그 형제나 자매의 죄 고백을 들어주겠는가? 열쇠는 하나님 앞에서 용서받은 죄인이라는 우리의 신분을 기억하는 것이다. 앞서 살펴본 것처럼 미로슬라브 볼프는 이렇게 지적했다. "용서가 질퍽대는 이유는……죄인들의 공동체에서 나를 제외하기 때문이다."[3] 교만은 아주 다양한 방향으로 추악한 촉수를 뻗는다. 우리는 너무나 교만해질 수 있다. 우리는 악하게 행동하고 느리게 용서한다. 자신의 울분이 너무 중요해지면서 우리는 거기에 얽매인다. 우리가 울분 속에서 사는 것을 즐기다 보면, 울분이 사라진다는 것은 중요한 것을 잃는다는 의미가 된다. 그런데 이런 형태의 내성은 마음과 몸의 병을 유발할 수 있다.

물론 이런 말을 받아들이기 힘들 수도 있다. 나누어진 마음의 문제를 치유하는 주님의 약은, 삼킬 때 쓴 맛이 날 수도 있다.

6. 서로 기도하라

마무리하면서 나는, 이 본문이 기도에 얼마나 큰 우선순위를 부여하는지 깨닫기를 바란다. 사실 기도는 야고보서에서 아주 중요한 주제다(다음을 보라. 1:5-8; 3:9-10; 4:2-3; 또한 여기 5:13-18에서). 하나님께 **드리는** 기도는, 유익한 선물을 관대하게 주시는 온전히 통합된 한분 하나님**을 아는** 지식으로부터 흘러나온다(1:5, 17). 야고보는 기도가 온전한 마음으로 하나님을 구하는 겸손한 신자들의 적절한 반응이라고 여긴다. 또한 여기 야고보서 끝에서 교만한 자와 겸손한 자의 대조는 더 이상 극명할 수 없다.

리처드 보컴의 설명에 의하면, 현대 세계에서 기도가 힘들어진 이유는 우리의 기술로 인해 우리가 세상을 통제하고 있다고 생각하기 때문이다. "풍요와 마찬가지로, 이렇듯 세상을 지배한다는 허상 속 지위로 인해 착각에 빠진 현대인들은 모든 인간의 목적을 달성하는 자신들의 능력을 신뢰하기에 이르렀고, 기도와는 거리가 먼 자율성과 자기만족을 부추겼다."[4] 우리가 기도하지 않는 이유는, 결국 기도해야 한다고 생각하지 않기 때문이다. 우리는 하나님이 필요 없다. 우리는 우주의 주인이 될 수 있다. 하지만 하나님께 기도로 아뢴다는 것은, 많은 영역에서 인간의 능력이 한계에 다다랐다는 궁극적인 인정이다. 기도는 모든 문제에 인간적 해결책이 있는 것이 아니라고 고백하는 것이고, 모든 인간의 열망이 인간적 수단에 의해 실현될 수는 없다고 흔쾌히 인정하는 것이다. 기도할 때 우리는 "모든 것이 우리가 소유하고 만든 것이 아니라 하나님이 주신 것임을 점차 발견한다—아니, 실은 재발견한다."[5]

편지를 마무리하면서 야고보는, 하나님 앞에서 정확히 이 정도로 낮은 겸비함을 가지라고 독자들에게 독려한다. 야고보는 이러한 겸손함을 낳는 과정에서 고난이 어떤 역할을 할 수 있는지 설명했다. 하나님이 고난을 도구로 사용하시는 이유는, 마음이 상하고 개방적이고 죄를 인식하고 은혜를 의지하는 신자들을 성장시키기 원하시기 때문이다. 이러한 겸손은 마음이 온전한 사람들의 자세이고, 이 같은 사람들은 도움을 얻기 위해 하나님께 부르짖을 수밖에 없다.

책을 마무리하면서 주님 앞에서 우리의 자세를 곰곰이 돌아보는 시간을 갖고, 인내가 자라나도록 하나님의 도우심을 구하기를 격려하고 싶다.

시간을 내어 주님과 우리의 관계에 대해, 주님의 백성들과 우리의 관계에 대해 곰곰이 돌아보고, 필요하다면 겸손과 회개의 은혜를 구하라.

기도로 하나님께 아뢰는 시간을 가지라.

토론과 개인 묵상을 위한 질문

1. "지금이 어느 때인가?" 이 질문에 대한 야고보의 대답은 무엇인가?

2. 예수님이 곧 돌아와서 심판하실 것임을 알 때, 고난 속에 있는 우리에게 어떤 도움이 되는가?

3. 어떤 사람이 교회 안에서 한 행동이 얼마나 악한지 보여주기 위해 하나님이 그를 병들게 하실 수도 있다는 생각에 대해 여러분은 어떻게 생각하는가?

4. 기도하는 방법과 이유, 목적과 관련하여 우리가 시도할 수 있는 여러 가지 구체적인 변화는 어떤 것이 있는가?

5. 이 책 막바지에 다다르면서, 여러분이 야고보서에서 배운 몇 가지 주요한 교훈은 무엇인가?

추신

¹⁹ 내 형제들아, 너희 중에 미혹되어 진리를 떠난 자를 누가 돌아서게 하면 ²⁰ 너희가 알 것은 죄인을 미혹된 길에서 돌아서게 하는 자가 그의 영혼을 사망에서 구원할 것이며 허다한 죄를 덮을 것임이라.

야고보서 5:19-20

얼마 전, 나는 케언곰 산지에서 길을 잃었다.

나에게 특별히 어려운 상황은 아니었다. 나는 보통 산에 오르기도 전에 주차장에서부터 길을 잃곤 하지만, 이번에는 약간 걱정이되었다. 나는 내가 좋아하는 먼로_{Munro} ¹인 로크나가_{Lochnagar} 정상에 있었다. 로크나가 봉우리에 오르면 광활한 고원에 이르기 때문에 거기서 먼로를 좀 더 오를 것인지, 아니면 그냥 하산할 것인지 몇 가지 선택지가 놓이게 된다. 그런데 이번에는 어디서 온 것인지 알 수 없는 차가운 안개가 에워쌌고, 나는 60센티미터 앞조차 볼 수 없었다. 도무지 산을 내려가는 길을 찾을 수 없었다. 나는 근처에 있는 위험하게 깎아지른 절벽 옆 공터에서 오도가도 못하는 신세가 되었다.

나는 길을 잃었을 뿐만 아니라 갇히고 말았다.

이런 순간에는 온갖 생각이 머리를 스친다. 내가 여기 있다는 것을 누군가 알고 있을까? 그들이 경보를 울릴 수 있을까? 분명히 말해 두지만, 나는 실제로 극적인 산악 구조가 필요한 상황에 처한 적은 없다. 나는 한 번도 최악을 두려워하지 않았다. 나는 지도를 볼 줄 알았고, 몇 차례 길을 잘못 들긴 했지만 앞으로 나아가는 길을 선택할 수 있었다. 결국 하산이 최선의 대안이라고 할 수 있었지만 말이다.

이것을 실감나게 설명해 보겠다. 만약 여러분의 가장 가까운 친척이나 자녀, 배우자, 부모가 저 위에 있고, 그들이 케언곰에서 길을 잃었음을 알게 된다면 여러분은 어떻게 하겠는가?

이것은 가치에 관한 질문이다. 여러분이 안전하게 산을 내려왔는데 산꼭대기에 보온병을 두고 왔다는 것을 알게 될 경우, 보온병을 가져오기 위해 돌아간다면 여러분은 괴짜 비슷한 사람이 될 것이다. 거의 모든 사람이 어깨를 으쓱하면서 "안됐군요. 따뜻한 물로 목욕이나 하세요"라고 말할 것이다. 하지만 여러분의 자녀가 저 위에서 길을 잃고 헤매고 있다면, 우리가 무엇을 해야 할지 의문을 가질 필요도 없다. 조명과 헬리콥터, 남자와 여자, 밧줄, 수색견 등 가능한 모든 수단을 동원하여 수색과 구조를 시도하는 것이 최우선 과제다. 우리는 그들을 찾아서 데려오기 위해 망설이지 않고 다시 떠난다.

우리는 지금 이 책의 마지막이자 야고보서의 마지막을 마무리하면서, 나무 때문에 숲을 놓치지 않는 것이 매우 중요하다. 야고보는 편지를 받는 신자들을 죽음으로부터, 교회를 안에서부터 밖까지 파괴할 위험이 있는 영적 질병으로부터 구해 내기를 원한다. 우리는 이 질병을 여러 장에 걸쳐 면밀하게 연구했다. 이 신자들은 두 마음으로 나누어져 있다. 그들은 월요일부터 토요일까지 세상을 사랑하고, 주일에는 하나님을 사랑한다. 또한 그들은 오만한 말과 추악한 파벌, 생명 없는 믿음으로 서로를 무너뜨리고 있다.

그런데 이 신자들은 야고보에게 어떤 가치가 있는가? 야고보는 그들을 "내 형제들"이라고 부른다. 정말 놀라운 말이다. 뭐니뭐니 해도 그들은 "내 형제들"이다. 이것은 가치에 관한 질문이다. 야고보는 그들을 사랑한다. 그들은 진리에서 벗어나 방황하고 있고, 야고보는 그들을 다시 데려오려고 시도할 만큼 그들을 사랑한다.

나는 이렇듯 도전적인 본문에서 실제로 우리가 하나님께 지닌 소중함, 더불어 우리가 서로와 맺은 관계의 소중함이 여기서 선명하게 나타난다는 것을 명확히 깨닫기를 바란다. 이 구절은 우리에게 묻는다. 우리는 하나님께 어떤 가치가 있는가? 나는 여러분에게 어떤 가치가 있는가? 여러분은 나에게 어떤 가치가 있는가? 야고보가 이 편지를 어떻게 마무리하는지 보자.

> 내 형제들아, 너희 중에 미혹되어 진리를 떠난 자를 누가 돌아서게 하면 너희가 알 것은 죄인을 미혹된 길에서 돌아서게 하는 자가 그의 영혼을 사망에서 구원할 것이며 허다한 죄를 덮을 것임이라(약 5:19-20).

이 구절을 읽으면서 나는 여러분의 삶에서 다른 신자들에게 여러분이 그런 가치를 갖기 바라고, 다른 사람들이 여러분에게도 그런 가치를 갖기를 바란다. 여러분은 죄인을 찾으러 가겠는가?(20절) 여러분의 삶에서 그렇게 해야 할 필요가 있을 때, 그들이 악한 일을 하고 있다고 말해 줄 만큼 사랑하는 사람은 누구인가? 그들을 어깨에

추신

메고 집으로 데려오겠는가? 나는 야고보서가 우리에게 충분히 납득되어, 이 정도로 서로 깊이 사랑하라고 가르쳐 주기를 기도한다. 이러한 사랑이 바로 우리 각자의 삶에서 온전함에 이르는 길이다. 우리가 서로에게 섬이라고 여기는 사고방식이 우리가 가진 문제의 일부다. 우리의 삶이 나누어진 이유는 바로 우리의 삶이 서로에게서 나뉘어 있기 때문이다.

다시 장로들의 책임과 더불어 그들의 보살핌을 받는 그리스도인들의 책임에 유의하자. 장로들은 기꺼이 기도해야 한다. 모든 그리스도인들은 기꺼이 장로들에게 기도를 요청하고, 또한 서로를 위해 기꺼이 기도해야 한다. 장로들과 목사들은 이 땅에서 가장 소중한 생명체를 목양하는 임무를 맡고 있다. 그런 이유로 장로들은 함께 모여 양 떼를 위해 기도한다. 그런 이유로 우리는 성도에게 자격을 부여하고, 교회 가족에 속한 모든 사람에게 성도의 자격을 갖도록 촉구한다. 이렇게 할 때 양들은 진정한 소속감을 가질 수 있고, 자기 이름을 부르는 목자들을 둘 수 있다. 모든 지역 교회의 모든 세대는 이 땅에 왔다가 사라지겠지만, 그리스도의 신부인 교회는 영원히 존재할 것이다. 교회는 하나님께 매우 소중하다. 자기에게 맡겨진 사람들을 돌보는 여러분의 장로들을 위해 기도하라. 장로들이여, 여러분이 돌보는 사람들을 위해 기도하라.

이 모든 것에는 다음과 같은 질문이 있다. 교회는 하나님께 어떤 가치가 있는가?

그리스도인들이여, 우리에게는 이 땅에서 가장 소중한 생명체에 속한 형제와 자매가 되어야 할 책임이 있다. 하나님이 우리에게 주신

가족으로서 정체성을 살아내는 것, 그것이 우리의 소명이다. 필요할 때마다, 매번 수색과 구조를 시도하는 것이 우리의 소명이다. 우리는 서로에게 그만큼 소중하기 때문이다. 여러분이 진리에서 벗어나 실수와 죄에 빠질 때 나는 반드시 여러분을 찾으러 갈 것이고, 여러분이 나를 찾으러 오지 않는다면 나도 그렇게 하지 않을 것이다.

그러므로 여러분의 삶에서 온전함을 추구하기 원한다면, 필요할 때 죄를 고백하라. 빨리 털어 내되 느긋한 성격을 기르라. 최근에 내가 참 좋아하는 문구가 있다. 교회에서 매우 쉽게 기뻐하고 화내기는 거의 불가능한 그런 사람이 되자. 온유한 말을 사용하자. 서로를 위해 기도하자.

야고보는 우리가 이와 같이 살 때 어떤 일이 일어날지에 대해 명확하다. 이처럼 겸손할 때 우리 마음속에 성숙이 자라날 것이고, 우리는 온전함, 곧 철저한 온전함에 이르는 길 위에 있게 될 것이다.

추신

주

서론: 방향 설정

1. Raymond C. Ortlund Jr, *Whoredom: God's Unfaithful Wife in Biblical Theology*, NSBT 2 (Leicester: Apollos, 1996), 23.

2. Martin Luther, 'Preface to the New Testament' (1522), Douglas J. Moo, *The Letter of James*, Pillar New Testament Commentary (Grand Rapids: Eerdmans, 2000), 43에서 인용. (『PNTC 야고보서』 부흥과개혁사)

3. Luther, 'Preface to the New Testament,' Moo, *The Letter of James*에서 인용.

4. 둘 다 Richard Bauckham, *James* (London and New York: Routledge, 1999), 107에서 인용.

5. Bauckham, *James*, 108.

6. Moo, *The Letter of James*, 24.

7. 같은 책, 24.

8. Andy Crouch, *The Tech-Wise Family: Everyday Steps for Putting Technology in Its Proper Place* (Grand Rapids: Baker Books, 2017), 53.

9. Moo, *The Letter of James*, 62–63.

10. A. Craig Troxel, *With All Your Heart: Orienting Your Mind, Desires, and Will Toward Christ* (Wheaton: Crossway, 2020), 19.

11. 같은 책, 20.

12. Bauckham, *James*, 206.

13. 이 서론의 나머지 내용은 이 글을 발전시킨 것이다. David Gibson, 'Three Symptoms of a Dying Church: How to Diagnose Your Own Local Body', Desiring God, 2019년 6월 2일. www.desiringgod.org/articles/three-symptoms-of-a-dying-church, 2022년 1월 27일에 접속.

14. 나는 야고보서를 읽으면서 '증상'과 '질병' 개념을 사용하는 이러한 접근 방법에 대해 Andy Gemmil 박사에게 빚지고 있다. 야고보서에 관한 그의 훌륭한 가르침은 여러 곳에서 볼 수 있다. 예를 들어, 다음을 보라. www.cornhillscotland.org.uk/media-2/, 2022년 1월 12일에 접속.

1. 완벽함

1. Richard Bauckham, *James* (London and New York: Routledge, 1999), 73.

2. 같은 책, 73.

3. 같은 책, 177.

4. 신명기 6장의 쉐마가 야고보서 1:4–18에서 맡은 역할에 관한 탁월한 논의는 다음을 보라. Luke Leuk Cheung, *The Genre, Composition and Hermeneutics of the Epistle of James* (Oregon: Wipf & Stock, 2003), 184–193. Cheung의 연구에 관심을 갖게 해준 Ben Castaneda에게 감사한다.

5. Scott Redd, *The Wholeness Imperative: How Christ Unifies Our Desires, Identity and Impact in the World* (Fearn, Ross-shire: Christian Focus Publications, 2018), 20.

6. Douglas J. Moo, *The Letter of James*, Pillar New Testament Commentary (Grand Rapids: Eerdmans, 2000), 56. (『PNTC 야고보서』 부흥과개혁사)

7. Jonathan T. Pennington, *The Sermon on the Mount and Human Flourishing: A Theological Commentary* (Grand Rapids: Baker Books, 2017), 80. (『산상수훈 그리고 인간번영: 신학적 주석서』 에스라)

8. 같은 책, 78–79.

9. 같은 책, 153–155.

10. C. S. Lewis, *Mere Christianity* (Fontana Books, 1955), 172. *Mere Christianity* by C. S. Lewis copyright © C. S. Lewis Pte Ltd 1942, 1943, 1944, 1952. 개정증보판. (『순전한 기독교』 홍성사)

11. R. Kent Hughes, *James: Faith that Works*, Preaching the Word (Wheaton: Crossway, 1991), 20.

12. Moo, *The Letter of James*, 58.

13. Luke Timothy Johnson, *The Letter of James*, The Anchor Yale Bible (New Haven and London: Yale University Press, 1995), 179–180.

14. Peter H. Davids, *The Epistle of James: A Commentary on the Greek Text* (Grand Rapids: Eerdmans, 1982), 73.

15. Moo, *The Letter of James*, 58–59; Craig L. Blomberg and Mariam J. Kamell, *Exegetical Commentary on the New Testament* (Grand Rapids: Zondervan Academic, 2008), 62. (『강해로 푸는 야고보서』 디모데)

16. Moo, *The Letter of James*, 59.

17. Ben Traynor, 'Lead Me Not into Temptation', 2018년 11월 4일, Aberdeen의 Trinity Church 에서 전한 야고보서 1:13–18에 관한 설교: trinityaberdeen.org.uk/sermons/lead-me-not-into-temptation, 2022년 1월 12일에 접속.

18. 신적 단순성 교리가 여러분에게 생소하다면, Matthew Barrett, *None Greater: The Undomesticated Attributes of God* (Grand Rapids: Baker Books, 2019)와 Mark Jones, *God Is: A Devotional Guide to the Attributes of God* (Wheaton: Crossway, 2017)을 읽어 보기를 권한다. (『하나님을 아는 지식』 복 있는 사람) 조금 더 깊이 파고들려면, Petrus van Mastricht 의 작품 *Theoretical-Practical Theology: Faith in the Triune God*, vol. 2 (Grand Rapids: Reformation Heritage Books, 2019)를 참고하라. (『이론과 실천 신학』 부흥과개혁사) 고상한 신학이 여러분의 삶에 어떤 영향을 미칠 수 있는지 궁금했던 적이 있다면, 이 책들을 살펴

보라.

19. Scott Swain, 'That Your Joy May be Full: A Theology of Happiness': www.desiringgod.org/articles/that-your-joy-may-be-full, 2022년 1월 12일에 접속.

20. van Mastricht, *Theoretical-Practical Theology*, 150.

21. 같은 책, 150.

22. 같은 책, 152.

2. 실천

1. Richard Bauckham, *James* (London and New York: Routledge, 1999), 167.

2. Luke Leuk Cheung, *The Genre, Composition and Hermeneutics of the Epistle of James* (Oregon: Wipf & Stock, 2003), 190 (저자 강조).

3. 이것과 관련된 멋진 논의를 보라. Scott Redd, *The Wholeness Imperative: How Christ Unifies Our Desires, Identity and Impact in the World* (Fearn, Ross-shire: Christian Focus Publications, 2018), 2장.

4. C. S. Lewis, *Beyond Personality: The Christian Idea of God* (New York: The MacMillan Company, 1947), 33–38.

5. 이 내용은 야고보서에 대한 Andy Gemmill의 해설에서 나온 것이다.

6. 개인 메시지(direct messages).

7. 'Bibline,' 5 Minutes in Church History, 2021년 5월 5일: www.5minutesinchurchhistory.com/bibline, 2022년 1월 27일에 접속.

8. 'R. C. Sproul, 트위터, 2016년 6월 30일: https://twitter.com/rcsproul/status/748524506692587520, 2022년 1월 14일에 접속.

3. 사랑

1. 예를 들어, Greg K. Beale, *The Temple and the Church's Mission: A Biblical Theology of the Dwelling Place of God*, NSBT 17 (Nottingham: Apollos, 2004)를 보라. (『성전 신학: 하나님의 임재와 교회의 선교적 사명』 새물결플러스)

2. Marilynne Robinson, *Gilead* (New York: Picador, 2004), 56. (『길리아드』 마로니에북스)

3. Richard Bauckham, *James* (London and New York: Routledge, 1999), 182.

4. Timothy Keller, *Generous Justice: How God's Grace Makes Us Just* (London: Hodder & Stoughton, 2010), 6. (『팀 켈러의 정의란 무엇인가』 두란노)

4. 보는 것

1. Robert L. Plummer, 'What does it mean that we're "justified by works"? (James 2)', Crossway, 15 January 2019: www.crossway.org/articles/are-we-justified-by-grace-or-by-works, 2022년 1월 14일에 접속.

2. Plummer, 'What does it mean?'

3. Plummer, 'What does it mean?'

4. C. L. Mitton, Douglas J. Moo, *The Letter of James*, Pillar New Testament Commentary (Grand Rapids: Eerdmans, 2000), 130에서 인용. (『PNTC 야고보서』 부흥과개혁사).

5. 'Not In Me', text and music by Eric Schumacher and David L. Ward © 2012 ThousandTongues.org (adm. by Thousand Tongues). 무단 전재 금지. 허락을 얻어 사용됨.

6. Chris Bruno, *Paul vs James: What We've Been Missing in the Faith and Works Debate* (Chicago: Moody Publishers, 2019), 74 (저자 강조).

7. R. Kent Hughes, *James: Faith that Works*, Preaching the Word (Wheaton: Crossway, 1991), 98.

8. 이 이야기는 원래 Bob Teague, *Live and Off-Color: News Biz* (New York: A&W, 1982), 81–82에 나온 것이다.

5. 말

1. A Craig. Troxel, *With All Your Heart: Orienting Your Mind, Desires, and Will Toward Christ* (Wheaton: Crossway, 2020), 181.

2. R. Kent Hughes, *James: Faith that Works*, Preaching the Word (Wheaton: Crossway, 1991), 117.

6. 지혜

1. Hannah Anderson, *Humble Roots: How Humility Grows and Nourishes Your Soul* (Chicago: Moody Publishers, 2016), 119–120. (『겸손한 뿌리』 도서출판100).

2. Ben Traynor, 'True Wisdom', 2019년 1월 27일, Aberdeen의 Trinity Church에서 전한 야고보서 3:13–18에 관한 설교: trinityaberdeen.org.uk/sermons/true-wisdom, 2022년 1월 17일에 접속.

3. *The Larger Catechism* (Fearn, Ross-shire: Christian Focus Publications, 2018), 193.

4. Miroslav Volf, 트위터, 2016년 4월 7일: twitter.com/miroslavvolf/status/7180252279 18295040, 2022년 1월 27일에 접속.

5. 이 예화는 Philip S. Ross, *Anthems for a Dying Lamb: How Six Psalms (113–118) Became a Songbook for the Last Supper and the Age to Come* (Fearn, Ross-shire: Christian Focus Publications, 2017), 133–134에 나온다. 이 특별한 의식은 온라인에서 볼 수 있다. catholicismpure.wordpress.com/2011/07/24/whos-there-a-poor-sinner-habsburger-funeral-ritual, 2022년 1월 17일에 접속.

7. 예단

1. 이 편지에서 야고보서 4:10의 구조적 중요성을 인정하는 논의는 Daniel M. Doriani의 탁월한 주석, *James*, Reformed Expository Commentary (New Jersey: P&R Publishing, 2007), 141–154를 보라. (『REC 야고보서』 부흥과개혁사)

2. William Ernest Henley, 'Invictus', in *A Book of Verses* (London: David Nutt, 1888), 56–57.

3. 『하이델베르크 교리문답』에 대한 탁월한 개론서는 Kevin DeYoung, *The Good News We*

Almost Forgot: Rediscovering the Gospel in a 16th Century Catechism (Chicago: Moody Publishers, 2010)를 보라. (『왜 우리는 하이델베르크 교리문답을 사랑하는가』 부흥과개혁사)

4. 『하이델베르크 교리문답』, 질문 1.

8. 부

1. John Calvin, *A Harmony of the Gospels: Matthew, Mark and Luke (Vol. III) and Commentary on the Epistles of James and Jude*, edited by D. W. Torrance and T. F. Torrance (Grand Rapids: Eerdmans, 1995), 305.

2. Calvin, *A Harmony of the Gospels*, 306.

3. *The Journal of John Wesley*, from the entry titled 'Macbeth and Thunder at Drury Lane', 1755년 12월 23일 항목: www.ccel.org/ccel/wesley/journal.vi.x.ix.html, 2022년 1월 18일에 접속.

4. Sam Allberry, *James for You* (The Good Book Company, 2015), 129–130.

9. 고난

1. 여기서 나는 다시 이 까다로운 본문에 대한 Andy Gemmill의 생각에 특히 빚지고 있다. 예를 들어, www.cornhillscotland.org.uk/media-2에서 Exposition 3을 보라, 2022년 1월 27일에 접속.

2. 이 본문에 대한 보다 전통적인 해석(회중 가운데 병든 사람에게 장로들이 기도하면서 기름을 바르는 예시로 이해)은 Dan Doriani, *James*, Reformed Expository Commentary (New Jersey: P&R Publishing, 2007)를 보라. 그런데 Doriani는 성경에서 죄와 질병의 연관성을 이끌어 낼 수 있다고 설명하면서, 그 증거 구절로 요 5:14, 고전 11:30, 행 12장, 잠 3:28–35, 13:13–23, 신 28:58–63, 겔 18:1–29를 인용한다(*James*, 198). 이 본문에 대한 그의 치밀한 고찰은 나의 주장에 대한 대안으로 고려할 만한 가치가 있다.(『REC 야고보서』 부흥과개혁사)

3. Miroslav Volf, 트위터, 2016년 4월 7일: twitter.com/miroslavvolf/ status/718025227 918295040, 2022년 1월 27일에 접속.

4. Richard Bauckham, *James* (London and New York: Routledge, 1999), 207.

5. Bauckham, *James*, 207–208.

추신

1. 먼로(Munro)는 스코틀랜드에서 높이가 약 914미터(3,000피트) 이상인 277개의 산 전체를 가리킨다.